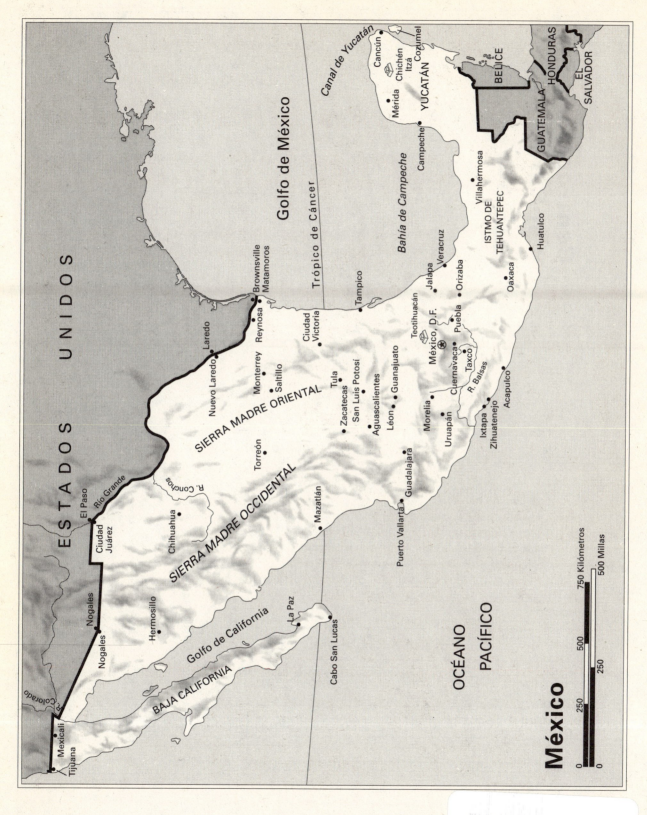

México

ESTADOS UNIDOS

Golfo de México

OCÉANO PACÍFICO

Canal de Yucatán

Bahía de Campeche

Trópico de Cáncer

Tijuana
Mexicali
Nogales
Nogales
El Paso
Ciudad Juárez
Río Grande
R. Conchos
Chihuahua
Hermosillo
BAJA CALIFORNIA
Golfo de California
La Paz
Cabo San Lucas
Colorado
SIERRA MADRE OCCIDENTAL
SIERRA MADRE ORIENTAL
Nuevo Laredo
Laredo
Reynosa
Matamoros
Brownsville
Monterrey
Saltillo
Torreón
Mazatlán
Zacatecas
San Luis Potosí
Aguascalientes
Tula
Ciudad Victoria
Tampico
León
Guanajuato
Morelia
Uruapán
Guadalajara
Puerto Vallarta
Ixtapa
Zihuatenejo
Acapulco
R. Balsas
Taxco
Cuernavaca
México, D.F.
Teotihuacán
Puebla
Orizaba
Jalapa
Veracruz
Oaxaca
Huatulco
ISTMO DE TEHUANTEPEC
Villahermosa
Campeche
Mérida
Chichén Itzá
Cancún
Cozumel
YUCATÁN
BELICE
GUATEMALA
HONDURAS
EL SALVADOR

750 Kilómetros
500 Millas
500
250
250
0
0

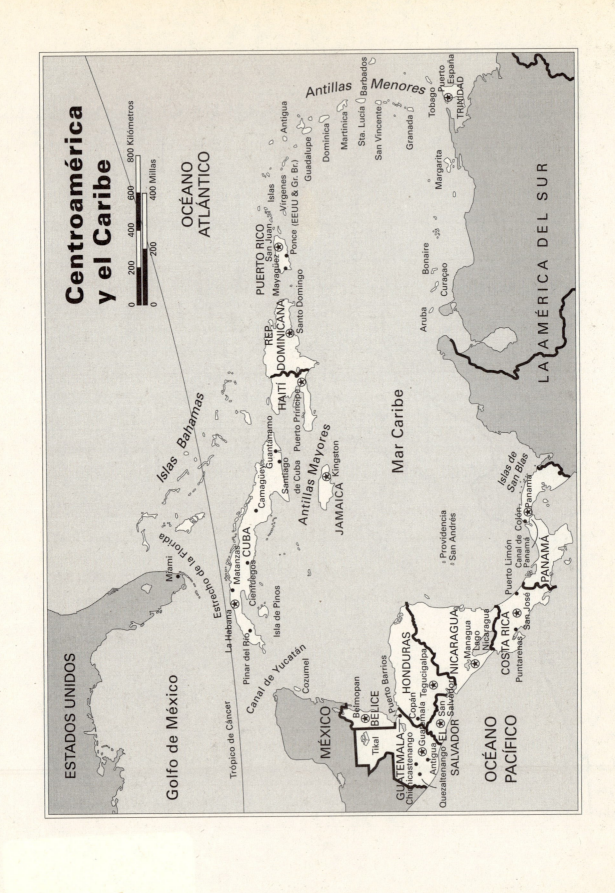

Centroamérica y el Caribe

ESTADOS UNIDOS

Golfo de México

Trópico de Cáncer

OCÉANO ATLÁNTICO

Islas Bahamas

Miami

Estrecho de la Florida

Canal de Yucatán

La Habana
Pinar del Río
Matanzas
Cienfuegos
CUBA
Isla de Pinos

Cozumel

MÉXICO

Belmopán
BELICE
Puerto Barrios
Tikal
Chichicastenango
GUATEMALA
Antigua
Quezaltenango
Copán
Guatemala
EL SALVADOR
San Salvador
HONDURAS
Tegucigalpa

OCÉANO PACÍFICO

NICARAGUA
Managua
Lago Nicaragua
COSTA RICA
Puntarenas
San José
Puerto Limón
Canal de Colón
Panamá
PANAMÁ
Islas de San Blas

Providencia
San Andrés

Mar Caribe

Camagüey
Santiago de Cuba
Guantánamo

Antillas Mayores

JAMAICA
Kingston

Puerto Príncipe
HAITÍ
REP. DOMINICANA
Santo Domingo

Mayagüez
Ponce
San Juan
PUERTO RICO

Islas Vírgenes (EEUU & Gr. Br.)

Guadalupe
Dominica
Martinica
Sta. Lucía
San Vincente
Granada
Barbados

Antillas Menores

Tobago
España
Puerto
TRINIDAD

Margarita

Aruba
Bonaire
Curaçao

LA AMÉRICA DEL SUR

800 Kilómetros
0 200 400 600
0 200 400 Millas

La América del Sur

Mar Caribe
TRINIDAD
Santa Marta
Barranquilla
Cartagena
Maracaibo Caracas
Puerto España
VENEZUELA
R. Orinoco
Georgetown
Paramaribo
Cayena
Medellín
COLOMBIA
GUYANA
SURINAM
GUAYANA
FRANCESA
Cali
Santafé
de Bogotá
CORDILLERA DE LOS ANDES
Quito
Ecuador
ECUADOR
R. Negro
R. Amazonas
Belem
Guayaquil
Iquitos
Manaus
R. Madeira
BRASIL
Recife
PERÚ
Machu Picchu
Lima
Cuzco
Salvador
Brasilia
Lago Titicaca
La Paz
BOLIVIA
Belo Horizonte
Arequipa
Sucre
Arica
Iquique
R. Paraná
São Paulo
Rio de Janeiro
Trópico de Capricornio
Antofagasta
PARAGUAY
Salta
Asunción
Santos
CHILE
Tucumán
R. Paraná
Córdoba
R. Uruguay
Pôrto Alegre
OCÉANO
PACÍFICO
Rosario
CORDILLERA DE LOS ANDES
URUGUAY
Viña del Mar
Valparaíso
Santiago
Mendoza
Buenos Aires
Montevideo
Punta del Este
La Plata
Río de la Plata
OCÉANO
ATLÁNTICO
Concepción
ARGENTINA
Bahía
Blanca
Mar del Plata
San Carlos de Bariloche
Puerto Montt
Estrecho de
Magallanes
0   500   1000   1500 Kilómetros
0   500   1000 Millas
Islas Malvinas
Punta Arenas
Tierra del
Fuego
Cabo de Hornos

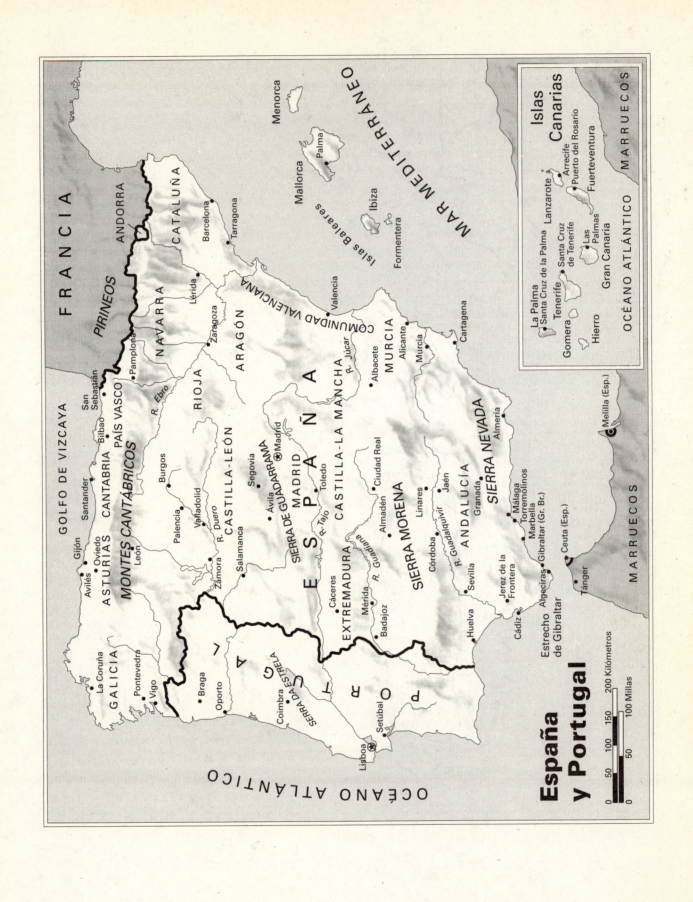

España y Portugal

FRANCIA

OCÉANO ATLÁNTICO

MAR MEDITERRÁNEO

GOLFO DE VIZCAYA

PIRINEOS
ANDORRA
CATALUÑA
NAVARRA
PAÍS VASCO
CANTABRIA
MONTES CANTÁBRICOS
ASTURIAS
GALICIA
RIOJA
ARAGÓN
CASTILLA-LEÓN
COMUNIDAD VALENCIANA
SIERRA DE GUADARRAMA
MADRID
E S P A Ñ A
CASTILLA-LA MANCHA
MURCIA
EXTREMADURA
SIERRA MORENA
ANDALUCÍA
SIERRA NEVADA
P O R T U G A L
SERRA DA ESTRELA

Menorca
Mallorca
Palma
Ibiza
Formentera
Islas Baleares

San Sebastián
Bilbao
Santander
Gijón
Oviedo
Avilés
La Coruña
Pontevedra
Vigo
Braga
Oporto
Coimbra
Lisboa
Setúbal
Pamplona
Zaragoza
Lérida
Barcelona
Tarragona
R. Ebro
Burgos
Palencia
Valladolid
León
Zamora
Salamanca
Segovia
Ávila
Madrid
Toledo
R. Duero
R. Tajo
Valencia
R. Júcar
Albacete
Alicante
Murcia
Cartagena
Ciudad Real
Cáceres
Mérida
Badajoz
Almadén
Linares
Jaén
Córdoba
R. Guadiana
R. Guadalquivir
Sevilla
Huelva
Jerez de la Frontera
Cádiz
Granada
Almería
Málaga
Torremolinos
Marbella
Algeciras
Gibraltar (Gr. Br.)
Estrecho de Gibraltar
Ceuta (Esp.)
Tánger
Melilla (Esp.)

MARRUECOS

200 Kilómetros
100 Millas
0 50 100 150
0 50 100

Sixth Edition

Spanish for Business and Finance

Sixth Edition

SPANISH FOR BUSINESS AND FINANCE

Ana C. Jarvis
Chandler-Gilbert Community College

Luis Lebredo

Houghton Mifflin Company
Boston   New York

Director, Modern Language Programs: E. Kristina Baer
Development Manager: Beth Kramer
Associate Development Editor: Rafael Burgos-Mirabal
Project Editor: Tracy Patruno
Manufacturing Manager: Florence Cadran
Associate Marketing Manager: Tina Crowley Desprez

Cover design: Rebecca Fagan
Cover image: *Ocean Park #72*, Richard Diebenkorn, 1975 (Philadelphia Museum of Art)

Printed in the U.S.A.

ISBN: 0-395-96301-X

6789-VHO-08 07 06 05 04

Contents

Preface

The Sixth Edition of *Spanish for Business and Finance* presents realistic situations and the specialized vocabulary that business and finance professionals need to communicate with Hispanic members of the community in the course of their daily work. Personalized questions, grammar exercises, role-plays, realia-based activities, and translation and interpretation tasks provide students with numerous opportunities to apply, in a wide variety of practical contexts, the grammatical structures introduced in the corresponding lessons of the *Basic Spanish Grammar*, Sixth Edition, core text. In this Sixth Edition, *Spanish for Business and Finance* contains a preliminary lesson, twenty regular lessons, and four review sections.

New to the Sixth Edition

In preparing the Sixth Edition, we have kept in mind suggestions from reviewers and users of the previous editions and the need to develop students' ability to communicate effectively in Spanish. The following list highlights the major changes in the manual and its components designed to respond to those needs.

- The types of business transactions and the products and merchandise represented in the dialogues have been diversified further in this edition. Technology-related situations have also been revised to reflect innovations in equipment, procedures, and means of communicating information.
- The fine-tuned grammatical sequence parallels all changes made in *Basic Spanish Grammar*, Sixth Edition.
- The dialogues have been revised as necessary to conform to the changes in the scope and sequence and in the vocabulary.
- The thematically-organized *Vocabulario adicional* subsections that follow the lessons' main vocabulary lists have been updated and, where appropriate, expanded to reflect current business practices.
- Updated *Notas culturales* highlight Hispanic customs and practices relevant to business to assist professionals in their interactions with Spanish speakers.
- The grammar exercises have been revised to reflect the changes to the grammatical sequence and vocabulary.
- Each *Repaso* now features the *Situaciones del mundo de las empresas* section, which checks the student's cultural competency on business customs, practices, and conventions in the Spanish-speaking world. The situations are directly based on the material presented in the *Notas culturales*.
- The appendices feature an answer key to all the *Vamos a practicar* sections, as well as a handy reference to the Spanish verb system including charts with conjugations.
- Maps of the Spanish-speaking world are included for easy reference.
- The Testing Program includes one vocabulary quiz for each of the twenty regular lessons.
- The Audio Program now comes in audio CDs and in cassettes.
- The *Spanish Phrasebook for Business, Finance, and Everyday Communication* is now available.

Organization of the Lessons

- Realistic dialogues model typical conversations in Spanish, using key vocabulary and grammatical structures that human resources personnel, bank employees, insurance brokers, real estate agents, and other professionals need in their daily work.
- The *Vocabulario* section summarizes the new, active words and expressions presented in the dialogue and categorizes them by part of speech. A special subsection of cognates heads up the vocabulary list so students can readily identify these terms. The optional *Vocabulario adicional* subsection lists supplementary vocabulary related to the lesson theme.

- *Notas culturales* equip students with practical insights into business practices predominant in Spanish-speaking countries and among Hispanics in the United States.
- The *¿Recuerdan ustedes?* questions check students' comprehension of the dialogue.
- The *Para conversar* section provides personalized questions spun off from the lesson theme. Students are encouraged to work in pairs, asking and answering each of the questions.
- The *Vamos a practicar* section reinforces essential grammar points and the new vocabulary through a variety of structured and communicative activities.
- The *Sirva Ud. de intérprete* activities develop students' listening and speaking skills through tasks that provide contextualized practice of vocabulary and grammatical structures.
- The *Sirva Ud. de traductor* section provides practice in written Spanish-to-English translation through realistic business document formats that employ the *Vocabulario adicional* of each lesson.
- The *En estas situaciones* section develops students' communication skills through guided role-play situations related to the lesson theme.
- Open-ended *Casos* offer additional opportunities for improving oral proficiency as students interact in situations they might encounter in their work as business and finance professionals. These role-plays require spontaneous use of Spanish and are intended to underscore the usefulness of language study.
- The optional *Un paso más* section features one or two contextualized activities employing a range of creative formats to practice the supplementary words and expressions in the *Vocabulario adicional* section. In pertinent lessons, authentic documents expand upon the lesson theme and expose students to comprehensible input as they draw upon the use of cognates to assist them in developing their reading skills in Spanish. Comprehension activities guide students through the documents.

Suplementos

To familiarize students with basic business documents such as letters, memos, job applications, receipts, and letters of credit in Spanish, four supplementary sections (one after every five lessons) provide explanations and numerous models. Accompanying activities guide students through the documents and provide practice in formulating appropriate responses.

Repasos

A comprehensive review section, containing the following materials, appears after every *Suplemento*. Upon completion of each section, students will know precisely what material they have mastered.

- *Práctica de vocabulario* exercises check students' cumulative knowledge and use of active vocabulary in a variety of formats: matching, true/false statements, identifying related words, and sentence completion.
- *Situaciones del mundo de las empresas* review cultural knowledge and competency on the business customs, practices, and conventions presented in the *Notas culturales* of the preceding five lessons.
- The *Práctica oral* section features questions that review key vocabulary and grammatical structures presented in the preceding five lessons. To develop students' aural and oral skills, the questions are also recorded on the Audio Program.

Appendices

- Appendix A, "Introduction to Spanish Sounds and the Alphabet," explains vowel sounds, consonant sounds, linking, rhythm, intonation, syllable formation, accentuation, and the Spanish alphabet.
- Appendix B, "Verbs," presents charts of the three regular conjugations and of the *-ar, -er,* and *-ir* stem-changing verbs, as well as lists of orthographic-changing verbs and of some common irregular verbs.
- Appendix C, "English Translations of Dialogues," contains the translations of all dialogues in the preliminary lesson and the twenty regular lessons.

- Appendix D, "Weights and Measures," features conversion formulas for temperature and metric weights and measures, as well as Spanish terms for U.S. weights and measures.
- Appendix E, "Answer Key to *Vamos a practicar* Sections," includes answers to all cloze grammar exercises in the manual so that students may have immediate access to feedback.

End Vocabularies

Completely revised, the comprehensive Spanish-English and English-Spanish vocabularies contain all words and expressions from the *Vocabulario* sections followed by the lesson number in which this active vocabulary is introduced. All passive vocabulary items in the *Vocabulario adicional* lists and the glosses in the exercises and activities are also included.

Audio Program and Tapescript

The *Spanish for Business and Finance* Audio Program opens with a recording of the vowels, consonants, and linking sections in Appendix A, "Introduction to Spanish Sounds and the Alphabet." The five mini-dialogues and the vocabulary list of the preliminary lesson are also recorded. For the twenty regular lessons, the Audio Program, now available in audio CDs as well as in cassettes, contains recordings of the lesson dialogues (paused and unpaused versions), the active vocabulary list, and the supplementary words and expressions in the *Vocabulario adicional* section. The recordings of the *Práctica oral* section of the *Repasos* appear on the audio CDs and cassettes following Lessons 5, 10, 15, and 20 in accordance with their order in *Spanish for Business and Finance*. For students' and instructors' convenience, a CD icon in the manual signals materials recorded on the Audio Program.

The complete tapescript for the *Spanish for Business and Finance* Audio Program is available in a separate booklet that contains the tapescripts for the *Basic Spanish Grammar* program.

Testing

The *Testing Program/Transparency Masters* booklet for the *Basic Spanish Grammar* program includes a vocabulary quiz for each of the twenty regular lessons and two sample final exams for *Spanish for Business and Finance*, Edition. For the instructors' convenience, answer keys for the tests and suggestions for scheduling and grading the quizzes and exams are also supplied.

The New Spanish Phrasebook for Business, Finance, and Everyday Communication

This phrasebook contains the combined vocabularies of *Spanish for Business and Finance*, Sixth Edition, and of *Spanish for Communication*, Fourth Edition. The book comes in a convenient pocket size and the terminology is arranged alphabetically to serve as a handy and quick reference during the course and in professional settings.

A Final Word

The many students who have used *Spanish for Business and Finance* in previous editions have enjoyed learning and practicing a new language in realistic contexts. We hope that the Sixth Edition will prepare today's students to communicate better with the Spanish-speaking people whom they encounter in the course of their work as business and finance professionals.

We would like to hear your comments on and reactions to *Spanish for Business and Finance* and to the *Basic Spanish Grammar* program in general. Reports of your experience using this program would be of great interest and value to us. Please write to us in care of Houghton Mifflin Company, College Division, 222 Berkeley Street, Boston, MA 02116.

Acknowledgments

We wish to thank our colleagues who have used previous editions of *Spanish for Business and Finance* for their constructive comments and suggestions. We also appreciate the valuable input of the following business and finance professionals and reviewers of *Spanish for Business and Finance*, Fifth Edition:

Susan W. Herrera, *The Global Institute of Languages and Culture*
Ann Hilberry, *University of Michigan at Ann Arbor*
Mary Ellen Kohn, *Mount Mary College*
Margarita Vargas, *State University of New York at Buffalo*

Finally, we extend our sincere appreciation to the Modern Languages Staff of Houghton Mifflin Company, College Division: E. Kristina Baer, Director; Beth Kramer, Development Manager; Rafael Burgos-Mirabal, Associate Development Editor; and Tracy Patruno, Project Editor.

Ana C. Jarvis
Luis Lebredo

Spanish for
Business and Finance

⊕ *Conversaciones breves (Brief conversations)*

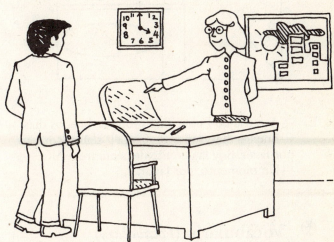

A. —Buenos días, señor Martínez. ¿Cómo está usted?[1]
—Muy bien, gracias, señorita Vega. ¿Y usted?
—Bien, gracias.

B. —Buenas tardes, señora.
—Buenas tardes, señor. Pase y tome asiento, por favor. ¿En qué podemos servirle?

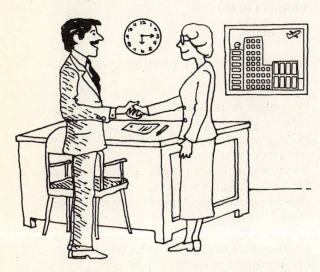

C. —Buenas noches, señorita, y muchas gracias. Hasta mañana.
—De nada, para servirle. Adiós.

D. —¿Con quién desea usted hablar?
—Con la jefa de compras.
—Lo siento, pero la línea está ocupada.
—Entonces llamo más tarde.

---

[1]**Usted** is abbreviated **Ud.**

E. —Agencia de Publicidad Morales, buenos días.
—Buenos días, señorita. Con el[1] señor Romero, por favor. Soy la gerente de la empresa Alfa.
—Un momento, por favor.

F. —¿Nombre y apellido?
—José Luis Torres Fuentes.
—¿Dirección?
—Calle Palma, número diez.
—¿Número de teléfono?
—Ocho–dos–ocho–cero–seis–uno–dos.
—¿Es usted casado, soltero… ?
—Soy divorciado.

🔘 Vocabulario (*Vocabulary*)

SALUDOS Y DESPEDIDAS (*Greetings and farewells*)

adiós   good-bye
buenas noches   good evening, good night
buenas tardes   good afternoon
buenos días   good morning, good day
¿Cómo está usted?   How are you?
Hasta mañana.   See you tomorrow.
Bien.   Fine., Well.
Muy bien, gracias.   Very well, thank you.

TÍTULOS (*Titles*)

señor (Sr.)   Mr., sir, gentleman
señora (Sra.)   Mrs., lady, Ma'am, Madam
señorita (Srta.)   Miss, young lady

NOMBRES (*Nouns*)

el apellido   last name, surname
la calle   street
la dirección, el domicilio   address
el (la) gerente (general)   (general) manager, administrator, director
el (la) jefe(a) de compras   purchasing manager
el nombre   name

ADJETIVOS (*Adjectives*)

casado(a)   married
divorciado(a)   divorced
soltero(a)   single

VERBO (*Verb*)

ser   to be

OTRAS PALABRAS Y EXPRESIONES (*Other words and expressions*)

la agencia de publicidad   advertising agency
con   with
¿Con quién desea usted hablar?   With whom do you wish to speak?
las conversaciones breves   brief conversations
De nada.   You're welcome.
¿En qué puedo (podemos) servirle?   How may I (we) help you?
Entonces llamo más tarde.   I'll call later, then.
La línea está ocupada.   The line is busy.
Lo siento.   I'm sorry.
Muchas gracias.   Thank you very much.

---

[1]When referring to someone as a third person, and using a title such as **señor, señora, or señorita**, a definite article is used in Spanish: e.g., **el señor Paz** (*Mr. Paz*).

el número de teléfono phone number
Pase. Come in.
para servirle at your service
por favor please
un momento one moment
y and

El español que ya usted conoce

(The Spanish you already know)

Cognates (**cognados**) are words that are similar in spelling and meaning in two languages. Some Spanish cognates are identical to English words. In other instances, the words differ only in minor or predictable ways. There are many Spanish cognates related to the business world, as illustrated in the following list. Learning to recognize and use cognates will help you to acquire vocabulary more rapidly and to read and speak Spanish more fluently.

la administración administration
el administrador administrator
la agencia agency
el (la) agente agent
la asociación association
el banco bank
el beneficiario beneficiary
la calculadora calculator
el cheque check
la cláusula clause
la compañía company
la computadora computer
la condición condition
el contrato contract
la copia copy
el costo, el coste cost
el crédito credit
la factoría factory

la firma firm
la fotocopiadora photocopier
el hotel hotel
la información information
el interés interest
la mercancía merchandise
la oficina office
la opción option
el plan plan
el producto product
el programa program
el (la) recepcionista receptionist
la reservación reservation
el restaurante restaurant
las telecomunicaciones telecommunications
el teléfono telephone
el transporte transport
válido(a) valid
la zona zone

Notas culturales

- Personal interactions in the Spanish-speaking business world are generally more formal than they are in the United States. Expressions of familiarity that often characterize business relations in this country—calling a client by his or her first name right from the start, for example—may be interpreted in the Hispanic world as a lack of respect rather than a sign of friendship. Rituals of business life in the Spanish-speaking world that might seem excessively ceremonious to an American, such as making sure to greet and bid farewell to one's colleagues at the beginning and end of the business day, or taking care to greet a client with **Buenos días** rather than the more informal **hola**, are simply part of the Hispanic concept of proper etiquette.
- The title **señorita** (*Miss*) is only used to address or refer to women who have never been married. To address or refer to a woman who is married, divorced, or a widow, the title **señora** (*Mrs.*) is used.
- In Spanish-speaking countries people use different expressions when answering the phone. The following are the most commonly used.

  In Mexico: **Bueno.**
  In Spain: **¿Sí?, Diga, Dígame.**
  In Cuba and other Caribbean countries: **Oigo.**
  In Argentina: **¿Sí?, Hable, Hola.**

  In many countries throughout Latin America (Argentina, Perú, Puerto Rico), the expression **¿Aló?** is also used.

¿Recuerdan ustedes? (*Do you remember?*)

Write appropriate responses to the following statements.

1. Buenos días.

   _____

2. Buenas tardes. ¿Cómo está usted?

   _____

3. Muchas gracias.

   _____

4. Buenas noches.

   _____

5. Pase y tome asiento, por favor.

   _____

6. Lo siento, pero la línea está ocupada.

   _____

7. Hasta mañana.

_____

8. ¿Es usted casado(a), soltero(a), divorciado(a)… ?

_____

Vamos a practicar (*Let's practice*)

A. Write in Spanish the name of the place and the telephone number you would call in each of the following situations. Since many of the words are cognates, guess at their meaning.

Modelo: You need to make a dinner reservation.

Restaurante Acapulco   256-7819

Restaurante Acapulco: dos, cinco, seis, siete, ocho, uno, nueve

Aerolíneas Argentinas	257-8493
Agencia de Personal Temporal "Dicho y Hecho"	465-9267
Hotel El Porteño	741-4228
Agencia de Publicidad Otero	931-0476
Banco Industrial	338-0164
Alquiler de computadoras	637-0053

1. You need to take out a loan for your company.

_____

2. You need to make a plane reservation to travel to Buenos Aires.

_____

3. You need to book a hotel room for your business trip.

_____

4. You want to rent a computer.

_____

5. You want to hire a temporary secretary.

_____

6. You want to advertise your business.

_____

B. You are scheduling appointments with your clients. In order to verify that you have written the following names correctly in the appointment book, spell each one in Spanish.

   Modelo: Álvarez

   a, ele, ve, a, ere, e, zeta

   1. Sandoval

   2. Fuentes

   3. Varela

   4. Ugarte

   5. Barrios

   6. Zubizarreta

C. Write the definite article before each word and then write the plural form.

   Modelo: _____ domicilio

   _____ el _____ domicilio **los domicilios**

   1. _____ apellido   _____

   2. _____ dirección   _____

   3. _____ señora   _____

   4. _____ señor   _____

   5. _____ nombre   _____

   6. _____ conversación   _____

   7. _____ calle   _____

   8. _____ número   _____

D. Complete the following exchanges, using the present indicative of the verb *ser*.

   1. —¿Tú _____ Isabel Martínez?

      —No, yo _____ Maribel Vigo.

      ¿Y usted? ¿ _____ usted el señor Morales?

      —Sí, yo _____ el señor Morales.

2. —¿ _____ ella la gerente?

   —No, (ella) _____ la jefa de compras.

   —¿ _____ el señor Vega el gerente?

   —Sí, él _____ el gerente.

3. —¿Tú _____ casada?

   —No, yo _____ divorciada.

   —Y ellas, ¿ _____ solteras?

   —María _____ soltera y Rosa _____ casada.

   —¿Y el señor Varela?

   —Él _____ divorciado.

En estas situaciones (*In these situations*)

What would you say in the following situations? What might the other person say?

1. You greet your boss in the morning and ask how he/she is.

2. You greet a client, Miss Vega, in the evening.

3. Someone knocks on the door of your office.

4. You want to thank someone for a favor.

5. You call to speak to a business associate, but his/her line is busy.

6. You are helping someone to fill out a form. First you identify yourself, and then you ask for the following information.

   a. first name and last name

   b. address

   c. phone number

   d. marital status

● *El viaje de negocios*

La señora López, compradora de la firma LEATHERWORKS de Nueva York, viaja a Monterrey, México.

Por teléfono:

EMPLEADA	—Aeroméxico, buenos días. ¿En qué puedo servirle?
SRA. LÓPEZ	—Buenos días. Deseo reservar un asiento para el vuelo a Monterrey de mañana, a las tres y veinte de la tarde.
EMPLEADA	—¿Pasaje de ida y vuelta o de ida solamente?
SRA. LÓPEZ	—De ida y vuelta.
EMPLEADA	—¿Cuándo desea regresar?
SRA. LÓPEZ	—El jueves, en el último vuelo de la tarde.
EMPLEADA	—Muy bien. ¿Sección de no fumar?
SRA. LÓPEZ	—Sí, por favor; yo no fumo.
EMPLEADA	—¿Desea un asiento de ventanilla o de pasillo?
SRA. LÓPEZ	—De ventanilla, por favor.
EMPLEADA	—Bien, fila ocho, asiento F.

En el mostrador de Aeroméxico:

SRA. LÓPEZ	—¿A qué hora anuncian el vuelo a Monterrey?
EMPLEADO	—Veinte minutos antes de la salida, por la puerta número veinticuatro.

En el avión:

SRA. LÓPEZ	—Señorita, por favor, necesito una almohada y una cobija.
AUXILIAR DE VUELO	—En seguida. ¿Desea un periódico o una revista?
SRA. LÓPEZ	—Un periódico mexicano, por favor.
AUXILIAR DE VUELO	—Cómo no.
SRA. LÓPEZ	—Y, por favor, ¿qué hora es?
AUXILIAR DE VUELO	—Son las seis y cinco. Llegamos a Monterrey a las ocho y media.

Por el altoparlante:

—¡Atención a todos los pasajeros! Favor de llenar ahora la declaración de aduana para evitar demoras en el aeropuerto.

🎵 Vocabulario

NOMBRES

la **aduana**   customs
la **almohada**   pillow
el **altoparlante**, el **altavoz**   loudspeaker
el **asiento**   seat
el **asiento de pasillo**   aisle seat
el **asiento de ventanilla**   window seat
el (la) **auxiliar de vuelo**   flight attendant
la **cobija** (*Méx.*), la **frazada**, la **manta**   blanket
el (la) **comprador(a)**   buyer
la **declaración de aduana**   customs form
la **demora**   delay
el (la) **empleado(a)**   employee, clerk
la **fila**   row
la **firma**, la **casa**   firm, business, company
el **mostrador**   counter
el **negocio**, los **negocios**   business
el **pasaje**, el **billete**   ticket
el **pasaje** (el **billete**) **de ida**   one-way ticket
el **pasaje** (el **billete**) **de ida y vuelta**   round-trip ticket
el (la) **pasajero(a)**   passenger
el **periódico**   newspaper
la **puerta**   door, gate
la **revista**   magazine
la **salida**   departure, exit
la **tarde**   afternoon
el **viaje de negocios**   business trip
el **vuelo**   flight

VERBOS

anunciar   to announce
desear   to wish, to want
evitar   to avoid
fumar   to smoke
llegar (a)   to arrive (in)
llenar, **rellenar**, **completar**   to fill out (*a form*)

necesitar   to need
regresar   to return, to come (go) back
reservar   to reserve
viajar   to travel

ADJETIVOS

todos(as)   all
último(a)   last (*in a series*)

OTRAS PALABRAS Y EXPRESIONES

a   to, at
a las (+ *time*)[1]   at (+ *time*)
¿A qué hora?   At what time?
ahora, **ahorita**[2]   now
antes (de)   before
cómo no   certainly, of course
¿cuándo?   when?
de   of, from
en   in, on, at
en seguida   right away
favor de (+ *inf.*)   please (do something)
mañana   tomorrow
o   or
para   to, for, in order to
por   by, on, through
¿qué?   what?, which?
¿Qué hora es?   What time is it?
sí   yes
solamente, **sólo**   only
Son las (+ *time*)[3].   It's (+ *time*).

---

[1] **A la una** is used to express *At one o'clock.*
[2] In many Spanish-speaking countries, **ahorita** means *in a while.*
[3] **Es la una** is used to express *It's one o'clock.*

Vocabulario adicional (*Additional vocabulary*)

PARA VIAJAR EN AVIÓN (*To travel by plane*)

a la llegada, al llegar   upon arrival
abrocharse el cinturón de seguridad   to fasten one's seat belt
la aerolínea   airline
el aterrizaje   landing
el baño, el servicio, el excusado (*Méx.*)   bathroom, toilet
el caballero   gentleman
confirmar   to confirm
la dama   lady
debajo (de)   underneath
el despegue   take-off
durante   during
la emergencia   emergency
los equipos electrónicos   electronic devices
el pase de abordar, la tarjeta de embarque   boarding pass
prohibido(a)   forbidden
reclinar   to recline
la reservación, la reserva   reservation
el salvavidas   life preserver
usar   to use

Notas culturales

- The saying, "you buy in your own language, but you sell in the customer's language" is being taken to heart by U.S. firms hoping to do business in Latin America, in Spain, and with Latinos in this country: a survey of 936 top corporate executives carried out by the international consulting firm KPMG Peat Marwick found that 40% of them planned to hire employees fluent in Spanish.

  Even though many Latino executives speak English, the emphasis on face-to-face contact and interpersonal relations that is a key part of Hispanic business culture make the ability to deal with clients in their own language an important asset as new markets emerge in the Spanish-speaking world as a result of the North American Free Trade Agreement (NAFTA) or TLCAN (Tratado de Libre Comercio de América del Norte) and other factors, such as the privatization of state-owned industries and the relaxation of laws imposing strict limits on foreign investment. In the United States, banks, advertising agencies, telecommunications companies, law firms, and many small businesses are recognizing that the Latino population of approximately 20 million includes many who prefer to obtain goods and services from companies that can serve them in Spanish.

- To avoid confusion when planning business travel, it is important to be familiar with the ways in which dates and times are expressed in Spanish-speaking countries. The numeral indicating the day is written before the month: for example, 3/10/99 (or 3-X-99) refers to **el 3 de octubre de 1999,** not to March 10,1999.

  For many countries, schedules for planes, trains, buses, and public events often use a twenty-four hour clock system, so that the departure time for a 3:30 P.M. flight would be listed as 15:30 or 15.30.

11

¿Recuerdan ustedes?

Answer the following questions, basing your answers on the dialogue.

1. ¿Quién (*Who*) es la señora López? ¿Es ella de México o de Nueva York?

   _____

2. ¿Para qué vuelo desea reservar un asiento la señora López? ¿En qué aerolínea?

   _____

3. ¿Desea un pasaje de ida o de ida y vuelta?

   _____

4. ¿En qué sección desea viajar la señora López? ¿Ella fuma?

   _____

5. ¿La señora López desea un asiento de pasillo o de ventanilla?

   _____

6. ¿A qué hora anuncian el vuelo? ¿Por qué puerta?

   _____

7. ¿Qué necesita la señora López?

   _____

8. ¿La señora López desea un periódico de Los Ángeles?

   _____

9. ¿A qué hora llega el avión a Monterrey?

   _____

10. ¿Qué llenan todos los pasajeros?

   _____

Para conversar (*To talk*)

Interview a classmate, using the following questions. When you have finished, switch roles.

1. ¿Usted fuma?

   _____

2. ¿En qué sección viaja usted?

   _____

3. ¿Desea viajar a Monterrey?

   _____

4. ¿Viaja usted con billetes de ida y vuelta?

_____

5. ¿Necesita una almohada ahora? ¿Necesita una frazada?

_____

6. ¿Desea un periódico ahora? ¿Desea una revista mexicana?

_____

Vamos a practicar

A. Write affirmative sentences using the subjects and verbs given. Then rewrite them in the negative.

Modelo: nosotros / completar

Nosotros completamos la declaración de aduana.

Nosotros no completamos la declaración de aduana.

1. ella / anunciar

_____

_____

2. yo / viajar

_____

_____

3. tú / desear

_____

_____

4. usted / evitar

_____

_____

5. el empleado / fumar

_____

_____

6. la señora López / llegar

_____

_____

7. nosotros(as) / necesitar

    _____

    _____

8. ustedes / llenar

    _____

    _____

9. él y yo / reservar

    _____

    _____

10. los auxiliares de vuelo / regresar

    _____

    _____

B. Write questions to elicit the following answers.

Modelo: —¿Es usted de Lima?

  —Sí, soy de Lima.

1. —_____

  —Deseo reservar dos asientos para el último vuelo de mañana.

2. —_____

  —De pasillo, por favor.

3. —_____

  —No, no fumo.

4. —_____

  —Quince minutos antes de la salida.

5. —_____

  —Por la puerta número dos.

6. —_____

  —A las cinco de la tarde.

7. —_____

  —Una revista en español, por favor.

8. —_____

—No, no somos de Bogotá; somos de Caracas.

C. Write in Spanish the numbers of the following flights and their departure times.

1. Vuelo 807, 9:15 A.M.

   _____

2. Vuelo 943, 10:00 A.M.

   _____

3. Vuelo 612, 11:45 A.M.

   _____

4. Vuelo 594, 1:30 P.M.

   _____

5. Vuelo 414, 12:40 P.M.

   _____

6. Vuelo 1042, 2:50 P.M.

   _____

D. Change each adjective to agree with the new nouns given.

Modelo: el periódico colombiano

las revistas **colombianas**

1. buenos días

   _____ tardes

2. último vuelo

   _____ salida

3. todas las puertas

   _____ los asientos

4. los pasaportes argentinos

   las aduanas _____

5. las mujeres norteamericanas

   los hombres _____

6. las conversaciones breves

   la conversación _____

Sirva usted de intérprete (*Be an interpreter*)

With two classmates, play the roles of a Spanish-speaking business traveler, an English-speaking airline employee, and the interpreter who helps them communicate. Switch roles until each of you has played the interpreter's role.

PASAJERO(A)   —Deseo un asiento para el vuelo de las siete de la noche para Bogotá, Colombia.

INTÉRPRETE   —_____

15

EMPLEADO(A) "A one-way ticket?"

INTÉRPRETE —_____

PASAJERO(A) —No, de ida y vuelta.

INTÉRPRETE —_____

EMPLEADO(A) "When do you want to return?"

INTÉRPRETE —_____

PASAJERO(A) —El miércoles. ¿Necesito confirmar la hora de salida?

INTÉRPRETE —_____

EMPLEADO(A) "Yes, sir. You need to confirm your reservation in Bogotá, upon arrival."

INTÉRPRETE —_____

Sirva usted de traductor (*Be a translator*)

You are flying to a Spanish-speaking country. What do the following signs say?

1.
| BAÑOS |
| DAMAS CABALLEROS |

5.
| SALIDA DE EMERGENCIA |

2.
| PROHIBIDO FUMAR |
| EN LOS SERVICIOS |

6.
| FAVOR DE NO RECLINAR |
| LOS ASIENTOS |

3.
| PROHIBIDO USAR |
| EQUIPOS ELECTRÓNICOS |
| DURANTE EL DESPEGUE |
| O EL ATERRIZAJE |

7.
| SALVAVIDAS |
| DEBAJO DEL ASIENTO |

4.
| FAVOR DE ABROCHARSE |
| EL CINTURÓN DE SEGURIDAD |

8.
| ASIENTOS RESERVADOS |
| PARA LOS AUXILIARES DE VUELO |

1. _____

2. _____

3. _____

4. _____

5. _____

6. _____

7. _____

8. _____

En estas situaciones

What would you say in the following situations? What might the other person say?

1. You are a passenger at an airline counter in Manzanillo, Mexico. Tell the clerk that you want to reserve a seat. Give him/her the time of the flight, and answer his/her questions about the seat you want. Ask the clerk what time the flight arrives in Los Angeles.

2. You are a flight attendant waiting on a Spanish-speaking passenger on an international flight to the U.S. You want to find out if he/she wants or needs a blanket, a pillow, a newspaper, or a magazine.

3. You are a passenger on a flight to Chile. When the flight attendant asks the passengers to fill out the customs form, you tell him/her you need a customs form.

Casos (*Cases*)

Act out the following scenarios with a partner.

1. At a travel agency in Medellín, Colombia, a travel agent helps a Spanish-speaking customer make plans for air travel.

2. On a flight to Venezuela, a passenger needs some help from a flight attendant.

Un paso más (*One step further*)

A. You and a classmate are in training to become flight attendants for an airline that serves Latin America. Review the *Vocabulario adicional* in this lesson and use it and other vocabulary you have learned to create a list of questions, instructions, or statements that you will need to be able to give to passengers.

1. _____

2. _____

3. _____

4. _____

5. _____

B. Use the information on the boarding pass to identify the passenger's travel plans.

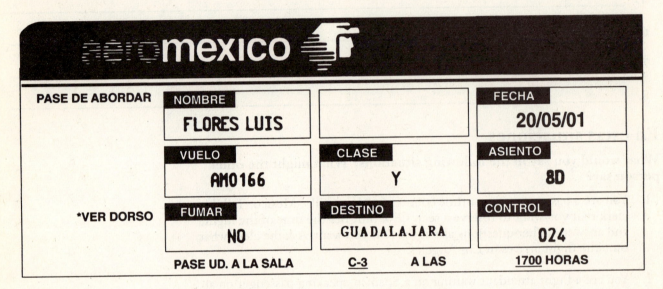

1. Passenger: _____

2. Flight: _____

3. Date: _____

4. Section: _____

5. Row: _____   Seat: _____

6. Time of departure: _____

🌀 *En el aeropuerto de Monterrey, México*

A la llegada, la Sra. López habla con un empleado de la aerolínea.

SRA. LÓPEZ	—Perdón señor, ¿dónde queda la aduana?
EMPLEADO	—En la planta baja, a la derecha. Debe bajar por la escalera.

En la aduana:

EMPLEADO	—¿Es Ud. ciudadana mexicana?
SRA. LÓPEZ	—No, soy extranjera.
EMPLEADO	—La fila de la izquierda, por favor.
SRA. LÓPEZ	—(*En el mostrador de la aduana*) ¿Abro el equipaje?
INSPECTOR	—Sí, por favor. ¿Algo que declarar?
SRA. LÓPEZ	—Sí, una computadora portátil, una cámara de vídeo y una cámara fotográfica.
INSPECTOR	—¿Son para su uso personal?
SRA. LÓPEZ	—Sí, señor.
INSPECTOR	—¿Bebidas alcohólicas, cigarrillos, medicinas?
SRA. LÓPEZ	—No, señor.
INSPECTOR	—Entonces no necesita pagar derechos.

A la salida de la aduana:

EMPLEADO	—Los comprobantes, por favor. (*Mira los comprobantes.*) ¿Dos bultos?
SRA. LÓPEZ	—Sí, la maleta grande y el bolso pequeño.
EMPLEADO	—Muy bien. Bienvenida a México.

La Sra. López llama a un maletero que pasa.

SRA. LÓPEZ	—Primero, a la casa de cambio, y después, a la parada de taxis.

En la casa de cambio:

SRA. LÓPEZ	—¿A cómo está el cambio?
EMPLEADA	—A 10,15 pesos[1] por dólar.
SRA. LÓPEZ	—Ahora el dólar sube o baja casi todos los días, ¿verdad?
EMPLEADA	—Sí, señora, la tasa de cambios no es estable.
SRA. LÓPEZ	—Bien, deseo cambiar doscientos dólares. ¿Aceptan cheques de viajero?
EMPLEADA	—Sí, señora. Debe firmar los cheques aquí y escribir la fecha de hoy.
SRA. LÓPEZ	—¿Necesita ver mi pasaporte?
EMPLEADA	—Sí, por favor.

El maletero lleva el equipaje de la Sra. López a la parada de taxis. La Sra. López toma un taxi.

---

[1]Mexican currency. Note the use of the comma (**la coma**) instead of a decimal point. This amount of money would be expressed as **diez quince**.

🔊 Vocabulario

COGNADOS

la aerolínea   airline
alcohólico(a)   alcoholic
la cámara de vídeo   video camera
el cheque   check
el dólar   dollar
estable   stable

el (la) inspector(a)   inspector
la medicina, el medicamento   medicine, drug
mexicano(a)   Mexican
el pasaporte   passport
perdón   pardon me, excuse me
portátil   portable
el taxi   taxi

NOMBRES

la bebida   drink
el (la) bolso(a), el maletín de mano   handbag, carry-on bag
el bulto   package, bundle
la cámara fotográfica   (photographic) camera
la casa de cambio   currency exchange office
el cheque de viajero   traveler's check
el cigarrillo   cigarette
el (la) ciudadano(a)   citizen
el comprobante   claim check, (written) proof or verification
el (la) computador(a), el ordenador (*España*)   computer
el (la) computador(a) portátil, el ordenador portátil   laptop computer
los derechos, los aranceles, el impuesto   (customs) duty
el equipaje, los velices (*Méx.*)   baggage
la escalera   stairs
el (la) extranjero(a)   foreigner
la fecha   date
la fila   line
la maleta, la valija   suitcase
el maletero   porter, skycap
la parada de taxis   taxi stop
la planta baja   ground floor, downstairs
la tasa de cambios   exchange rate

VERBOS

abrir   to open
aceptar   to accept
bajar   to go down
cambiar   to change, to exchange
deber   must, should
escribir   to write
firmar   to sign

llamar   to call
llevar   to take (someone or something someplace)
mirar   to look at
pagar   to pay
quedar   to be located
subir   to go up
tomar   to take; to drink
ver[1]   to see

ADJETIVOS

bienvenido(a)   welcome
grande   big, large
mi   my
pequeño(a)   small
su   your, his, her, their

OTRAS PALABRAS Y EXPRESIONES

¿A cómo está el cambio?   What's the rate of exchange?
a la derecha (izquierda)   to the right (left)
a la llegada   upon arrival
¿Algo que declarar?   Anything to declare?
casi   almost
de la izquierda (derecha)   to the left (right)
después   later
¿dónde?   where?
hoy   today
para su uso personal   for your personal use
primero   first
que pasa   passing by
todos los días   every day
¿verdad?   right?

---

[1]Irregular first person: **yo veo.**

20

Vocabulario adicional

la calculadora de bolsillo   pocket calculator
el centavo   cent
el dinero en efectivo   cash
la escalera mecánica   escalator
la grabadora de vídeo, la videograbadora, la casetera   VCR
libre de derechos (impuestos)   duty-free
la mercancía   merchandise
las mercancías, los géneros   goods
la planta alta   upstairs
el radio[1] de batería (de pilas)   battery-operated radio
la tabla de cotizaciones   currency exchange table
la tarjeta de crédito   credit card

la tarjeta de residente[2]   resident card
el televisor portátil   portable television set

Notas culturales

- Due to the vast distances between major cities, the excessive cost of highway and railroad construction through mountain ranges and other geographical barriers, and the resultant scarcity of good land transportation systems, some Latin American countries have excellent air transportation systems. The well-regarded Colombian airline Avianca, for example, is the oldest airline in the Americas and the second oldest airline in the world. Safety and efficiency standards vary widely among both private and state-owned airlines, however, so air travel should be planned with care. Domestic flights in Latin America are usually booked to capacity, and confirmation of reservations is essential.

- Traveler's checks generally are not accepted as cash at restaurants and shops in some Spanish-speaking countries, as they are in the United States, except at some resort areas. They must be cashed at banks (where exchange rates are generally higher, and transaction fees lower), currency exchanges, or hotels. Credit cards are widely used, especially in urban areas, and usually offer the most favorable exchange rates available.

Currencies of Spanish-speaking Countries

Country	Currency	Country	Currency
Argentina	el peso	Honduras	el lempira
Bolivia	el boliviano	México	el peso
Chile	el peso	Nicaragua	el córdoba
Colombia	el peso	Panamá	el balboa
Costa Rica	el colón	Paraguay	el guaraní
Cuba	el peso	Perú	el nuevo sol
Ecuador	el sucre	Puerto Rico[3]	el dólar
El Salvador	el colón	República Dominicana	el peso
España	la peseta	Uruguay	el peso
Guatemala	el quetzal	Venezuela	el bolívar

[1]The feminine form **la radio** is used in Spain and in some Latin American countries.
[2]In the U.S., **la tarjeta verde** (*green card*).
[3]U.S. Commonwealth.

¿Recuerdan ustedes?

Answer the following questions, basing your answers on the dialogues.

1. ¿Dónde queda la aduana?

   _____

2. ¿La Sra. López es ciudadana mexicana?

   _____

3. La Sra. López declara en la aduana bebidas alcohólicas y cigarrillos, ¿verdad?

   _____

4. ¿Quién (*Who*) abre las maletas, el inspector o la Sra. López?

   _____

5. La maleta de la Sra. López es pequeña, ¿verdad?

   _____

6. ¿A quién (*whom*) llama la Sra. López?

   _____

7. ¿Qué ocurre (*occurs*) con el dólar casi todos los días?

   _____

8. ¿Qué no es estable?

   _____

9. ¿Cuántos dólares desea cambiar la Sra. López?

   _____

10. ¿Aceptan cheques de viajero?

    _____

11. ¿Qué necesita ver la empleada?

    _____

12. ¿Qué toma la Sra. López?

    _____

Para conversar

Interview a classmate, using the following questions. When you have finished, switch roles.

1. ¿Es Ud. ciudadano(a) mexicano(a)?

   _____

2. ¿Ud. toma bebidas alcohólicas?

_____

3. ¿Usa Ud. una computadora portátil?

_____

4. ¿Deben o no deben subir el precio de los cigarrillos?

_____

5. ¿Qué moneda usamos en los Estados Unidos?

_____

6. ¿Cree Ud. que el cambio del dólar es estable?

_____

7. ¿Dónde queda Monterrey?

_____

8. ¿Necesita Ud. pasaporte?

_____

Vamos a practicar

A. **Complete the following sentences, using the Spanish equivalent of the possessive adjectives in parenthesis. Make sure they agree with the nouns they modify.**

Modelo: No necesitas abrir _____ equipaje, Lolita. *(your)*

No necesitas abrir __**tu**__ equipaje, Lolita.

1. El maletero sube _____ bultos. *(my)*

2. La inspectora no abre _____ maletas. *(our)*

3. Ella necesita _____ equipaje. *(her)*

4. ¿Las medicinas son para _____ uso personal, Sr. Rojas? *(your)*

5. Ellas deben cambiar _____ cheques de viajero. *(their)*

B. **Rewrite the following sentences, using the new subjects.**

Modelo: Ellos necesitan pagar derechos de aduana. (Nosotros)

Nosotros **necesitamos** pagar derechos de aduana.

1. El inspector abre las maletas de la Sra. López.

Yo _____.

2. Ella cree que debe cambiar los dólares hoy.

   Nosotros _____.

3. Ud. debe rellenar la declaración de aduanas.

   Tú _____.

4. Nosotros firmamos los cheques de viajero.

   Ella y tú _____.

5. El dólar sube todos los días

   Los cigarrillos _____.

C. Give the Spanish equivalent of the following.

1. Elena does not see Carlos.

   _____.

2. Elena does not see her big suitcase.

   _____.

3. Estela needs María.

   _____.

4. Esteban needs his passport.

   _____.

5. They do not accept traveler's checks.

   _____.

Sirva usted de intérprete

With two classmates, play the roles of an English-speaking business traveler, a Spanish-speaking currency exchange employee, and the interpreter who helps them communicate. Switch roles until each of you has played the interpreter's role.

PASAJERO(A)   "What is the exchange rate?"

INTÉRPRETE   —_____

EMPLEADO(A)   —A 10,15 pesos por dólar.

INTÉRPRETE   _____

PASAJERO(A)   "Do you accept personal checks?"

INTÉRPRETE   —_____

EMPLEADO(A)   —No, señor(ita), pero aceptamos cheques de viajero.

INTÉRPRETE   _____

PASAJERO(A)   "Well, I want to exchange $50.00."

INTÉRPRETE   —_____

EMPLEADO(A)   —Debe firmar aquí, y necesito ver su pasaporte.

INTÉRPRETE   _____

Sirva usted de traductor

You encounter the following sign in the international terminal of an airport.
Review the *Vocabulario adicional* in this lesson, and then translate it.

Tienda Para Turistas

(Mercancía libre de impuestos)

Situada en la planta alta de la Terminal A.
Abierta los siete días de la semana,
desde las 7 de la mañana
hasta las 10 de la noche.

La tienda ofrece una gran variedad de productos.
Algunos de los más populares son los aparatos
electrónicos como calculadoras de bolsillo,
radios de pilas y televisores portátiles.
También hay una amplia selección de
cigarrillos, licores y perfumes.

Aceptamos tarjetas de crédito y cheques de viajero.

_____

_____

_____

_____

_____

_____

_____

En estas situaciones

What would you say in the following situations? What might the other person say?

1. You are a passenger going through customs in a Spanish-speaking country. Declare three items and tell the inspector that they are for personal use. Find out whether you must declare medicine.

2. You are a customs inspector in Miami, assisting a Spanish-speaking traveler. Tell the traveler that he/she must open his/her suitcases, and ask if he/she has anything to declare. Confirm that the traveler must declare a laptop computer.

3. You are at a currency exchange office in a Mexican airport. Ask the clerk what the rate of exchange is, and whether they accept traveler's checks. He/she should tell you where to sign the traveler's checks.

Casos

Act out the following scenarios with a partner.

1. A passenger goes through customs at a Latin American airport.

2. A traveler changes money at a currency exchange office.

Un paso más

A. **You and a partner are customs officers. Review the *Vocabulario adicional* in this lesson and use it and other vocabulary you have learned to create a list of questions, instructions, or statements that you will need to be able to give to Spanish-speaking travelers regarding the following issues:**

- **documentation that must be presented (passport or green card)**
- **what items travelers must pay duty on and what items are duty-free**
- **travelers should take the escalator upstairs**
- **there is no currency exchange office in the customs area**

1. _____

_____

2. _____

_____

3. _____

_____

4. _____

_____

B. The following document lists what residents and non-residents can bring into Mexico free of charge. Indicate if you can take the following ten items with you to Mexico without paying duty on them, according to the document.

1.	¿Maletas?	Sí	No
2.	¿Una cámara fotográfica?	Sí	No
3.	¿Libros?	Sí	No
4.	¿Animales?	Sí	No
5.	¿Un binocular?	Sí	No
6.	¿Cuatro raquetas de tenis?	Sí	No
7.	¿Treinta cajetillas (*packs*) de cigarrillos?	Sí	No
8.	¿Un instrumento musical?	Sí	No
9.	¿Una bicicleta?	Sí	No
10.	¿Una computadora?	Sí	No

Mercancías Libres de Impuestos

Usted tiene derecho de importar, sin el pago de impuestos, las mercancías que a continuación se detallan:

A) Para residentes en el país:

1) Las de uso personal como ropa, calzado y artículos de aseo o tocador, en cantidad razonable y acorde a la duración de su viaje.

2) Una cámara fotográfica o una cinematográfica o una para video grabación, incluyendo su fuente de poder, excepto equipo profesional; hasta doce rollos de película virgen o video cassettes, así como el material fotográfico impreso o filmado.

3) Libros y revistas.

4) Un artículo deportivo o un equipo individual de deporte, siempre que pueda ser transportado comúnmente por una persona.

5) Hasta veinte cajetillas de cigarrillos o cincuenta puros o doscientos cincuenta gramos de tabaco, si el pasajero es mayor de edad.

6) Hasta tres litros de vino o licor, si se trata de mayores de edad.

7) Medicamentos de uso personal, con receta médica cuando se trate de sustancias psicotrópicas.

8) Los velices, petacas, báules, maletas en los que se contengan las mercancías.

B) Residentes en el extranjero

Además de las señaladas en el apartado A) podrán introducirse las siguientes mercancías:

1) Un binocular y una cámara fotográfica adicional a lo autorizado en el inciso 2 de dicho apartado.

2) Un aparato de televisión portátil.

3) Un aparato de radio portátil para el grabado o reproducción del sonido o uno mixto.

4) Hasta veinte discos o cintas magnéticas propias para la reproducción del sonido (cassettes).

5) Una máquina de escribir portátil.

6) Un instrumento musical, siempre que pueda ser transportado normal y comúnmente por una persona.

7) Una tienda de campaña y un equipo para acampar.

8) Hasta cinco juguetes usados, cuando el pasajero sea menor de edad.

9) Un juego de avíos para pesca, un par de esquíes y dos raquetas de tenis.

10) Un bote sin motor, de menos de cinco y medio metros de largo (eslora), o un deslizador acuático con o sin vela.

11) Una video cassetera.

12) Una bicicleta con o sin motor.

13) Ropa de casa habitación.

14) Utensilios y muebles de cocina, estancia y/o alcoba.

💿 *En el hotel*

La Sra. López llama por teléfono al Hotel Calinda Roma para reservar una habitación.

EMPLEADO	—Hotel Calinda Roma, buenos días.
SRA. LÓPEZ	—Buenos días. Deseo reservar una habitación por cuatro días, a partir de hoy.
EMPLEADO	—¿Para cuántas personas?
SRA. LÓPEZ	—Para una persona. ¿Cuánto es?
EMPLEADO	—Trescientos cuarenta y cinco pesos por día, más impuestos. ¿A qué hora va a llegar al hotel?
SRA. LÓPEZ	—A las diez y media de la noche, más o menos.
EMPLEADO	—Bien, para asegurar su reservación, necesito los datos de su tarjeta de crédito.
SRA. LÓPEZ	—Me llamo Sonia López y mi tarjeta es una VISA, número 4723–5561–1096–8289.
EMPLEADO	—¿Válida hasta cuándo?
SRA. LÓPEZ	—La fecha de vencimiento es junio del año 2002.
EMPLEADO	—¿Cuál es su dirección, señora?
SRA. LÓPEZ	—Calle 124, número 789, apartamento 11, Nueva York.[1]
EMPLEADO	—Muy bien, eso es todo.
SRA. LÓPEZ	—Por favor, ¿a qué distancia del aeropuerto está el hotel?
EMPLEADO	—A unos 8 kilómetros.[2]

A la llegada, en la recepción:

SRA. LÓPEZ	—Buenas noches, soy la Sra. López, de los Estados Unidos.
EMPLEADO	—¡Bienvenida a Monterrey, Sra. López! Su habitación está lista. Ahora debe llenar la tarjeta de huésped, por favor.
SRA. LÓPEZ	—¿En qué piso está mi habitación?
EMPLEADO	—En el cuarto piso.
SRA. LÓPEZ	—No da a la calle, ¿verdad? Aquí hay mucho ruido.
EMPLEADO	—Sí, estamos situados en el centro de la ciudad, pero su habitación es interior. (*Llama a Antonio, el botones.*) Antonio, a la recámara 434.

El botones toma las maletas de la Sra. López y la llave de la habitación.

BOTONES	—Por aquí, señora. (*Ambos van hacia el ascensor.*)

En la habitación:

BOTONES	—¿Necesita algo más, señora?
SRA. LÓPEZ	—Nada más, gracias.

---

[1]In a Spanish-speaking country, the name of the street precedes the number of the house, i.e., **Avenida Magnolia (número) 520.**

[2]1 mile = 1.6 kilometers. For an extensive list of weights and measures, their Spanish equivalents, and their equivalents in the metric system, see Appendix D.

Al poco rato la Sra. López llama por teléfono a la recepción.

EMPLEADO	—Recepción.
SRA. LÓPEZ	—Soy la Sra. López.
EMPLEADO	—¿Quién?
SRA. LÓPEZ	—Soy la Sra. López y estoy en la habitación 434. El aire acondicionado no funciona bien.
EMPLEADO	—En seguida va para allá el botones para trasladar su equipaje a otra recámara. Lamentamos mucho el inconveniente.

🔊 Vocabulario

COGNADOS

el **apartamento** apartment
el **crédito** credit
el **hotel** hotel
el **inconveniente** inconvenience
interior interior
el **kilómetro** kilometer

la **persona** person
la **reservación, la reserva** reservation
situado(a) situated
el **teléfono** telephone
válido(a) valid

NOMBRES

el **aire acondicionado** air conditioning
el **ascensor, el elevador** elevator
el **botones** bellhop
el **centro de la ciudad** downtown, center of the city
los **datos** information, data
la **fecha de vencimiento** expiration date
la **habitación, el cuarto, la recámara** (*Méx.*) room
el (la) **huésped** guest
el **impuesto** tax
la **llave** key
el **piso** floor
la **recepción** reception desk, front desk
el **ruido** noise
la **tarjeta** card
la **tarjeta de crédito** credit card
la **tarjeta de registro, la tarjeta de huésped** registration card

VERBOS

asegurar to ensure
dar to give
estar to be
funcionar to work
ir to go
lamentar to be sorry for, to regret
llamar to call
trasladar to move, to relocate

ADJETIVOS

ambos(as) both
cuarto(a) fourth
listo(a) ready
mucho(a) much
otro(a) another

OTRAS PALABRAS Y EXPRESIONES

a partir de starting, as of
a partir del día (+ *date*) as of the (+ *date*)
¿a qué distancia? how far?
al poco rato a while later
¿Algo más? Anything else?
allá there, over there
¿cuál? which?, what?
¿cuánto(a)? how much?
¿cuántos(as)? how many
da a la calle overlooks the street
en seguida va para allá he's/she's on his/her way there
eso es todo that's all
hacia to, toward
hasta until
hay there is, there are
ir a (+ *inf.*) going to (do something)
más plus
más o menos more or less, around
Me llamo… My name is . . .
muy bien very well
nada nothing
nada más nothing else

OTRAS PALABRAS Y EXPRESIONES
pero   but
por   for
por aquí   this way
por día   per day
¿quién?   who?
unos, unas (+ *number*)   about (+ *number*)

Vocabulario adicional

el agua[1] caliente (fría)   hot (cold) water
las cortinas   curtains
dejar una propina   to leave a tip
desocupar la habitación   to check out, to vacate a room
la ducha, la regadera (*Méx.*)   shower
el inodoro   toilet
el jabón   soap
el lavabo   bathroom sink
limpio(a)   clean
prender (apagar) la luz   to turn on (turn off) the light
la sábana   sheet
el servicio de habitación   room service
sucio(a)   dirty
la televisión   television
el televisor   TV set
la toalla   towel

Nota cultural

Hotels in a range of categories, including many owned by North American chains, exist in all Latin American cities and can usually be reserved through a travel agent. Information about independent hotels can be obtained through hotel representation firms such as *LARC* (*Latin American Reservation Center*). In choosing a hotel, remember that room prices quoted usually don't include taxes, which are very high in some countries. In Mexico, for example, taxes add an additional 15% to the cost of a room.

¿Recuerdan ustedes?

Answer the following questions, basing your answers on the dialogue.

1. ¿Para qué llama por teléfono la Sra. López?

   _____

2. ¿Por cuántos días necesita una habitación?

   _____

3. ¿A partir de qué día?

   _____

---

[1]**Agua** is a feminine noun, but the definite article **el** or the indefinite article **un** is used instead of **la** or **una** with feminine singular nouns beginning with stressed **a** or **ha**.

4. ¿A qué hora va a llegar la Sra. López al hotel?

_____

5. ¿Qué necesita la recepcionista para asegurar la reservación?

_____

6. ¿Hasta cuándo es válida la tarjeta de crédito de la Sra. López?

_____

7. ¿Cuál es el número de la habitación de la Sra. López?

_____

8. ¿Da a la calle la habitación de la Sra. López?

_____

9. ¿Qué toma el botones?

_____

10. ¿Adónde van la Sra. López y el botones?

_____

11. ¿Qué problema hay en la habitación de la Sra. López?

_____

12. ¿A qué distancia del aeropuerto está el hotel?

_____

Para conversar

Interview a classmate, using the following questions. When you have finished, switch roles.

1. ¿Cuál es su dirección?

_____

2. ¿En qué piso está su habitación?

_____

3. ¿Su cuarto da a la calle?

_____

4. ¿Hay mucho ruido en su cuarto?

_____

5. ¿Funciona bien el aire acondicionado de su cuarto?

_____

6. ¿Cuál es su número de teléfono?

_____

7. ¿Cuál es su hotel favorito?

_____

8. ¿Paga Ud. el hotel con una tarjeta de crédito?

_____

9. ¿Cuál es la fecha de vencimiento de su tarjeta de crédito?

_____

10. ¿Paga Ud. impuestos? ¿Cuándo?

_____

11. ¿Paga Ud. sus impuestos con la tarjeta de crédito?

_____

Vamos a practicar

A. Give the Spanish equivalent of the following.

1. the noise of the elevator

_____

2. Sir, to Calinda Roma Hotel, please.

_____

3. the hotel's elevator

_____

4. She is arriving in the airport at 10.

_____

5. He calls the bellhop.

_____

6. Mr. Sosa's room

_____

B. **Create sentences using the elements given and adding any necessary elements to say what is going to happen.**

    Modelo: Carlos / hablar / gerente

               Carlos va a hablar con el gerente.

1. yo / dar / dirección

    _____

2. ¿tú / estar / en / hotel / favorito:

    _____

3. ella / no / dar / fecha de / tarjeta de crédito

    _____

4. nosotros / ir / hacia / allá

    _____

5. ellos / trasladar / el equipaje

    _____

6. él / llamar / maletero

    _____

C. **Choose the correct form of *ser* or *estar*.**

1. Yo (soy / estoy) el botones del hotel.

2. La maleta (es / está) a la izquierda de la puerta.

3. Las tarjetas de huésped (son / están) en la recepción.

4. ¿Tú (eres / estás) de Guadalajara?

5. ¿Él (es / está) en Guadalajara?

6. El Sr. Pérez (es / está) aquí.

7. ¿Cuál (es / está) la fecha de vencimiento de su tarjeta?

8. Nosotros (somos / estamos) empleados de la aerolínea.

9. Sus habitaciones no (son / están) listas.

Sirva usted de intérprete

With a partner, play the roles of a Spanish-speaking business traveler, a front desk worker at an American hotel, and the interpreter who helps them communicate. Switch roles until each of you has played the interpreter's role.

HUÉSPED   —Buenos días, necesito una habitación para hoy.

INTÉRPRETE   _____

EMPLEADO(A)   "For how many people?"

INTÉRPRETE   — _____

HUÉSPED   —Para una sola. ¿Cuánto es?

INTÉRPRETE   _____

EMPLEADO(A)   "Forty-two dollars a night, plus tax. How many days are you going to stay?"

INTÉRPRETE   — _____

HUÉSPED   —Tres o cuatro días. Por favor, deseo una habitación interior. Aquí hay mucho ruido.

INTÉRPRETE   _____

Sirva usted de traductor

You work at an inexpensive hotel. Your boss has just asked you to translate the following note left this morning by a Spanish-speaking guest who seemed upset. Review the *Vocabulario adicional* in this lesson, and then translate the note.

> Señores:
> —¡¡Su hotel es un desastre!!
> —La habitación está sucia.
> —No hay agua caliente en la ducha.
> —Necesito una toalla y una sábana limpias.
> —El inodoro no funciona bien.
> —No hay jabón en el lavabo.
> —El servicio de habitación es horrible.
> Por eso no dejo propina.
>
> L. Álvarez

_____

_____

_____

_____

_____

_____

_____

_____

En estas situaciones

What would you say in the following situations? What might the other person say?

1. You are traveling to Monterrey, Mexico. When you phone to reserve a room at a hotel, tell the receptionist the purpose of your call and the length of your upcoming stay, and ask for the price of the room.

2. You are the receptionist at a New Jersey motel. Check in a customer who speaks only Spanish. Tell him/her to fill out the guest card, inform him/her where his/her room is located, and tell him/her what kind of room it is.

3. You are a guest in a hotel in Costa Rica. You call the front desk to complain because the room is not ready and it is too noisy. In addition, the air conditioning is not working properly.

Casos

Act out the following scenarios with a partner.

1. A customer calls a hotel to make a reservation.

2. At the registration desk of a hotel, a guest checks in for two nights.

3. A bellhop shows a guest to his/her room.

Un paso más

A. Review the *Vocabulario adicional* in this lesson and act out the following dialogues in Spanish with a partner.

1. "At what time do we need to check out today?"
   "At eleven o'clock. Are you ready?"
   "Yes, I'm ready."

_____

_____

_____

2. "Is there a television set in the room?"
   "Yes, but it doesn't work."
   "The sheets and the sink are dirty, too."
   "And there's no hot water. We need another hotel!"

   _____

   _____

   _____

   _____

B. Read the registration card filled out by Antonio Zamora Pino during a recent hotel stay and supply the following information.

1. Guest's first name: _____

2. Guest's last name: _____

3. Hotel name: _____

4. Hotel address: _____

5. Date of arrival: _____

6. Number of people occupying room: _____

7. Guest's address: _____

8. Room number: _____   Floor: _____

9. Credit card number: _____

10. Credit card expiration date: _____

TARJETA DE REGISTRO

	FECHA DE LLEGADA		FECHA DE SALIDA		DIAS
	DIA	MES	DIA	MES	PERMANENCIA
A. Zamora P.	1 4	0 4			

FIRMA

NOMBRE: *Antonio Zamora Pino*

DIRECCION: *Avenida Madero, 415*

CIUDAD: *Guadalajara, Jalisco*   AUTO-PLACAS: *73-425*

No. DE PERSONAS: *2*   HABITACION: *108*   PISO: *2º*

HORA DE RECEPCION: *11:15*   RESERVADO POR: *—*

EFECTIVO $ _____ (_____)

DEPOSITO:

TARJETAS DE CREDITO: _____ No.: *742-5617* VALIDA HASTA: *Mayo 2001*

TARIFA: $785.00   MAS I.V.A.

BIENVENIDOS

HOTEL-SOCAVÓN

36060 Guanajuato, 46A Airondiga Tel•2•48•85

🎧 *Las comidas*

Al día siguiente, por la mañana, la Sra López va a la cafetería del hotel para tomar el desayuno.[1]

MESERA	—Buenos días, señora. ¿Cuántos son?
SRA. LÓPEZ	—Yo sola.
MESERA	—Por aquí, por favor.
SRA. LÓPEZ	—¿Cuál es el desayuno típico mexicano?
MESERA	—Huevos, frijoles, tortillas… Aquí tiene el menú. ¿Café?
SRA. LÓPEZ	—¿El café mexicano es fuerte?
MESERA	—Es más fuerte que el café americano,[2] pero no tan fuerte como el café expresso italiano.
SRA. LÓPEZ	—¿Tienen café descafeinado?
MESERA	—Sí, pero es café instantáneo.
SRA. LÓPEZ	—Entonces voy a tomar café con leche.
MESERA	—Muy bien, ¿Y para comer?
SRA. LÓPEZ	—(*Lee el menú.*) ¿Cómo son los huevos rancheros?
MESERA	—Vienen con una salsa de tomate y chile.
SRA. LÓPEZ	—¿No hay tostadas u[3] otro tipo de pan? ¡Tengo mucha hambre!
MESERA	—Sí, señora, pero aquí las tortillas son más populares que el pan.

En un restaurante, a la hora del almuerzo:

MESERO	—¿Desea Ud. tomar algo antes del almuerzo?
SRA. LÓPEZ	—No, ahora no. ¿Cuál es la especialidad de la casa?
MESERO	—Los mariscos y el pescado.
SRA. LÓPEZ	—El lenguado, ¿es fresco?
MESERO	—Todos los pescados son frescos: el lenguado, el huachinango, el mero, la corbina…
SRA. LÓPEZ	—¿Cuál es el mejor?
MESERO	—Todos son buenos, señora. Tan buenos como el lenguado o mejores.
SRA. LÓPEZ	—¿Qué es el huachinango?
MESERO	—Es el pargo de otros países, y el *red snapper* de los Estados Unidos.
SRA. LÓPEZ	—¿Con qué viene?
MESERO	—Con arroz y ensalada mixta o vegetales.
SRA. LÓPEZ	—Entonces, huachinango asado con vegetales y arroz.
MESERO	—¿Algo para tomar?
SRA. LÓPEZ	—Una copa de vino blanco Marqués de Riscal.

Cuando la Sra. López termina de comer, llama al mesero.

---

[1]**Tomar** means *to have, to eat* when referring to breakfast only; **comer** is used with other meals.
[2]Used to describe weaker, American-style coffee.
[3]**U** is used for **o** when preceeding a word starting with **o** or **ho**.

MESERO	—¿Café, postre?
SRA. LÓPEZ	—No, gracias. La cuenta, por favor. Tengo prisa. Tengo que estar en el Centro Comercial Delta a las tres.
MESERO	—Tiene tiempo, señora. De aquí al Centro Comercial demora menos de quince minutos.

La Sra. López paga la cuenta y deja la propina en la mesa.

💿 Vocabulario

COGNADOS

americano(a) American
la cafetería cafeteria, coffee shop
el chile (*Méx.*), **el ají** chile pepper
la especialidad specialty
el menú menu
popular popular

el restaurante, el restorán restaurant
típico(a) typical
el tomate tomato
la tortilla[1] (*Méx.*) tortilla, omelette
los vegetales vegetables

NOMBRES

el arroz rice
el café coffee
el café con leche café au lait
el café expreso, el café solo espresso, strong black coffee
la casa house
el centro comercial shopping center, mall
la copa glass
la corbina sea bass
la cuenta bill
el desayuno breakfast
la ensalada salad
los Estados Unidos United States
el frijol bean
el huevo, el blanquillo (*Méx.*) egg
la leche milk
el lenguado sole
el marisco seafood, shellfish
el mero halibut
la mesa table
el (la) mesero(a) (*Méx.*), **el mozo, el (la) camarero(a)** waiter, waitress
el país country
el pan bread
el pargo, el huachinango[2] (*Méx.*) red snapper
el pescado fish
el postre dessert
la salsa sauce

el tipo type
la tostada, el pan tostado toast
el vino wine

VERBOS

comer to eat
dejar to leave (behind)
demorar to take, to last (*a length of time*)
leer to read
tener to have
terminar to finish
tomar, beber to drink
venir to come

ADJETIVOS

asado(a) grilled, broiled, roasted
descafeinado(a) decaffeinated
fresco(a) fresh
fuerte strong
instantáneo(a) instant
mejor better
mixto(a) mixed
muchos(as) many
todos(as) all of them

---

[1]**Tortilla** means *omelette* in Spain and some Latin American countries.
[2]Commonly pronounced **guachinango**.

OTRAS PALABRAS Y EXPRESIONES

a la hora del almuerzo   at lunch time
al día siguiente   the next day
aquí   here
aquí tiene...   here's...
¿cómo?   how?
¿Cómo son... ?   What are (they) like?
cuando   when
cuando termina de comer   when he/she finishes
  eating
entonces   then

menos de   less than
por la mañana   in the morning
que   than
tan... como   as... as
tener hambre   to be hungry
tener prisa   to be in a hurry
tener que (+ *inf.*)   to have to (do something)
tomar algo   to have something to drink
ya   already
yo solo(a)   just me

Vocabulario adicional

ENSALADAS (*Salads*)

la ensalada de aguacate   avocado salad
la ensalada de berro   watercress salad
la ensalada de lechuga   lettuce salad
la ensalada de tomate   tomato salad

SOPAS (*Soups*)

la sopa de pollo y fideos   chicken and noodle
  soup
la sopa de pescado con arroz   fish and rice
  soup
la sopa de vegetales   vegetable soup

PESCADOS (*Fish*)

el atún, el bonito   tuna
el bacalao   cod
el salmón   salmon
la trucha   trout

MARISCOS (*Shellfish*)

las almejas   clams
los calamares   squid
los camarones, las gambas (*España*)   shrimp
el cangrejo   crab
la langosta   lobster

AVES (*Poultry, Fowl*)

el pato   duck
el pavo, el guajolote (*Méx.*), el guanajo (*Cuba*)
  turkey
el pollo   chicken

CARNES (*Meats*)

el bistec[1]   steak
la carne de res   beef
el cordero   lamb
el puerco, el cerdo   pork
la ternera   veal

VEGETALES (*Vegetables*)

el apio   celery
el bróculi, el brécol   broccoli
los guisantes, los chícharos   peas
la papa, la patata   potato
la zanahoria   carrot

MODOS DE PREPARAR LA COMIDA (*Ways of preparing food*)

al gusto   any style, to order, to taste
al horno, horneado(a)   baked
al vapor   steamed
bien cocido(a), bien cocinado(a)   well done
crudo(a)   rare
estofado(a), guisado(a)   stewed
frito(a)   fried
hervido(a)   boiled
relleno(a)   stuffed
término medio   medium

---

[1]Also called *biftec*, **carne asada** (Mexico), **bife** (Argentina).

Notas culturales

- Eating habits in Spanish-speaking countries are different from those in the U.S. Not only does the food change from country to country and region to region, but meals are often served at different times.

    Breakfast (**el desayuno**) frequently consists of **café con leche** or **chocolate** and bread with butter or marmalade or a sweet roll. The midday meal of lunch (**el almuerzo/la comida**) is a more substantial meal than the typical U.S. lunch. For example, there might be a first course of soup followed by a green salad, a main course of meat or fish with vegetables and potatoes, rice, or beans, and finally dessert (often fruit or cheese). Coffee is served after the meal. Dinner or supper (**la cena**) is usually a lighter meal than lunch unless it is eaten in a restaurant, where it may consist of more than one course.

- Hotel restaurants often cater to the tastes of foreign travelers by serving more substantial, American-style breakfasts and a wide range of international foods, albeit at much higher prices than those in local restaurants. American fast-food restaurants are also a familiar presence in most Hispanic cities. The cuisine of the Spanish-speaking world may not be what one would expect based on the offerings of ethnic restaurants in the United States; Americans accustomed to the taco and enchilada based menus of Mexican restaurants in this country, for example, are likely to be pleasantly surprised by the sophisticated seafood dishes and other specialties of fine restaurants in Mexico.

- To avoid health problems when traveling, it is a good idea to stay away from food prepared by street vendors, to avoid raw fruits and vegetables unless you can be sure that they have been properly washed, and to stick to bottled beverages.

¿Recuerdan ustedes?

Answer the following questions, basing your answers on the dialogues.

1. ¿Cuándo va a la cafetería la Sra. López?

   _____

2. ¿Para qué va la Sra. López a la cafetería?

   _____

3. ¿Qué café es más fuerte, el café mexicano o el café americano?

   _____

4. ¿Qué comen los mexicanos en el desayuno?

   _____

5. ¿Cómo son los huevos rancheros?

   _____

6. ¿Qué es más popular en México, el pan o las tortillas?

   _____

7. ¿Cuál es la especialidad del restaurante?

   _____

8. ¿Qué pescados frescos tienen?

   _____

9. ¿Cuál es el mejor?

   _____

10. ¿Qué va a comer la Sra. López? ¿Qué va a tomar?

    _____

11. ¿Cuánto demora ir del restaurante al Centro Comercial Alfa?

    _____

12. ¿Tiene prisa la Sra. López? ¿A qué hora tiene que estar allí?

    _____

13. ¿Qué deja la Sra. López en la mesa?

    _____

Para conversar

**Interview a classmate, using the following questions. When you have
finished, switch roles.**

1. ¿A qué hora toma Ud. el desayuno?

   _____

2. ¿Desayuna Ud. todos los días en una cafetería?

   _____

3. ¿Qué come Ud. en el desayuno?

   _____

4. ¿Toma Ud. café expreso o café americano?

   _____

5. ¿Toma Ud. café con leche?

   _____

6. ¿Qué bebe Ud. en el almuerzo?

   _____

7. ¿Cuál es su pescado favorito?

   _____

8. En su opinión, ¿es la ensalada tan buena como el postre?

_____

9. En un restaurante, ¿a quién llama Ud. cuando termina de comer?

_____

10. ¿Siempre deja propina?

_____

11. ¿Cuál es su restaurante favorito? ¿Dónde está?

_____

Vamos a practicar

A. Rewrite the following sentences according to the new subjects.

Modelo: Ella viene por aquí.

Nosotros **venimos** por aquí.

1. La señora tiene que estar en el hotel a las cinco.

Yo _____.

2. El mozo viene con la comida.

Nosotros _____.

3. Tengo café, pero no tengo leche.

Tú _____.

4. Ellos vienen a la hora del almuerzo.

Tú y yo _____.

B. Use full sentences to write down what the following people have to do.

Modelo: Elvira / pagar la cuenta

Elvira **tiene que pagar** la cuenta

1. yo / venir por la mañana

_____

2. tú y yo / tomar menos café

_____

3. Pedro y Jorge / terminar mañana

_____

4. nosotras / dejar una buena propina

_____

C. Use the cues in parentheses to compare the following foods.

> *Modelo:* las tortillas / el pan (*more popular*)
>
> Las tortillas **son más populares que** el pan.

1. el pargo / el lenguado (*fresher than*)

   _____

2. el café típico / el café expreso (*less strong than*)

   _____

3. los mariscos / el pescado (*as good as*)

   _____

4. el lenguado / la corbina (*better than*)

   _____

Sirva usted de intérprete

A. With two classmates, play the roles of an English-speaking waiter/waitress, a Spanish-speaking customer, and the interpreter who helps them communicate. Switch roles until each of you has played the interpreter's role.

MESERO(A)   "Coffee?"

INTÉRPRETE —_____

CLIENTE   —Sí, por favor.

INTÉRPRETE _____

MESERO(A)   "Fine. What do you want to eat?"

INTÉRPRETE —_____

CLIENTE   —Huevos fritos con salsa de tomate.

INTÉRPRETE _____

MESERO(A)   "Anything else?"

INTÉRPRETE —_____

CLIENTE   —Nada más, gracias. La cuenta, por favor.

INTÉRPRETE _____

B. Now, with three classmates, play the roles of an English-speaking waiter/waitress, a Spanish-speaking couple, and the interpreter.

MESERO(A)   "How many?"

INTÉRPRETE   —_____

SR. GARCÍA   —Dos.

INTÉRPRETE   _____

MESERO(A)   "Smoking section or non-smoking section?"

INTÉRPRETE   —_____

SRA. GARCÍA   —Sección de fumar, por favor.

INTÉRPRETE   _____

MESERO(A)   "Here's the menu. Do you want to have a drink before lunch?"

INTÉRPRETE   —_____

SR. GARCÍA   —Agua mineral, por favor.

INTÉRPRETE   _____

SRA. GARCÍA   —Una copa de vino blanco. ¿Cuál es la especialidad de hoy?

INTÉRPRETE   _____

MESERO(A)   "Grilled red snapper. It comes with rice or vegetables."

INTÉRPRETE   —_____

SR. GARCÍA   —¿El pescado es fresco?

INTÉRPRETE   _____

MESERO(A)   "Yes, sir. The fish and the seafood are fresh."

INTÉRPRETE   —_____

SR. GARCÍA   —Bien, lenguado asado y ensalada.

INTÉRPRETE   _____

SRA. GARCÍA   —Y yo voy a comer el pargo asado con vegetales y ensalada de tomate.

INTÉRPRETE   _____

MESERO(A)   "And to drink?"

INTÉRPRETE   —_____

SRA. GARCÍA   —Otra copa de vino blanco.

INTÉRPRETE   _____

Más tarde (later):

MESERO(A)   "How's the fish?"

INTÉRPRETE   —_____

SRA. GARCÍA   —Muy bueno, gracias.

INTÉRPRETE   _____

SR. GARCÍA   —¿Aceptan tarjetas de crédito?

INTÉRPRETE   _____

MESERO(A)   "Yes, sir."

INTÉRPRETE   —_____

Sirva usted de traductor

An American restaurant chain has hired you to create a bilingual menu for its franchises in Latin America. Review the *Vocabulario adicional* in this lesson, and then add Spanish translations below the items listed on the menu.

MENÚ

Soups and Salads

_____

Tomato soup

_____

Turkey and rice soup

_____

Vegetable soup

_____

Mixed salad

_____

Lettuce, tomato, and avocado salad

_____

Chicken and vegetable salad

_____

Meat and Poultry

_____

Steak (Rare, medium or well done)

_____

Roast beef

_____

Baked pork

_____

Boiled turkey

_____

Fried chicken

_____

Roasted lamb

_____

Fish and Seafood

_____

Grilled tuna

_____

Baked salmon

_____

Fried squid

_____

Steamed clams

_____

Shrimp, any style

_____

Boiled lobster

_____

En estas situaciones

What would you say in the following situations? What might the other person say?

1. You are going to have breakfast at a coffee shop in Mexico. When the waiter/waitress asks if you would like coffee, make sure he/she knows what kind you want. Ask him/her to explain a couple of items on the menu before placing your order (you're very hungry). You want to pay with a credit card, but you're not sure if the coffee shop accepts them.

2. You are eating lunch at a restaurant in Guatemala. Tell the waiter/waitress you want to see the menu. After he/she asks if you'd like to have a drink before lunch and you respond, ask if the fish is fresh, and which is the best fish to order. Find out what side dishes come with the meal and place your food order. The waiter/waitress should remember to ask what you would like to drink with your meal.

Casos

Act out the following scenarios with a partner.

1. A waiter/waitress at a restaurant waits on a customer who is there for breakfast or lunch.

2. Two friends eating together at a restaurant read the menu and discuss what they are going to order for lunch.

Un paso más

A. You and a classmate are in training to join the wait staff of a restaurant with many Spanish-speaking customers. Review the *Vocabulario adicional* in this lesson and use it and other vocabulary you have learned to create a list of questions, instructions, or statements that you will need to be able to give to customers, and another list of things that customers are likely to say to you.

Camareros(as):

1. _____

2. _____

3. _____

4. _____

5. _____

Clientes:

6. _____

7. _____

8. _____

9. _____

10. _____

B. You are having breakfast at a hotel restaurant. Read the menu and
answer the following questions. Try to guess the meaning of
unfamiliar words from context.

¡Buenos días!

COMBINACIONES

Mexicano $30	**Americano $35**
Huevos rancheros o	Huevos al gusto o
chilaquiles con pollo	pan francés*
Tortillas	Café americano
Café	Tostadas
Crema	Jugo de naranja

DESAYUNOS A LA CARTA

Huevos con jamón o tocino	$35
Huevos con chorizo	$30
Huevos rancheros	$25
Chilaquiles con pollo	$30
Tortilla de huevos con queso	$40
Panqueques	$20
Pan francés	$18
Cereales fríos con leche	$14

BEBIDAS

Jugos de frutas	$10
Chocolate caliente	$10
Leche	$ 8
Café	$ 6
Expreso	$12

EJECUTIVO $40

Huevos "Benedict"
Huevos rancheros con bistec
Tortilla de huevos con mariscos y queso
Tortilla de huevos con camarón
Tortilla de huevos con langosta
*(Incluye un platillo principal, jugo de frutas o
una copa de champán)*

1. ¿Qué bebidas hay en el menú?

   _____

2. ¿Qué bebida típica del desayuno americano no está en las combinaciones?

   _____

3. ¿Con qué vienen los huevos rancheros de los desayunos ejecutivos?

   _____

_____

*French toast *(Méx.)*; in other countries, **torrejas**.

4. ¿Qué platos típicos del desayuno americano hay en el menú?

_____

5. ¿Qué alimentos típicos del desayuno mexicano están en el menú?

_____

6. ¿Qué tipo de pan hay en el menú? ¿Cómo se llama este plato en inglés?

_____

**C. Read the following advertisement of Hacienda El Mortero Restaurant.
With a partner, take turns asking and answering the following questions.**

1. ¿Qué tipo de comida sirven en este restaurante?

_____

2. ¿Qué tipo de música hay allí?

_____

3. ¿A qué hora está abierto (*open*) el restaurante?

_____

HACIENDA ®
EL MORTERO
RESTAURANTE

Reconocido como el mejor lugar para disfrutar
la tradicional cocina mexicana, ofrece una amplia selección
de platillos dentro de la réplica de una hacienda colonial
y con todo el ambiente de la música viva de trío.

A PARTIR DE LAS 19:00 HRS. A 24:00 HRS.

RESERVE AL 3 03 33 EXT. 47 y 3243

4. Deseo hacer (*to make*) una reservación ¿A qué número de teléfono tengo
que llamar?

_____

5. ¿Dónde está el restaurante Hacienda El Mortero?

_____

D. You are traveling to a Spanish-speaking country. Plan what you are going to order from the menu on your first day there.

Desayuno:

Para tomar: _____

Para comer: _____

Almuerzo o comida:

Ensalada o sopa: _____

Plato principal: _____

Postre: _____

Para tomar: _____

Cena:

Ensalada o sopa: _____

Plato principal: _____

Postre: _____

Para tomar: _____

● *Comprando para importar a los Estados Unidos*

Por teléfono:

RECEPCIONISTA	—Cueros de Nuevo León, S.A. (*ese, a*). Buenos días.
SRA. LÓPEZ	—Buenos días, señorita. Soy Sonia López, compradora de la firma Leatherworks, una cadena de tiendas al detalle de los Estados Unidos.
RECEPCIONISTA	—¿En qué podemos servirle, Sra. López?
SRA. LÓPEZ	—Necesito hablar con el jefe de ventas al por mayor.
RECEPCIONISTA	—Un momento, por favor. Voy a llamar a su oficina. (*Por el intercomunicador*) Julia, la Sra. López, compradora de una firma americana, quiere hablar con el Sr. Fernández. (*Escucha un momento.*) Lo siento, Sra. López, pero el jefe de ventas está ocupado. Ahora está atendiendo a un cliente.
SRA. LÓPEZ	—Quiero hacer una cita para hablar con él hoy mismo, si es posible. Prefiero ir por la tarde.
RECEPCIONISTA	—Sí, está bien. Él está disponible a las tres. ¿Tiene la dirección?
SRA. LÓPEZ	—Sí, señorita. Muchas gracias y hasta luego.

A las tres y cinco de la tarde, en la oficina del Sr. Fernández:

SRA. LÓPEZ	—Estoy interesada en comprar artículos de cuero para mi firma en los Estados Unidos.
SR. FERNÁNDEZ	—Entonces, primero debe ver la gran[1] variedad de artículos que fabricamos. Vamos al salón de exhibición y venta.

En el salón de exhibición:

SR. FERNÁNDEZ	—Bien, aquí tenemos prendas de vestir para hombres y mujeres. Al fondo están los accesorios.
SRA. LÓPEZ	—¿No tienen artículos de mejor calidad?
SR. FERNÁNDEZ	—Sí, señora. Si prefiere ver artículos más caros, vamos al otro salón.
SRA. LÓPEZ	—(*En el otro salón*) Aquí sí tienen lo que estoy buscando.
SR. FERNÁNDEZ	—Sí, todos estos artículos están fabricados en cueros de primera calidad.
SRA. LÓPEZ	—¿Los diseños son originales?
SR. FERNÁNDEZ	—Sí, son creaciones exclusivas de la casa.

---

[1]**Grande** becomes **gran** before a masculine or feminine singular noun.

SRA. LÓPEZ	—¿Los precios marcados son para ventas al detalle?
SR. FERNÁNDEZ	—Sí, señora. En las ventas al por mayor damos descuentos hasta del cincuenta por ciento, de acuerdo con la cantidad y con el costo de fabricación de cada artículo.
SRA. LÓPEZ	—Bien, yo voy a seleccionar varios artículos. Estoy anotando los modelos que prefiero. Después discutimos precios y condiciones.
SR. FERNÁNDEZ	—Comprendo, señora. Estamos a su disposición.
SRA. LÓPEZ	—El primer pedido va a ser pequeño. Queremos ver qué aceptación tienen sus productos en el mercado de los Estados Unidos.

🔊 Vocabulario

COGNADOS

el accesorio accessory	**el intercomunicador** intercom
el artículo article, item	**el modelo** model
el (la) cliente(a) client, customer	**el momento** moment
la condición condition	**la oficina** office
el costo, el coste cost	**el producto** product
la creación creation	**el (la) recepcionista** receptionist
exclusivo(a) exclusive	**la variedad** variety
la firma firm, company	**varios(as)** various, several

NOMBRES

la cadena chain
la calidad quality
la cantidad quantity
la cita appointment
el cuero leather
el descuento discount
el diseño design
la fabricación manufacture
el hombre man
el (la) jefe(a) boss
el (la) jefe(a) de ventas sales manager
el mercado market
la mujer woman
el pedido, la orden order
el precio price
la prenda de vestir garment, clothing
el salón de exhibición showroom, exhibition hall
la sociedad anónima (S.A.) corporation
la tienda store
la venta sale

VERBOS

anotar to write, to note, to jot down
atender (e:ie) to assist, to attend, to wait on
buscar to look for
comprar to buy
comprender, entender (e:ie) to understand
discutir to discuss
escuchar to listen
fabricar, producir[1] to manufacture
hablar to speak, to talk
hacer[2] to do, to make
importar to import
preferir (e:ie) to prefer
querer (e:ie) to want, to wish
seleccionar to select
vender to sell

ADJETIVOS

cada each
caro(a) expensive
disponible available
este(a) this
estos(as) these
fabricado(a) manufactured, made

---

[1] Irregular first person: **yo produzco.**
[2] Irregular first person: **yo hago.**

interesado(a)   interested
marcado(a)   marked
ocupado(a)   busy

OTRAS PALABRAS Y EXPRESIONES

al detalle, al detall, al por menor, al menudeo   retail
al fondo   in the back
al por mayor, al mayoreo   wholesale
de acuerdo (con)   according to, in accordance (with)
de primera calidad   top quality
¿Está bien si... ?   Is it all right if . . . ?
Estamos a su disposición.   We're at your disposal.
hoy mismo   this very day
lo (la) que   that which, what
por ciento   percent
que   that, which
si es posible   if possible
tener aceptación   to be well received, to be a demand for
Vamos.   Let's go.

Vocabulario adicional

el almacén   warehouse, department store
el anticipo   advance payment
barato(a)   inexpensive, cheap
la compra   purchase
la compraventa   purchase and sale agreement
conceder un crédito   to extend credit
el contrato   contract
la fábrica, la factoría   factory
la marca de fábrica   manufacturer's trademark
la materia prima   raw material
pagar a plazos   to pay in installments
pagar al contado   to pay in cash
el precio de compra   purchase price
el precio de venta   selling price
la reunión, la junta (*Méx.*)   meeting
la utilidad bruta   gross profit
la utilidad neta   net profit

Notas culturales

- Hierarchies in Latin American businesses tend to be well defined. Subordinates generally address senior management by title and surname, and use the formal **Ud.** even if a superior addresses them as **tú**. Some bosses use **Ud.** with their employees as a means of maintaining a respectful distance. Male subordinates are usually referred to by their last name, and women by **señora** or **señorita** and their first name. Colleagues at the same level may use **tú** or **Ud.**, depending on age difference and the degree of friendship or familiarity between them. Personal space—the distance at which people feel comfortable talking or otherwise interacting with one another—is generally smaller in the Spanish-speaking world than in the United States, especially when people are engaged in lively conversation. This increased physical proximity is not necessarily a sign of familiarity, as it might be in this country.
- Business meetings generally begin and end with handshakes all around, for both men and women. Encounters among people who are friends as well as business associates may be marked by more familiar forms of greeting and farewell.

¿Recuerdan ustedes?

Answer the following questions, basing your answers on the dialogue.

1. ¿Cuál es el cargo (*title*) de la Sra. López?

   _____

2. ¿Con quién desea hablar la Sra. López?

   _____

3. ¿Quién es el jefe de ventas?

   _____

4. El Sr. Fernández no está disponible. ¿Qué está haciendo ahora?

   _____

5. ¿Cuándo prefiere la Sra. López tener la cita?

   _____

6. ¿Qué quiere comprar la Sra. López?

   _____

7. ¿Para qué va la Sra. López al salón de exhibición y venta?

   _____

8. ¿Los precios marcados son para ventas al por mayor?

_____

9. ¿Qué descuentos dan en los precios marcados?

_____

10. ¿La Sra. López va a hacer un pedido grande?

_____

Para conversar

Interview a classmate, using the following questions. When you have finished, switch roles.

1. ¿Tiene Ud. accesorios o prendas de vestir de cuero?

_____

2. En México, ¿son caros los artículos de cuero?

_____

3. ¿Está Ud. interesado(a) en comprar artículos de diseños originales?

_____

4. ¿Son caras las prendas de vestir de diseños originales?

_____

5. ¿Compra Ud. artículos de calidad cuando viaja?

_____

6. Cuando Ud. compra algo (*something*), ¿discute precios y condiciones?

_____

7. ¿Desea Ud. ser jefe(a) de ventas de una firma?

_____

8. ¿Tiene el (la) profesor(a) un intercomunicador en su oficina?

_____

9. ¿Quiere Ud. hacer una cita para hablar con el (la) profesor(a)? (¿Para cuándo?)

_____

Vamos a practicar

A. Write sentences to say what the following people are doing right now using the present progressive construction and the elements given. Supply any necessary elements.

Modelo: Ella / anotar / el pedido
Ella **está anotando** el pedido.

1. yo / comprar / artículos de cuero / mi firma

_____

2. la Srta. Julia / hablar / intercomunicador

_____

3. esa fábrica / producir / gran variedad de artículos

_____

4. nosotros / dar / descuentos / hasta / cincuenta por ciento

_____

5. ¿qué / hacer / tú?

_____

6. ellos / no / discutir / el precio

_____

B. Write the following dialogues in Spanish.

1. "When do you want to come to the factory, Miss Álvarez?"
"I want to come (go) now, if possible; I'm in a hurry."

_____

_____

2. "Don't you have any other garments?"
"Yes, but they are more expensive."

_____

_____

3. "The managers want to discuss prices and conditions of the order."
"We understand."

_____

_____

Sirva usted de intérprete

With two classmates, play the roles of an import company executive from
the United States, the sales manager of a Latin American firm, and the
interpreter who helps them communicate. Switch roles until each of you
has played the interpreter's role.

EJECUTIVO(A) "Good morning, I'm _____ , director of *South of the Border Imports* of
San Antonio, Texas."

INTÉRPRETE —_____

JEFE(A) DE VENTAS —Mucho gusto, _____ , soy _____ , jefe(a) de
ventas de esta firma. ¿En qué podemos servirle?

INTÉRPRETE _____

EJECUTIVO(A) "We're interested in buying some of your leather items."

INTÉRPRETE —_____

JEFE(A) DE VENTAS —Entonces creo que debemos ir al salón de exhibición y venta. Ud. debe ver la gran
variedad de artículos que tenemos.

INTÉRPRETE _____

EJECUTIVO(A) "Where are the leather accesories for men?"

INTÉRPRETE _____

JEFE(A) DE VENTAS —Están en el mostrador de la izquierda.

INTÉRPRETE _____

EJECUTIVO(A) "Are the marked prices for retail sales?"

INTÉRPRETE —_____

JEFE(A) DE VENTAS —Sí, señor(a). Damos descuentos de hasta un 40 por ciento en las ventas al por mayor.

INTÉRPRETE _____

EJECUTIVO(A) "I prefer to select some items first, and then discuss prices and conditions."

INTÉRPRETE —_____

JEFE(A) DE VENTAS —Cómo no. Estamos a sus órdenes.

INTÉRPRETE _____

Sirva usted de traductor

Your employer is dealing with a Spanish-speaking manufacturer south of the border. She received a long letter from her prospective supplier; you highlighted the following sentences as those including vital information. After reviewing the *Vocabulario adicional* in this lesson, translate them for her.

1. Nuestra fábrica está situada en Tecate, Baja California.

   _____

2. Nuestra firma es una sociedad anónima.

   _____

3. La marca de fábrica de nuestros productos es "Lorena".

   _____

4. Necesitamos un anticipo para la compra de la materia prima.

   _____

5. Su utilidad bruta debe ser de un 45 por ciento o más.

   _____

6. El precio de venta de cada artículo es un 40 por ciento más del precio de compra.

   _____

En estas situaciones

What would you say in the following situations? What might the other person say?

1. You are a receptionist answering a phone call. Identify the firm for which you work, and ask the caller how you may help him/her. He/she wants to see the sales manager; say that the sales manager is not available, and that he/she is talking with another client.

2. You are meeting with a sales manager at a factory. Say that you want to buy leather garments, and that you wish to visit the showroom. Tell him/her that you want original designs. In the showroom, say that some items are inexpensive, but that you prefer to pay more and buy better quality items. Respond when he/she tells you about the quality and price of the items they have in another hall. Ask about the difference between the retail and whole-sale prices.

Casos

Act out the following scenarios with a partner.

1. An executive for an American firm makes an appointment for a business meeting with a company's receptionist.

2. A sales manager meets with a client in his/her office and takes him/her to the factory showroom.

Un paso más

Review the *Vocabulario adicional* in this lesson and act out the following dialogues in Spanish with a partner.

1. "Is the client going to pay in cash?"
   "No, we are going to extend credit for the purchase and they're going to pay in installments."
   "For the entire purchase price?"
   "No, for ninety percent. It's in the purchase and sale agreement."

   _____

   _____

   _____

   _____

   _____

2. "What is the factory's gross profit this year?"
   "Five hundred thousand dollars, but the net profit is much less."
   "Why?"
   "Because of taxes."

   _____

   _____

   _____

   _____

Suplemento 1

Llenando planillas[1]

* Declaración de aduanas
* Solicitud de tarjeta de crédito
* Solicitud de empleo

---

[1] **la planilla, la forma**   blank form

65

A. Fill out the customs declaration, using the following information.
Ud. y su esposo(a) viajan a México por avión. Llevan 4 maletas, $12,000 dólares en efectivo y 50 cajetillas (*packs*) de cigarrillos, pero no llevan animales vivos ni productos alimenticios frescos. (México permite entrar 20 cajetillas de cigarros por persona sin pagar impuestos.)

SH CP BIENVENIDO A MEXICO
DECLARACION DE ADUANAS

Cada pasajero o jefe de familia[1] debe llenar esta sección.

Nombre: _____ / _____
_____*Apellido paterno*[2]_____ _____*Materno*[3]_____

_____
_____*Nombre(s)*_____

Pasaporte: _____ / _____
_____*Número*_____ ____*País que lo expide*[4]____

Arribo vía: marítima _____ /aérea _____
_____*Nombre de la*_____ ____*Línea/#vuelo*____
_____*embarcación*_____

Número de familiares[5] que viajan con usted: _____

Número de maletas, bultos o cajas: _____

País de residencia: _____

¿Trae[6] consigo más de 10,000 dls. estadounidenses o su equivalente en otras monedas, en efectivo o cheque?*   SI ☐   NO ☐

En caso afirmativo, indique cuánto más: _____ dls. estadounidenses.

Declare si transporta animales vivos,[7] productos alimenticios frescos[8] de origen vegetal o animal: SI ☐   NO ☐

Transporta mercancías por las que deba pagar impuestos? *(Ver reverso)*   SI ☐   NO ☐

Para el pago de impuestos, favor de pasar al módulo de orientación aduanera en la terminal de arribo, donde estará a su disposición el formato para el pago de contribuciones al comercio exterior y el material explicativo para su llenado.

Sanción:
Cuando usted no declare mercancías por las que deba pagar impuestos, éstas pasarán a propiedad del Fisco Federal, se impondrá una multa de hasta cuatro veces el valor comercial de dichas mercancías y podrá ser sujeto a sanciones penales.

*Traer dinero no es delito, no declararlo sí lo es.

Declaro bajo protesta de decir verdad que los datos asentados en la presente declaración son ciertos

_____   _____
_____*Firma*_____   *día /mes / año*

1 *head of household* 2 *father's last name* 3 *mother's last name* 4 *issuer*
5 *relatives* 6 *bring* 7 *live animals* 8 *fresh food*

B. Fill out the following application to apply for a department store credit card.

1. INFORMACION PERSONAL (Escriba en letra de molde)

NOMBRE	INICIAL	APELLIDO	NUMERO DEL SEGURO SOCIAL

LICENCIA DE CONDUCIR, NUMERO DE PASAPORTE O DE IDENTIFICACION DEL ESTADO	EDAD	NUMERO DE DEPENDIENTES

DIRECCION	APARTAMENTO	CIUDAD	ESTADO	CODIGO POSTAL

TIPO DE RESIDENCIA	☐ PROPIETARIO ☐ INQUILINO	☐ OTRO	TELEFONO DE LA CASA ( )

DIRECCION ANTERIOR[1] (SI SE MUDO EN MENOS DE UN AÑO)	CIUDAD	ESTADO	CODIGO POSTAL

COMPAÑIA DONDE TRABAJA	DIRECCION	CIUDAD	POSICION/TITULO	¿DESDE CUANDO? AÑOS / MESES

SUS INGRESOS EN BRUTO[2] (FUENTES)
No tiene que divulgar una pensión de divorcio o separación, mantenimiento de hijos u otros gastos de mantenimiento, si no desea ser tomado en cuenta para el reembolso de esta obligación. $_____ /mensual[3]

	TELEFONO DEL TRABAJO O NEGOCIO ( )

NOMBRE DE SU PARIENTE MAS CERCANO[4] (QUE NO VIVA CON UD.)	RELACION	TELEFONO ( )

DIRECCION	CIUDAD	ESTADO	CODIGO POSTAL

REFERENCIAS DE CREDITO: (MARQUE TODO LO QUE SE RELACIONE CON UD.)
☐ CUENTA DE CHEQUES[5] ☐ VISA ☐ MASTERCARD ☐ TIENDAS DE ROPA (MENCIÓNELAS) _____ _____
☐ CUENTA DE AHORRO[6] ☐ DISCOVER ☐ AMERICAN EXPRESS ☐ OTRO (MENCIÓNELO) _____ _____

2. INFORMACION SOBRE EL SOLICITANTE DE CUENTA CONJUNTA[7] (Firma es necesaria)

NOMBRE	INICIAL	APELLIDO	NUMERO DEL SEGURO SOCIAL

LICENCIA DE CONDUCIR, NUMERO DE PASAPORTE O DE IDENTIFICACION DEL ESTADO	EDAD	PARENTESCO[8] CON EL SOLICITANTE: ☐ CONYUGE ☐ OTRO: INDIQUE _____

COMPAÑIA DONDE TRABAJA	DIRECCION	CIUDAD

POSICION/TITULO	¿DESDE CUANDO? (AÑOS)	TELEFONO DE TRABAJO ( )

NOTIFICACION: CUALQUIER PERSONA QUE FIRME ESTE CONTRATO DE CREDITO PARA EL CONSUMIDOR, ESTARA SUJETA A TODOS LOS RECLAMOS Y DEFENSAS EN JUICIO QUE EL DEUDOR PUEDA EFECTUAR EN CONTRA DEL VENDEDOR DE BIENES, O SERVICIOS OBTENIDOS EN VIRTUD DEL MISMO, O CON EL INGRESO OBTENIDO POR EL CONTRATO. EL REEMBOLSO DEL DEUDOR DE ESTE ACUERDO NO DEBERA EXCEDER LAS CANTIDADES PAGADAS POR EL DEUDOR EN VIRTUD DE ESTE ACUERDO.
Yo/Nosotros solicito/solicitamos una Cuenta de Crédito de Mervyn's y certifico/certificamos que, según mi/nuestro entender, la informacíon que aparece arriba es correcta.

3. POR FAVOR FIRME AQUI:

Firma Del Solicitante	FECHA	Firma del Cosolicitante	FECHA
X		X	

STORE USE ONLY

RDL075

TEAM MEMBER # ____ ____ ____ ____   STORE 3-LETTER CODE AND NUMBER:

1 *previous address*   2 *gross income*   3 *monthly*   4 **pariente...** *closest relative*   5 *checking account*   6 *savings account*
7 **solicitante...** *co-applicant for joint account*   8 *(family) relationship*

C. In order to improve your Spanish you want to spend a year in a Spanish-speaking country. Fill out the following form to apply for a job.

SOLICITUD DE EMPLEO

NOVOTEC, S.A.

CONFIDENCIAL
LLENESE A MANO USE LETRA DE MOLDE

DATOS PERSONALES

Apellido Paterno	Apellido Materno	Nombre(s)

Lugar de Nacimiento	Fecha de Nacimiento	Edad

Domicilio

Fecha	
Estado Civil	
Nacionalidad	
Teléfono	Sexo ○ Femenino ○ Masculino

REFERENCIAS PERSONALES (No incluya parientes.)

NOMBRE COMPLETO	OCUPACION	DIRECCION	TELEFONO

EXPERIENCIA DE TRABAJO (Empiece por el actual o último empleo.)

DURACION		NOMBRE DE LA EMPRESA	DIRECCION Y TEL.	SALARIO		PUESTO DESEMPEÑADO	MOTIVO(S) DE SU SEPARACION
DESDE	HASTA			INICIAL	FINAL		

ESCOLARIDAD

NOMBRE DE LA ESCUELA	DOMICILIO	No. DE AÑOS QUE ASISTIO	FECHAS		TERMINO UD.	OBTUVO CERTIFICADO DIPLOMA O TITULO
			DE	A		
Primaria						
Secundaria						
Universidad						
Estudios de Post-Graduado						
Otros						
Idiomas que domina						
Máquinas de oficina que pueda manejar						

DATOS GENERALES

Sírvase indicar si tiene alguna experiencia en:
○ Administración ○ Economía ○ Producción ○ Rel. Industriales ○ Ventas ○ Tiendas
○ Contabilidad ○ Inv. de Mercado ○ Publicidad ○ Rel. Públicas ○ Compras

¿Está dispuesto a trabajar cualquier turno?
○ Sí ○ No (Razones)

¿Está dispuesto a cambiar su lugar de residencia?
○ Sí ○ No (Razones)

¿Algún pariente suyo trabaja con nosotros?
○ Sí ○ No (Quién)

¿Está Ud. dispuesto a viajar?
○ Sí ○ No (Razones)

¿Qué tipo de trabajo desea Ud. desempeñar?

¿Conoce Ud. alguna persona en nuestra compañía?
○ Sí ○ No (Quién)

¿Qué sueldo mensual desea?

¿Podemos solicitar informes de Ud.?
○ Sí ○ No (Razones)

¿En qué fecha podría empezar a trabajar?

Las declaraciones anteriores hechas por mi són absolutamente verdaderas

_____
Firma del solicitante

letra de molde: *printing* **nacimiento:** *birth* **edad:** *age* **estado civil:** *marital status* **parientes:** *relatives* **actual:** *current* **puesto desempeñado:** *position held* **manejar:** *to operate* **Está dispuesto(a) a...** *Would you be willing to . . .* **cualquier turno:** *any shift* **desempeñar:** *to hold, to carry out* **sueldo mensual:** *monthly salary* **verdaderas:** *true*

Repaso

LECCIONES 1–5

PRÁCTICA DE VOCABULARIO

A. Circle the word or phrase that does not belong in each group.

1. aeropuerto aduana venta

2. periódico puerta revista

3. tarde almohada frazada

4. desear llenar completar

5. manta mostrador cobija

6. maleta equipaje cigarrillo

7. comprobante bulto escalera

8. mostrador pasaje billete

9. valija fila maletero

10. ordenador extranjero computadora portátil

11. hotel botones ruido

12. datos ascensor elevador

13. asiento habitación llave

14. café mesa leche

15. pargo lenguado huésped

16. venir beber tomar

17. accesorio cita prenda de vestir

18. disponible descafeinado instantáneo

19. último ocupado primero

20. hacer comprender entender

21. mi su después

22. importar exportar llamar

23. hombre   cuero   mujer

24. cadena   comprador   cliente

25. unos   al   del

B. **Circle the word or phrase that best completes each sentence.**

1. Deseo reservar un (asiento / altavoz / negocio) para el vuelo de mañana.

2. ¿Cuándo desea (necesitar / buscar / regresar)?

3. Su asiento está en la (almohada / fila / mercancía) tres.

4. ¿A qué hora (llegamos / evitamos / anunciamos) a Guadalajara?

5. Ellos llegan en el (negocio / pasaporte / vuelo) de la tarde.

6. Debe (abrir / subir / firmar) los cheques aquí.

7. La tasa de cambios no es (estable / grande / cara).

8. Ellos desean reservar (un impuesto / un maletín / una habitación) en el cuarto piso por cuatro días.

9. ¡Bienvenida, señora! Su habitación ya está (mucha / lista / asada).

10. Para (asegurar / funcionar / lamentar) su reservación, necesito los datos de su tarjeta de crédito.

11. ¿Cuál es la (casa / corbina / fecha) de vencimiento de su tarjeta de crédito?

12. En esta habitación hay mucho (país / ruido / postre) porque da a la calle.

13. El aire acondicionado del hotel no (deja / funciona / demora).

14. Aquí comemos pan, pero las tortillas son más (populares / fuertes / mixtas) que el pan.

15. Desean comer huachinango asado con vegetales y (copas / cuentas / arroz).

16. Prefiero hablar con el jefe de (modelos / ventas / accesorios).

17. El Sr. Vargas está (fresco / situado / interesado) en comprar artículos para su firma.

18. Los precios marcados son para ventas al (artículo / diseño / menudeo), ¿verdad?

19. Queremos hacer una (cantidad / firma / cita) con el gerente de la firma.

20. Yo voy a seleccionar varios artículos, y después (discutimos / preferimos / fabricamos) precios y condiciones.

21. Ahora voy a (venir / anotar / ir a) los modelos que prefiero.

22. (Soy / Vamos / Es Ud.) al salón de exhibición y ventas.

C. Match the questions in column A with the answers in column B.

A	**B**
_____ 1. ¿Es Ud. ciudadana mexicana?	a. No, una revista.
_____ 2. ¿Tiene algo que declarar?	b. Huevos hervidos y café.
_____ 3. ¿Desea un pasaje de ida?	c. Una copa de vino.
_____ 4. ¿Quiere un asiento en la sección de fumar?	d. No, pequeño.
_____ 5. ¿Desea un periódico?	e. Sí, y tarjetas de crédito.
_____ 6. ¿Cuándo regresa Ud.?	f. A 10,15 por dólar.
_____ 7. ¿Quiere una almohada?	g. No, no como pescado.
_____ 8. ¿Cuántas maletas tiene Ud.?	h. No, soy extranjera.
_____ 9. ¿A cómo está el cambio?	i. No, al por mayor.
_____ 10. ¿Aceptan cheques de viajero?	j. Sí, y una manta.
_____ 11. ¿Qué desea para el desayuno?	k. Sí, son creaciones exclusivas.
_____ 12. ¿Desea comer pargo?	l. No, de ida y vuelta.
_____ 13. ¿Qué van a tomar ellos?	m. No, es la gerente.
_____ 14. ¿Cuál es la especialidad de la casa?	n. Sí, una cámara de vídeo.
_____ 15. ¿Va a hablar con el gerente?	o. El cincuenta por ciento.
_____ 16. ¿Todos los diseños son originales?	p. Mañana a las tres.
_____ 17. ¿Qué descuento dan Uds.?	q. Dos, y un bolso.
_____ 18. ¿Ella es la camarera?	r. No, con el jefe de ventas.
_____ 19. ¿El pedido va a ser grande?	s. No, yo no fumo.
_____ 20. ¿Las ventas son al menudeo?	t. Los mariscos y el pescado.

Situaciones del mundo de las empresas (Situations of the corporate world)

Review the *Notas culturales* of the past five lessons and then read the following scenarios. Find out what went wrong, and propose possible solutions in Spanish.

1. Upon arriving at my office, the representative of an exports company from Uruguay has introduced himself to me as Fernando Concha. To be friendly, I replied: **"Mucho gusto en conocerte, Fernando."**

   _____

   _____

   _____

   _____

2. Since I knew the client was a divorcée, I greeted her by saying: **"Buenos días, señorita."**

   _____

   _____

   _____

   _____

3. I am the new sales manager of the Nicaraguan branch of a textile company. I tell one of the office secretaries: **"Lorena, ¿puedes traerme la nueva lista de precios?"**

   _____

   _____

   _____

   _____

4. This morning, I addressed my supervisor, Mr. Cárdenas, as follows: **"Cárdenas, necesito hablar con Ud."**

   _____

   _____

   _____

   _____

⦿ PRÁCTICA ORAL

Listen to the following exercise on the audio program. The speaker will ask you some questions. Answer the questions, using the cues provided. The speaker will confirm the correct answer. Repeat the correct answer.

1. ¿Desea Ud. un pasaje de ida y vuelta, señora? (no, de ida solamente)

2. ¿Cuándo desea viajar Ud.? (mañana)

3. ¿Cuándo quiere regresar Ud.? (el jueves)

4. ¿Desea Ud. un asiento de ventanilla o de pasillo? (de pasillo)

5. ¿Necesita Ud. algo? (sí, una almohada)

6. ¿Tiene Ud. algo que declarar? (sí, una computadora)

7. ¿Tiene Ud. bebidas alcohólicas? (no, solamente cigarrillos)

8. ¿Tiene Ud. los comprobantes para su equipaje? (sí, aquí están)

9. ¿Cuál es su equipaje? (esta maleta grande y estos bolsos)

10. ¿Tiene Ud. su pasaporte? (sí, aquí está)

11. ¿Dónde cambian dólares? (en la casa de cambio)

12. ¿A cómo está el cambio de moneda, señor? (a diez pesos por dólar)

13. ¿Cuántas habitaciones desea Ud., señora? (una)

14. ¿Tiene Ud. reservación para hoy? (no)

15. ¿Va a pagar con cheques de viajero? (no, con tarjeta de crédito)

16. ¿Hasta cuándo es válida su tarjeta de crédito? (junio del 2003)

17. ¿En qué piso está la habitación? (en el cuarto piso)

18. ¿Es una habitación interior? (no, da a la calle)

19. Deseo hablar con el jefe de ventas, ¿está aquí? (no, no está aquí ahora)

20. ¿Es posible hacer una cita con él? (sí, para hoy a las tres)

21. ¿Qué artículos desea comprar Ud.? (prendas de vestir de cuero)

22. Los precios marcados, ¿son para ventas al por mayor? (no, al menudeo)

23. ¿Qué descuento dan Uds. en sus ventas al por mayor? (el cincuenta por ciento)

24. ¿Qué artículos son fabricados por Uds.? (todos)

25. ¿Los diseños de los modelos son originales? (sí, todos)

◐ *Vendiendo para exportar desde los Estados Unidos*

El Sr. Johnson, viajante de la firma Flagler Auto Parts, de Miami, visita al
Sr. Rodríguez, administrador de NUEVOS SERVICENTROS, S.A., una cadena de talleres de reparación de automóviles de Caracas, Venezuela.

SR. JOHNSON	—Estamos tratando de penetrar el mercado de Venezuela, y tenemos buenas ofertas para Ud.
SR. RODRÍGUEZ	—Uds. venden silenciadores y tubos de escape, ¿verdad?
SR. JOHNSON	—Sí, señor. Además vendemos repuestos para la reparación de los frenos y de los sistemas de suspensión de los carros.
SR. RODRÍGUEZ	—En realidad, estamos satisfechos con nuestros suministradores locales, pero podemos hacer negocio. Todo depende de la calidad y precio de su mercancía.
SR. JOHNSON	—Sólo vendemos piezas de marcas acreditadas, y estoy seguro de que, en precios, nadie puede competir con nosotros.
SR. RODRÍGUEZ	—Bien, estoy interesado en las líneas de silenciadores y tubos de escape, y también, en los amortiguadores Monroe.
SR. JOHNSON	—¿No usan Uds. los amortiguadores Gabriel? ¿Por qué?
SR. RODRÍGUEZ	—Porque aquí esa marca es poco conocida y casi ningún cliente la ordena. No queremos tener en existencia mercancías innecesarias.
SR. JOHNSON	—Pues esos amortiguadores son de primera calidad y tienen precios competitivos.
SR. RODRÍGUEZ	—Sí, pero nosotros siempre usamos los repuestos que los clientes nos indican.
SR. JOHNSON	—Bien, aquí tiene nuestras listas de precios. Éstos son los precios para el consumidor. Los talleres reciben descuentos según el volumen de la compra y la forma de pago.
SR. RODRÍGUEZ	—¿Estos precios son L.A.B.[1] o C.S.F.[2]?
SR. JOHNSON	—Estos son los precios de las piezas en nuestros almacenes en Caracas. Desde luego, el transporte de nuestros almacenes a sus talleres va por su cuenta.
SR. RODRÍGUEZ	—¿Qué descuento nos hacen en pedidos de mil unidades o más?
SR. JOHNSON	—En pedidos de ese volumen descontamos entre el 25 y el 40 por ciento del precio de lista.

---

[1]L.A.B. (libre a bordo) = F.O.B. (free on board)
[2]C.S.F. (costo, seguro y flete) = C.I.F. (cost, insurance, and freight)

SR. RODRÍGUEZ	—¿Cuáles son las condiciones de pago?
SR. JOHNSON	—Las de costumbre en la plaza: 2/30, n/90.[1] ¿Tienen Uds. crédito bancario?
SR. RODRÍGUEZ	—Sí, en Venezuela y en los Estados Unidos.
SR. JOHNSON	—¿Importan directamente de las fábricas?
SR. RODRÍGUEZ	—Sí, a veces. Las piezas cuestan menos en fábrica, pero el ahorro no compensa las dificultades para importarlas.
SR. JOHNSON	—Bien, ¿nos va a hacer algún pedido ahora?
SR. RODRÍGUEZ	—Creo que sus precios son buenos, pero necesito compararlos con los de nuestros suministradores actuales.
SR. JOHNSON	—Comprendo. ¿Cuándo vuelvo a visitarlo? ¿El jueves está bien?
SR. RODRÍGUEZ	—A ver… el jueves no voy a estar aquí, ni el viernes tampoco; puede venir el lunes próximo.

🔊 Vocabulario

COGNADOS

el (la) administrador(a) administrator, manager
el (la) cliente(a) client, customer
competitivo(a) competitive
la dificultad difficulty
directamente directly
la exportación export

innecesario(a) unnecesary
la lista list
local local
el transporte transport
el volumen volume

NOMBRES

el ahorro savings
el almacén warehouse
el amortiguador shock absorber
el automóvil, el auto, el coche, el carro automobile, car
la cadena chain
la compra purchase, buying
las condiciones de pago terms of payment
el (la) consumidor(a) consumer
la fábrica, la factoría factory
el freno brake
el jueves Thursday
la línea line
el lunes Monday
la marca brand
la mercancía merchandise
la oferta offer, bid, deal
la pieza part
la reparación repair

el repuesto spare part
el silenciador muffler
el sistema de suspensión suspension
el (la) suministrador(a) provider, supplier
el taller de reparación repair shop
el tubo de escape exhaust pipe
la unidad unit
el (la) viajante, el (la) agente viajero(a) traveling salesperson
el viernes Friday

VERBOS

comparar to compare
compensar to compensate
competir[2] to compete
costar (o:ue) to cost
creer to think, to believe
depender (de) to depend (on)
descontar (o:ue) to give a discount of
exportar to export

---

[1]2/30 (**dos treinta**) represents a 2% discount if the bill is paid within 30 days of purchase, n/90 (**neto noventa**) indicates that the full amount must be paid if the account is satisfied 31–90 days after the date of purchase.
[2]Conjugated in **Lección 7.**

indicar   to indicate
ordenar   to order
penetrar   to penetrate, to enter (*i.e.*, *a market*)
poder (o:ue)   can, to be able
recibir   to receive
trabajar   to work
tratar (de)   to try
usar, utilizar   to use
visitar   to visit
volver (o:ue)   to come back

ADJETIVOS

acreditado(a)   well-established
actual   present
bancario(a)   bank
conocido(a)   known
nuestro(a)   our
primer(o)(a)   first
próximo(a)   next
satisfecho(a)   satisfied

OTRAS PALABRAS Y EXPRESIONES

a veces   sometimes
a ver   let's see
además   besides
conmigo   with me
desde   from
desde luego   of course
en realidad   indeed
en existencia   in stock
entre   between
estar seguro(a)   to be certain
la forma de pago   means of payment
hacer un pedido   to place an order
ir por su cuenta   to be paid by you
las (condiciones) de costumbre en la plaza   the usual terms in the market
los de   those
los (las) nuestros(as)   ours
nadie   no one
ni   neither, nor
ningún   none
poco   a little
por ciento   percent
¿por qué?   why?
porque   because
según   according to, depending on
siempre   always
tampoco   neither, not either
todo   all, everything

Vocabulario adicional

VOCABULARIO AUTOMOVILÍSTICO (I)

el acelerador   accelerator
el acumulador, la batería   battery
la bujía   spark plug
la caja de bolas   ball bearings
el cambio de aceite   oil change
la carrocería   body (of motor-car)
el chasis   chassis
el claxon, la bocina, el pito (*coll.*)   horn, klaxon
los cojinetes   roller bearings
la defensa, el parachoques   bumper
el engrase, la lubricación   lubrication
la gasolina   gasoline
el (la) guantero(a)   glove compartment
el guardabarros, el guardafangos   fender
el limpiaparabrisas   windshield wiper
el líquido de frenos   brake fluid
la llanta, el neumático, la goma (*coll.*)   tire
la luz   light
el maletero, la cajuela (*Méx.*)**, el baúl**   trunk
el motor   motor, engine
el motor de arranque   starter
el parabrisas   windshield
la transmisión   transmission gear
la vestidura, la tapicería   upholstery
el volante, el timón (*coll.*)   steering wheel

Notas culturales

- Before trying to do business in a foreign country, it is necessary to do some legal research. Many countries prohibit or restrict certain imports or they charge high customs duties in order to protect their national industries. Some countries also prohibit certain exports. Costa Rica, for example, prohibits the export of certain types of wood in order to protect their rain forests. Peru and Mexico do not allow certain pre-Columbian artifacts to be taken out of the country.

  On the other hand, before extending credit, it is a good idea to find about the legal and practical difficulties one might encounter when trying to collect bad debts.

- Generally, the necessary red tape to start a business in Spanish-speaking countries is more complicated and costly than it is in the United States. A study published by the *Instituto Libertad y Democracia*, in Peru, found that to register a small business in their country took a year or longer and cost the equivalent of $1,200, including bribes demanded by some public employees. Registering a similar business in Miami took four hours, and the cost was insignificant.

- While conducting business in the Spanish-speaking business world, remember to be punctual for all meetings and appointments, just as you would elsewhere. Do not be offended, however, if your associates do not practice the same concept of time-management and arrive up to thirty minutes late for a meeting. Time is a flexible concept in many countries of the Spanish-speaking world, and efficiency and timeliness often bow to courtesy and diplomacy, leading to tardiness by American standards. Be prepared to wait even for scheduled appointments.

¿Recuerdan ustedes?

Answer the following questions, basing your answers on the dialogue.

1. ¿Cuál es el trabajo (*job*) del Sr. Johnson?

   _____

2. ¿Qué es Nuevos Servicentros, S.A.?

   _____

3. ¿Qué está tratando de hacer la firma Flagler Auto Parts?

   _____

4. ¿Qué piezas de repuesto vende Flagler Auto Parts?

   _____

5. ¿Cree Ud. que el Sr. Johnson y el Sr. Rodríguez van a hacer negocio? ¿Por qué?

   _____

6. ¿Por qué no está interesado el Sr. Rodríguez en los amortiguadores Gabriel?

   _____

7. ¿Piensa Ud. que Nuevos Servicentros, S.A. es un negocio serio (*serious*)?
   ¿Por qué?

   _____

8. ¿Quién debe pagar el transporte de la mercancía del almacén a los talleres?

   _____

9. ¿Por qué no importa Nuevos Servicentros, S.A. siempre?

   _____

10. ¿Qué va a hacer el Sr. Rodríguez antes de decidir (*before deciding*) hacer un
    pedido?

    _____

Para conversar

Interview a classmate, using the following questions. When you have finished, switch roles.

1. ¿Dónde trabaja Ud.?

   _____

2. ¿Qué hace?

   _____

3. ¿Qué fábricas de automóviles extranjeros están tratando de penetrar el mercado de los Estados Unidos?

   _____

4. ¿Está Ud. satisfecho(a) con su taller de mecánica? ¿Por qué o por qué no?

   _____

5. Los productos de marcas acreditadas, ¿son siempre mejores?

   _____

6. ¿Qué productos son más caros: los de marcas acreditadas o los genéricos (*generic*)?

   _____

7. ¿Tiene Ud. una línea de crédito bancaria? ¿En qué banco?

   _____

8. Importar un carro directamente de Japón, ¿cuesta menos que comprarlo aquí?

   _____

9. Antes de comprar algo, ¿compara Ud. los precios de varias tiendas? ¿El ahorro compensa las dificultades?

   _____

Vamos a practicar

A. **Complete the following sentences with the appropriate form of the verb in parentheses.**

Modelo: El amortiguador _____ (costar) $23.
El amortiguador **cuesta** $23.

1. Ellas _____ (poder) tratar de penetrar el mercado de Colombia.

2. Si el administrador no está hoy, yo _____ (volver) mañana.

3. ¿Cuánto _____ (descontar) Uds. en los tubos de escape?

4. Yo no _____ (poder) atender a los clientes.

5. Nosotros _____ (volver) a las cinco.

B. **Rewrite the following sentences to express the opposite.**

Modelo: Ella *siempre* come *algo* antes de salir.
Ella **nunca** come **nada** antes de salir.

1. Importamos *algunas* piezas directamente de los Estados Unidos.

   _____

2. En este taller hay *siempre algún* mecánico disponible.

   _____

3. *Nadie* compra *nada nunca.*

   _____

4. *También* damos descuentos en las piezas de repuesto.

   _____

C. **You are a salesperson talking with a prospective client. Tell him/her the following.**

Modelo: I have a good offer for you.
Tengo una buena oferta para Ud.

1. No one can compete with us in price and quality.

   _____

2. For us, a satisfied client is good business.

   _____

3. I am going to order the mufflers today.

   _____

4. You may talk with the manager or with me.

   _____

D. Rewrite each sentence by changing the word order, as required by the alternative placement of the direct object pronoun.

Modelo: Nosotros *queremos introducirla* en el mercado.
Nosotros **la queremos introducir** en el mercado.

1. *Los estamos importando* de Francia.

   _____

2. *Vamos a visitarla* todos los lunes.

   _____

3. *Lo podemos reparar* en este taller.

   _____

4. *Puedo ordenarlas* ahora.

   _____

5. No *tenemos que importarlas; podemos comprarlas* en el mercado local.

   _____

Sirva usted de intérprete

With two classmates, play the role of Mr. Block, Sr. Bernal, and the interpreter who helps them communicate. Switch roles until each of you has played the interpreter's role.

MR. BLOCK   "Good morning. I am a traveling salesman for Midas."

INTÉRPRETE   —_____

SR. BERNAL   —Mucho gusto en conocerlo, Sr. Block. ¿En qué puedo servirle?

INTÉRPRETE   —_____

MR. BLOCK   "My company is trying to enter the Ecuador market, and we are offering big discounts in all spare parts."

INTÉRPRETE   —_____

                  _____

SR. BERNAL   —¿Qué piezas venden Uds.?

INTÉRPRETE   —_____

MR. BLOCK   "We sell shock absorbers, mufflers, exhaust pipes, and everything you may need to repair brakes."

INTÉRPRETE   —_____

                  _____

SR. BERNAL —¿Qué marcas de amortiguadores venden Uds.?

INTÉRPRETE —_____

MR. BLOCK "We sell Monroe and Gabriel shock absorbers."

INTÉRPRETE —_____

SR. BERNAL —¿Cuáles son los mejores?

INTÉRPRETE —_____

MR. BLOCK "The Monroe shock absorbers are better known in this market, but the Gabriel ones are also top quality, and I sell them at competitive prices."

INTÉRPRETE —_____

_____

SR. BERNAL —¿Es ésta la lista de precios para el consumidor?

INTÉRPRETE —_____

MR. BLOCK "Yes, and this month we are offering a 40% discount to the wholesale buyers."

INTÉRPRETE —_____

SR. BERNAL —Muy bien. ¿Cuáles son las condiciones de pago?

INTÉRPRETE —_____

MR. BLOCK "The usual terms in this market: 2/30, n/90."

INTÉRPRETE —_____

SR. BERNAL —¿Tienen Uds. existencias de todos estos productos en Ecuador?

INTÉRPRETE —_____

MR. BLOCK "Yes, sir. We have a warehouse here in Quito."

INTÉRPRETE —_____

Sirva usted de traductor

After visiting with Mr. Johnson, Mr. Rodríguez sent the following fax to his Company's President. What does the fax say?

FAX

Fecha: 10 de julio de 1999

La empresa Flagler Auto Parts, de Miami, está interesada en hacer negocios con nosotros. Ellos venden amortiguadores, silenciadores, tubos de escape y otras piezas de repuesto. Sus precios son mejores que los de nuestros suministradores actuales y sus condiciones de pago son las de costumbre en la plaza. El Sr. Johnson, viajante de la empresa, va a volver el lunes. Yo pienso que debemos pedir amortiguadores porque tenemos existencias en almacén para menos de un mes. ¿Qué piensa Ud.?
Rodríguez

_____

_____

_____

_____

_____

_____

_____

_____

En estas situaciones

What would you say in the following situations? What might the other person say?

1. You are talking with a sales representative from an automotive parts distributor. You want to know whether a company sells mufflers, exhaust pipes, and shock absorbers. You also wish to find out the price of these products.

2. You are a public relations person and you call a customer to see if he/she is satisfied with the service provided by your company. Ask about the following.

   a. the quality and the prices
   b. the discounts
   c. the terms of payment

   Also ask whether the customer is going to order anything else (**algo más**).

Casos

Act out the following scenarios with a partner.

1. A salesperson is trying to convince a client to order merchandise from his/her company.

2. A businessperson and a salesperson are discussing discounts and terms of payment.

Un paso más

**Review the *Vocabulario adicional* in this lesson and give the Spanish names
of the automobile parts described.**

1. metal frames over the wheels _____
2. a connected group of cells storing an electrical charge _____
3. changing oil and supplying a lubricant _____
4. liquid uses as a fuel _____
5. covering of the interior of a car _____
6. a piece fitted into an engine to ignite the fuel _____
7. freely rolling metal balls used to reduce friction _____
8. a metal bar across the front or back _____
9. a device to lessen the force of shocks and jarring _____
10. a compartment for holding luggage _____
11. a device for starting the engine _____
12. a glass that protects the riders from wind _____

🌀 *Medios de comunicación*

La Sra. Sánchez, compradora de la firma Gaviña and Sons, de California, está en Colombia comprando café. Ahora llama a la telefonista del hotel para pedir información acerca de los medios de comunicación con que cuenta el hotel.

Por teléfono:

SRA. SÁNCHEZ	—Señorita, necesito llamar a los Estados Unidos. ¿Cómo hago para llamar desde mi habitación?
TELEFONISTA	—Primero marca el nueve, después el código de los Estados Unidos y, por último, el código del área y el número de teléfono al que desea llamar.
SRA. SÁNCHEZ	—¿Cuánto carga el hotel por llamadas de larga distancia?
TELEFONISTA	—Mil quinientos pesos, señora.
SRA. SÁNCHEZ	—¿Y por las llamadas locales?
TELEFONISTA	—Nada, señora. El servicio local es gratis.
SRA. SÁNCHEZ	—Muy bien. Otra cosa, ¿dónde queda la oficina de correos más cercana? Necesito enviar unas cartas.
TELEFONISTA	—A tres cuadras de aquí, pero puede echarlas en el buzón que está en el mostrador de la oficina. El hotel también le ofrece servicios de facsímiles y acceso a la *Internet*.
SRA. SÁNCHEZ	—Magnífico. Necesito mandar un fax a mi oficina.

En el correo:

SRA. SÁNCHEZ	—Por favor, ¿sabe Ud. cuánto demora un paquete en llegar a su destinatario en Vernon, California?
EMPLEADO	—Si lo envía por correo aéreo, le llega en tres días.
SRA. SÁNCHEZ	—En cuanto al tamaño y al peso de los paquetes, ¿hay alguna regulación?
EMPLEADO	—¿Qué contiene el paquete?
SRA. SÁNCHEZ	—Muestras de café sin valor comercial, varios catálogos y folletos de propaganda.
EMPLEADO	—Si envía los impresos en un paquete aparte, ahorra dinero, pues los impresos pagan una tarifa mucho menor.
SRA. SÁNCHEZ	—¿Cuánto deben medir y pesar los paquetes de impresos?
EMPLEADO	—Las medidas no deben exceder de 30 centímetros de largo, 20 de ancho y 10 de alto. Además, el paquete no debe pesar más de 5 kilos, más o menos 11 libras.
SRA. SÁNCHEZ	—Otra pregunta, ¿puedo enviar por correo bultos de mercancías con valor comercial?
EMPLEADO	—Sí, hasta 20 kilos de peso.
SRA. SÁNCHEZ	—Yo necesito enviar un paquete mucho más grande. ¿Conoce Ud. alguna agencia internacional de envío de paquetes?
EMPLEADO	—Nos está prohibido recomendar servicios privados, pero hay una que no está muy lejos de aquí.

SRA. SÁNCHEZ	—De todos modos, ¿sabe Ud. la dirección?
EMPLEADO	—No, no la sé, pero puede buscarla en la guía de teléfonos o pedirle información a la telefonista.
SRA. SÁNCHEZ	—Gracias, y una pregunta más. ¿Dónde puedo cobrar un cheque, digo, un giro postal internacional?
EMPLEADO	—En la tercera ventanilla, a la izquierda.
SRA. SÁNCHEZ	—Ah, sí, ya la veo. Donde dice "Giros y telegramas", ¿no?
EMPLEADO	—Sí, señora.

🔊 Vocabulario

COGNADOS

el acceso   access
la agencia   agency
el área   area
el centímetro   centimeter
el cheque   check
   comercial   commercial
la comunicación   communication
el facsímil, el facsímile, el fax   facsimile, fax

la información   information
   internacional   international
la *Internet*, la red   Internet
el kilo, el kilogramo   kilo, kilogram
la regulación, la disposición   regulation
el servicio   service
el telegrama   telegram
la zona   zone

NOMBRES

el alto   height, depth *(of a container)*
el ancho   width
el buzón   mailbox
la carta   letter
el código, la clave   code
el correo aéreo   airmail
el correo electrónico   e-mail
la cosa   thing
la cuadra   block
el (la) destinatario(a)   addressee
el dinero   money
el (la) empleado(a)   employee, clerk
el folleto   booklet
el giro postal   money order
la guía de teléfonos, el directorio telefónico
   phone book
el (la) hijo(a)   son, daughter
el impreso   printed matter
la larga distancia   long distance
el largo   length
la libra   pound
la llamada   call
la medida   measure, measurement, dimension
los medios   means, system

la mercancía, la mercadería   merchandise
la muestra   sample
la oficina de correos, el correo   post office
el paquete   package
el peso   weight
la pregunta   question
la propaganda   advertisement
el tamaño   size
la tarifa   tariff, toll, fare
el (la) telefonista, el (la) operador(a)
   telephone operator
el valor   value, worth
la ventanilla   (service) window

VERBOS

ahorrar   to save
cargar, cobrar   to charge
conocer[1]   to know
contener[2]   to contain
decir (e:i)[3]   to say, to tell
echar   to drop
enviar[4], mandar   to send

---

[1]Irregular first person singular: **yo conozco.**
[2]Conjugated like **tener.**
[3]Irregular first person singular: **yo digo.**
[4]Present indicative forms: **envío, envías, envía, enviamos, envían.**

exceder   to exceed
marcar   to dial
medir (e:i)   to measure
ofrecer[1]   to have available
pedir (e:i)   to ask for, to request
pesar   to weigh
recomendar (e:ie)   to recommend
saber[2]   to know

ADJETIVOS

algún[3]**, alguno, alguna**   any
cercano(a)   near, close by
menor   less
privado(a)   private
prohibido(a)   forbidden
tercero(a)   third

OTRAS PALABRAS Y EXPRESIONES

a tres cuadras de (aquí)   three blocks from (here)
acerca de   about
aparte   separately, in addition to
con que cuenta   available
de todos modos   anyway
digo   I mean
donde   where
en cuanto a   in regard to
gratis[4]   free of charge
lejos (de)   far (from)
¡Magnífico!   Great!, Magnificent!
nos   to us
por último   finally, lastly
pues   because, since
sin   without

Vocabulario adicional

EL CORREO

el apartado postal, la casilla de correo   post office box
la carta certificada   registered (certified) letter
el (la) cartero(a)   mail carrier
con acuse de recibo   return receipt
la correspondencia   mail, correspondence
la entrega especial   special delivery
entregar   to deliver
la esquina superior derecha   right upper corner
la esquina superior izquierda   left upper corner
la estampilla, el sello, el timbre (*Méx.*)   (postage) stamp

el franqueo   postage
el matasellos   postmark
el membrete   letterhead
porte debido   postage due
porte pagado   postage paid
el (la) remitente   sender
el sobre   envelope

---

[1]Irregular first person singular: **yo ofrezco.**
[2]Irregular first person singular: **yo sé.**
[3]Like **bueno, alguno**, drops its final **o** when used before masculine singular nouns. When used in this way, it adds a written accent to the **u.**
[4]The adverb **gratis** is colloquially used as an adjective.

Notas culturales

- The quality of telephone service varies widely within the Spanish-speaking world. While most countries have seen vast improvements in their telecommunications systems in recent years, direct dialing and immediate international connections may still not always be available, and connections may be poor, especially in rural areas. Placing a call from one's hotel room is generally the most expensive option, since hefty surcharges are usually applied. Many cities and even smaller towns in Latin American countries have calling centers, run by the phone company, where long-distance calls can be made and paid for on the spot. Depending on the country, phones may require coins, special tokens (**fichas**), or phone cards. Operators for U.S. long-distance carriers can also be accessed from most countries to assist in placing international calls. The efficiency of mail should not be taken for granted in most Latin American countries, and General Delivery mail in most of these countries is not a good option.
- First-class hotels throughout Latin America are usually equipped to cater to the needs of business travelers. In addition to providing fax services, many hotels have document centers that provide computers for word processing, as well as for e-mail and Internet access. Also, the phone lines in the rooms of these hotels are usually upgraded with an additional data jack so that the guest may be able to connect his or her laptop for Internet communication.

¿Recuerdan ustedes?

Answer the following questions, basing your answers on the dialogues.

1. ¿Para qué llama la Sra. Sánchez a la telefonista?

   _____

2. ¿Qué tiene que hacer la Sra. Sánchez para llamar a los Estados Unidos desde su habitación?

   _____

3. ¿Cuánto carga el hotel por las llamadas de larga distancia?

   _____

4. ¿Cuánto cobra el hotel por las llamadas locales desde la habitación?

   _____

5. ¿Adónde debe ir la Sra. Sánchez para enviar un fax?

   _____

6. ¿Cuándo va a llegar el paquete de la Sra. Sánchez a su destinatario en Vernon, California?

   _____

7. ¿Qué contiene el paquete de la Sra. Sánchez?

   _____

8. ¿Qué debe hacer la Sra. Sánchez para ahorrar dinero?

    _____

9. ¿Cuáles son las regulaciones del correo en cuanto al peso de los paquetes?

    _____

10. ¿Hasta cuánto pueden pesar los paquetes de mercancías con valor
    comercial?

    _____

11. ¿Qué tiene que buscar la Sra. Sánchez en la guía de teléfonos?

    _____

Para conversar

**Interview a classmate, using the following questions. When you have
finished, switch roles.**

1. ¿Cómo hace Ud. para llamar por larga distancia a otro país (*country*)?

    _____

2. ¿Cuánto les cuesta a Uds. llamar por larga distancia a su casa?

    _____

3. ¿Necesita utilizar a la operadora para llamar por larga distancia a su casa?

    _____

4. ¿Dónde queda el buzón más cercano? ¿Y la oficina de correos más cercana?

    _____

5. ¿Envía Ud. sus paquetes por correo o por una agencia privada?

    _____

6. ¿Conoce Ud. alguna agencia de envío de paquetes a todo el mundo (*the
    world over*)?

    _____

7. ¿Dónde puedo buscar la dirección de FED EX?

    _____

8. ¿Tiene Ud. acceso a la Internet?

    _____

9. ¿Dónde puedo comprar un giro postal?

    _____

10. El correo, ¿entrega a domicilio los paquetes?

    _____

Vamos a practicar

A. Complete the sentences with the conjugated form of the verb in parentheses.

Modelo: Nosotros les _____ (pedir) los catálogos.

Nosotros les ___**pedimos**___ los catálogos.

1. Yo no les _____ (pedir) dinero a mis padres.

2. Tú _____ (medir) el largo y el ancho del paquete.

3. Ella _____ (decir) que ellos van al correo.

4. El Sr. Fernández _____ (conseguir—*to get, to obtain*) folletos de propaganda.

5. Ellos _____ (servir—*to serve*) café de Colombia.

B. Write sentences using the following elements.

Modelo: yo / salir (*leave*) / a las dos

Yo salgo a las dos.

1. yo / saber / dónde hay un buzón

_____

2. yo / no conocer / la operadora

_____

3. yo / hacer / los bultos

_____

4. yo / traer / los catálogos

_____

5. yo / ofrecer / mis servicios a la agencia

_____

C. Mr. Johnson uses UPS services to send packages and letters. The following are the addresses and what he sends to each of them. Form complete sentences using the verb *mandar*. Remember to use the corresponding indirect object pronouns.

Modelo: muestras de café / a su jefa

Él le manda muestras de café a su jefa.

1. cartas / a sus hijos

_____

2. un giro postal / a nosotros

_____

3. a mí / un folleto de propaganda

_____

4. a ti / un paquete de impresos

_____

5. a Ud. / mercancías

_____

6. a ustedes / la dirección del hotel

_____

**D. Complete the following conversation with the appropriate forms of
saber or *conocer*.**

1. —Señora, ¿ _____ Ud. dónde queda el correo más cercano?

2. —Lo siento, pero no lo _____ . No soy de aquí y no _____ la
ciudad.

3. —Un momento. ¿No es Ud. la Sra. Valle? Yo _____ a su esposo.

Sirva usted de intérprete

**With two classmates, play the roles of a customer (*cliente*), a post office
employee, and the interpreter who helps them communicate. Switch roles
until each of you has played the interpreter's role.**

CLIENTE   —Por favor, necesito enviar una carta a España. ¿Cuánto es el franqueo?

INTÉRPRETE   _____

EMPLEADO(A)   "Do you want an airmail stamp?"

INTÉRPRETE   — _____

CLIENTE   —Sí, por favor. ¿Cuánto demora una carta por correo aéreo a Uruguay?

INTÉRPRETE   _____

EMPLEADO(A)   "About four days. Do you want one international stamp?"

INTÉRPRETE   — _____

CLIENTE   —Quiero cuatro. ¿Cuánto es?

INTÉRPRETE   _____

EMPLEADO(A)   "Two dollars. Anything else?"

INTÉRPRETE   — _____

CLIENTE   —Sí, necesito cambiar un giro postal.

INTÉRPRETE   _____

EMPLEADO(A)   "You need to go to the second window to the left."

INTÉRPRETE   — _____

CLIENTE   —Muchas gracias.

INTÉRPRETE   _____

EMPLEADO(A)   "You're welcome."

INTÉRPRETE   — _____

Sirva usted de traductor

You are showing an English-speaking colleague some mail you received. Review the *Vocabulario adicional* in this lesson, and then help your friend identify the parts of the following envelopes.

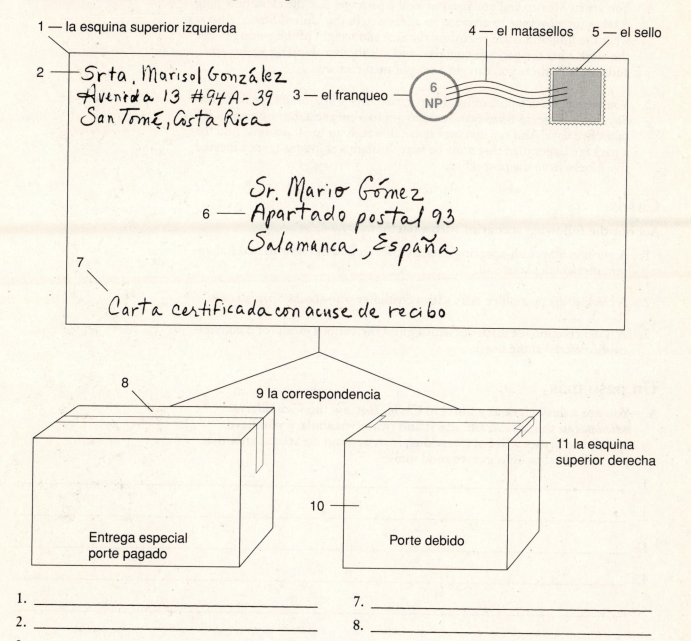

1 — la esquina superior izquierda

4 — el matasellos   5 — el sello

2 — Srta. Marisol González
Avenida 13 #94A-39
San Tomé, Costa Rica

3 — el franqueo

6
NP

6 — Sr. Mario Gómez
Apartado postal 93
Salamanca, España

7 — Carta certificada con acuse de recibo

8

9 la correspondencia

11 la esquina superior derecha

10

Entrega especial
porte pagado

Porte debido

1. _____   7. _____

2. _____   8. _____

3. _____   9. _____

4. _____   10. _____

5. _____   11. _____

6. _____

En estas situaciones

What would you say in the following situations? What might the other person say?

1. You are in Mexico and you need to mail a package. Ask the clerk how long it takes for a package to arrive at its addressee in the United States. Also ask what the limitations are regarding the size and weight of the package. Tell the clerk what the package contains, and ask about a shipping agency, its address, and where you can get a telephone directory.

2. You are a clerk in a post office. Help a customer who doesn't speak English. Say that a postcard takes two weeks to get to Venezuela, but by airmail it takes five days. Also say that packages can weigh up to 40 pounds. Add that a package larger than that must be sent through a shipping agency located five blocks from the post office.

Casos

Act out the following scenarios with a partner.

1. A guest in a Spanish-speaking country tries to find out how to make an international telephone call.

2. A clerk at the post office talks with a customer who speaks Spanish only.

3. A hotel receptionist discusses with a guest the various means of communication offered at the hotel.

Un paso más

A. You are a desk clerk at a hotel in Chile. Review the *Vocabulario adicional* in this lesson and use it and other vocabulary you have learned to create a list of questions, instructions, or statements that you will need to help guests send mail.

1. _____

2. _____

3. _____

4. _____

5. _____

B. Use the information on the envelope to answer the questions.

Sra. Celina Rosales
Apartado postal 93
Salamanca, España

Sra. Mariana Soto
Avenida 13 #94A-39
San Tomé, Costa Rica

Carta certificada

1. ¿Quién es la remitente?_____

2. ¿Quién es la destinataria? _____

3. ¿Tiene el sobre un sello? _____

4. ¿Tiene matasellos?_____

5. ¿Es una entrega especial? _____

● *El transporte de pasajeros*

*La Sra. Soto, propietaria de una tienda de artesanías en Los Ángeles, California,
está en Guadalajara en viaje de negocios. Para trasladarse de un lugar a otro de la
ciudad, e[1] ir a los pueblos cercanos, utiliza varios medios de transporte. En la acera,
frente al hotel, saluda al primer transeúnte que encuentra y le pide información.*

SRA. SOTO	—Por favor, señor, ¿qué autobús debo tomar para ir a Tlaquepaque?
TRANSEÚNTE	—Aquí, ninguno. Debe caminar dos cuadras hasta la Avenida de la Paz, cruzar la calle y tomar un autobús de la ruta 15, en la parada de la esquina.

Ya en el ómnibus, le pregunta a otra pasajera.

SRA. SOTO	—Este autobús va a Tlaquepaque, ¿verdad?
PASAJERA	—No, señora. Debe hacer transferencia para la ruta 42.
SRA. SOTO	—¿Dónde hago la transferencia?
PASAJERA	—En la Plaza de la Bandera. Yo le aviso.
SRA. SOTO	—¿A quién le pido la transferencia?
PASAJERA	—Tiene que pedírsela al chofer en el momento de bajarse.
SRA. SOTO	—Y, ¿dónde tomo el otro autobús?
PASAJERA	—Camina media cuadra por el Boulevard Tlaquepaque y allí toma el autobús de la ruta 42.

*Cuando la Sra. Soto desea regresar, los autobuses van muy llenos. Cuando ya le due-
len los pies de estar parada esperando decide tomar un taxi pero, antes de tomarlo, le
pregunta al taxista cuánto le va a costar el viaje.*

SRA. SOTO	—Por favor, ¿cuánto es hasta Guadalajara?
TAXISTA	—¿A qué parte de la ciudad?
SRA. SOTO	—Al centro, al Hotel Presidente, en la Avenida Juárez, 170.
TAXISTA	—Desde aquí el taxímetro va a marcar $90, más o menos.
SRA. SOTO	—Muy bien, vamos.

*Al llegar a la ciudad, la Sra. Soto decide alquilar un carro para manejarlo ella
misma.*

SRA. SOTO	—Quiero alquilar un coche compacto por tres días.
EMPLEADA	—¿Sabe manejar coches de cambio mecánico?
SRA. SOTO	—Sí, pero no me gustan. Prefiero un automático.
EMPLEADA	—Lo siento. No tenemos disponible ningún coche pequeño de cambio automático.
SRA. SOTO	—¿Cuánto me cuesta uno mediano?
EMPLEADA	—Ése de cuatro puertas le sale en $350 al día, más el seguro y el I.V.A. (iva), y aquél de dos puertas se lo puedo dejar en $300.

---

[1] **E** (*and*) is used instead of **y** when it precedes a word starting with **i** or **hi**.

SRA. SOTO	—¿Qué es el I.V.A.?
EMPLEADA	—Es el impuesto al valor agregado.
SRA. SOTO	—¡Ah! ¿Tengo que comprar seguro? ¿No me cubre el seguro de los Estados Unidos?
EMPLEADA	—No, señora. Tiene que comprar un seguro local.
SRA. SOTO	—Pero puedo conducir con mi licencia de California, ¿verdad?
EMPLEADA	—Sí, si está aquí como turista o en viaje de negocios, puede manejar con su licencia extranjera.
SRA. SOTO	—¿Necesita verla?
EMPLEADA	—Sí, por favor, ¿puede mostrármela? Además, necesito su tarjeta de crédito.

🎵 Vocabulario

COGNADOS

automático(a) automatic	**la licencia** license
el boulevard,[1] **el bulevar** boulevard	**la ruta** route
el (la) chofer chauffeur, driver	**el taxímetro** taximeter
compacto(a) compact	**la transferencia** transfer
la información information	**el (la) turista** tourist

NOMBRES

la acera, la banqueta (*Méx.*) sidewalk
la artesanía artcraft, handicraft
el autobús, el ómnibus, el camión (*Méx.*) bus
la avenida avenue
el cambio mecánico standard-shift
el carro, el coche, el automóvil, la máquina (*Cuba*) car
la esquina corner
el impuesto al valor agregado (I.V.A.) value-added tax (VAT)
la parada (bus) stop
la parte part
el pueblo town
el (la) taxista taxi driver
el (la) transeúnte passer-by

VERBOS

alquilar, rentar to rent
avisar to inform, to give notice

bajarse to get off
caminar to walk
cruzar to cross
cubrir to cover
decidir to decide
doler (o:ue) to hurt, to feel pain
encontrar (o:ue) to meet
gustar to please, to like
manejar, conducir,[2] **guiar**[3] to drive
marcar to mark, to indicate
mostrar (o:ue), enseñar to show
saludar to greet, to say hello
tomar, coger, agarrar (*Méx.*) to take

ADJETIVOS

disponible available
lleno(a) full
mediano(a) medium
ningún (ninguno-a)[4] none

---

[1]French words are frequently used in some Latin American countries.
[2]Irregular first person singular: **yo conduzco.**
[3]Present indicative forms: **guío, guías, guía, guiamos, guían.**
[4]Like **bueno, ninguno** drops its final **o** when used before masculine singular nouns. When used in this way, it adds a written accent to the **u.**

OTRAS PALABRAS Y EXPRESIONES

al día, diario(a) *(adj.)*   daily
al llegar   upon arrival
de un lugar a otro   from one place to another
ella misma   herself
frente (a)   in front (of)
los medios de transporte   means of transportation
se lo puedo dejar en...   I can give it to you for . . .

Vocabulario adicional

VOCABULARIO AUTOMOVILÍSTICO II

el aceite   oil
el aire   air
arrancar   to start (*i.e.*, a *car*)
la bomba de agua   water pump
chequear, revisar   to check
el estacionamiento   parking, parking lot
estacionar   to park
la gasolina sin plomo   unleaded gasoline
la gasolinera, la estación de servicio   service station
el líquido de la transmisión   transmission fluid
la luz (las luces), el farol   light(s)
parar   to stop
el parquímetro   parking meter
pinchado(a), ponchado(a) (*Cuba, Puerto Rico*)   flat (tire)
el radiador   radiator
recalentarse (e:ie)   to overheat
el remolcador, la grúa   tow truck
reparar, arreglar   to repair, to fix
el tanque   tank
vacío(a)   empty

Notas culturales

- If you decide to take your own car or to rent a vehicle in a Spanish-speaking country, you should definitely purchase insurance. If you travel to Mexico, you are not covered by any foreign insurance. By law, you must buy Mexican insurance.
- Handicrafts constitute the main industry in many small Mexican towns. In the year 1997, Mexico sold handicrafts in the United States, Europe, and Japan for a million dollars. However, most of this money was left in the hands of the middlemen. The Mexican arts and crafts industry is, for the most part, a family business in which the techniques pass from generation to generation. Children start early to learn and work in the trade. The most famous Mexican arts and crafts are those from Tlaquepaque, Tonalá, and Oaxaca.

¿Recuerdan ustedes?

Answer the following questions, basing your answers on the dialogues.

1. ¿Dónde habla la Sra. Soto con el transeúnte?

_____

2. ¿Adónde va la Sra. Soto para tomar el autobús que va a Tlaquepaque?

   _____

3. ¿Qué va a hacer la pasajera al llegar a la Plaza de la Bandera?

   _____

4. ¿Cuándo tiene que pedir la transferencia la Sra. Soto?

   _____

5. ¿Por qué no regresa la Sra. Soto por autobús?

   _____

6. ¿Cuesta mucho el viaje hasta Guadalajara por taxi? ¿Cómo lo sabe Ud.?

   _____

7. ¿Qué tipo de carro quiere alquilar la Sra. Soto?

   _____

8. ¿Por qué no puede alquilar el coche que quiere?

   _____

9. ¿Por qué tiene que comprar seguro local la Sra. Soto?

   _____

10. ¿Quiénes pueden manejar en México con una licencia extranjera?

    _____

Para conversar

Interview a classmate, using the following questions. When you have finished, switch roles.

1. ¿Sabe qué autobús debo tomar para ir al hotel más cercano?

   _____

2. ¿Dónde está la parada de autobuses?

   _____

3. ¿Toma Ud. un autobús para ir a su casa?

   _____

4. Si toma el autobús para ir a su casa, ¿necesita hacer transferencia? ¿Dónde?

   _____

5. ¿Van siempre llenos los autobuses en esta ciudad?

   _____

6. ¿Cuánto cuesta viajar en autobús en esta ciudad?

   _____

7. ¿Cuánto demora el viaje en autobús de su casa al centro de la ciudad?

   _____

8. En esta ciudad, ¿cuánto cuesta un viaje de una milla en un taxi?

   _____

9. Cuando Ud. viaja, ¿alquila coches para manejarlos Ud. mismo(a)?

   _____

10. Más o menos, ¿cuánto cuesta alquilar un carro por una semana?

    _____

11. ¿Es su coche de cambio automático o de cambio mecánico?

    _____

12. ¿Es el Escort un coche compacto o un coche grande?

    _____

Vamos a practicar

A. Rewrite the sentences using the correct form of the demonstrative adjective or pronoun. Make all other necessary changes.

Modelo: Ese transeúnte me saluda.

   _____ pasajera _____
   Esa pasajera me saluda.

1. Este pasajero quiere una transferencia.

   _____ pasajera _____

2. Esta taxista maneja hasta Guadalajara.

   _____ taxistas _____

3. Aquellos autobuses van a la parada de la Calle Jiménez.

   _____ taxi _____

4. Ésa es la empleada que habla español.

   _____ empleado _____

5. Aquél es el coche que quiero alquilar.

   _____ cámara de vídeo _____

6. Ésas son las ciudades adonde voy.

_____ pueblos _____

B. Complete the following dialogues using *pedir* and *preguntar* as appropriate.

1. —¿Qué le vas a _____ al chofer?

—Le voy a _____ si ésta es la parada de la Plaza Bandera.

2. —¿Qué le _____ el empleado a Ud.?

—Me _____ la licencia.

3. —¿Cuánto dinero te _____ el taxista?

—Me _____ $25.

4. —¿Qué me _____ el transeúnte?

—Te _____ si los autobuses de la ruta 20 paran aquí.

5. —¿Le _____ Uds. a ella la orden de compra (*purchase order*)?

—No, nosotros no se la _____ .

C. Answer the following questions, using the cues provided. Use direct and indirect object pronouns to substitute the underlined words.

Modelo: ¿Quién me dice dónde debo tomar el autobús? (yo)
   Yo se lo digo.

1. ¿Quién le pide una transferencia al chofer? (la Sra. Soto)

   _____

2. ¿Quién me puede decir dónde está la parada? (Antonio)

   _____

3. ¿Quién le pide la licencia a la Sra. Soto? (el empleado)

   _____

4. ¿Quién le hace la pregunta al transeúnte? (la Sra. Soto)

   _____

5. ¿Quiénes te piden las transferencias? (los pasajeros)

   _____

6. ¿A quiénes les envían Uds. los giros postales? (a nuestros hijos)

   _____

7. ¿A quiénes les deja Ud. las llaves? (a los vecinos)

   _____

Sirva usted de intérprete

With two classmates, play the roles of a rental car employee, a Spanish-speaking customer (*cliente*), and the interpreter who helps them communicate. Switch roles until each of you has played the interpreter's role.

CLIENTE —Quiero alquilar un coche grande por una semana más o menos.

INTÉRPRETE _____

EMPLEADO(A) "Is that one okay?"

INTÉRPRETE — _____

CLIENTE —¿No tiene otro disponible?

INTÉRPRETE _____

EMPLEADO(A) "Yes. We have the red one over there."

INTÉRPRETE — _____

CLIENTE —¿En cuánto sale el rojo?

INTÉRPRETE _____

EMPLEADO(A) "Thirty-nine, ninety-five a day, or two hundred and fifty a week."

INTÉRPRETE — _____

CLIENTE —¿Es automático? ¿Tiene aire acondicionado?

INTÉRPRETE _____

EMPLEADO(A) "Yes, sir. How long do you want it?"

INTÉRPRETE — _____

CLIENTE —Por ocho o nueve días. ¿Puedo dejar el coche en otro aeropuerto?

INTÉRPRETE _____

EMPLEADO(A) "Yes, but it costs fifty dollars more."

INTÉRPRETE — _____

CLIENTE —Bien. Voy a dejarlo en el aeropuerto de Chicago.

INTÉRPRETE _____

EMPLEADO(A) "Very well. That is two hundred fifty dollars for the first week and thirty-nine dollars and ninety-five cents for each additional day. How are you going to pay?"

INTÉRPRETE — _____

CLIENTE —Con la tarjeta de crédito de mi compañía.

INTÉRPRETE _____

Sirva usted de traductor

Wanting to increase business by tourists from the U.S. and Canada, the owner of a service station in a small Mexican city near the U.S. border asks you to translate the following flyer into English. Review the *Vocabulario adicional* in this lesson, and then translate the flyer.

AUTOMUNDO, S. A.

LA MEJOR ESTACIÓN DE SERVICIOS DE ESTA ÁREA

LIBERTADORES, 76
TECATE

VENDEMOS:

Gasolina sin plomo	$ 2.25 litro
Gasolina regular	$ 2.05 litro
Aceite de motor	$ 8.50 litro
Líquido de frenos	$ 11.00 medio litro
Líquido de la transmisión	$ 12.00 litro
Limpiaparabrisas	desde $ 45.00 el par
Baterías nuevas y de uso	desde $ 250.00

REPARAMOS:

Llantas pinchadas
Bombas de agua
Radiadores
Frenos (*Los chequeamos gratis.*)

GRATIS:

Aire para las llantas y agua para el radiador
si llena aquí su tanque vacío.

Si su coche no arranca o se recalienta,
le ofrecemos servicio de remolcadores.

AMPLIO ESTACIONAMIENTO
ESTACIONAMIENTO ECONÓMICO 24 HORAS AL DÍA

_____

_____

_____

_____

En estas situaciones

What would you say in the following situations? What might the other person say?

1. You are at a bus stop in Buenos Aires, Argentina. Ask a passer-by what bus you must take to go to Calle Florida. Ask someone else if bus number 16 goes by there, if you need to ask for a transfer, and, if so, where you have to take the other bus.

2. You are waiting for a bus at a bus stop in Los Angeles. Help someone who doesn't speak English. Say that he/she must take bus number 16 and transfer at Sunset Boulevard, that you too are waiting for that bus, and that the transfer must be made in front of the post office.

3. You are in Mexico and want to rent a car. Tell the employee that you want to rent a small, standard-shift car for your stay on your business trip. Ask if you need to purchase insurance and if you can drive with your current license.

4. You are an employee of a U.S. rental car company waiting on a customer who doesn't speak English. Ask if he/she knows how to drive standard-shift cars. Say that a small car will cost him $26 a day, that the car will cost $18.50 per day if it is rented for a week, and that insurance and tax are to be added to those prices.

Casos

Act out the following scenarios with a partner.

1. Two people waiting at a bus stop converse about the quickest route to their destinations.

2. An employee of a car rental agency discusses options and preferences with a customer.

Un paso más

A. **You own a service station in Uruguay. A customer whose car is falling apart comes to you for help. Review the *Vocabulario adicional* in this lesson and use it and other vocabulary you have learned to create a list of questions to ask your customer in order to find out what is wrong with the car.**

1. _____

2. _____

3. _____

4. _____

5. _____

B. You are opening a new service station to which you hope to attract many Spanish-speaking customers. Review the *Vocabulario adicional* in this lesson and use it to prepare signs advertising services offered at your garage.

C. You work for a Tijuana-based transport company that is considering opening offices in California. Your boss has asked you to identify companies that would be direct competition. Prepare to give her the following information.

1. el nombre de la compañía

   _____

2. ciudades en donde la compañía tiene oficinas

   _____

3. el número de teléfono de su oficina en Los Ángeles

   _____

4. el precio que cobra por un viaje de ida y vuelta de Los Ángeles a Tijuana

   _____

5. para dónde tiene salidas diarias

   _____

6. otros servicios que ofrece la compañía

   _____

❂ *El transporte de mercancías*

El Sr. Paz averigua el coste[1] del flete por los distintos medios de transporte disponibles.

En la estación de ferrocarril:

SR. PAZ	—Necesito enviar un cargamento de productos de artesanía a Los Ángeles, California, y quiero saber cuáles son sus tarifas.
EMPLEADO	—¿Qué tipo de artesanías desea transportar?
SR. PAZ	—Alfarería, artículos de vidrio soplado y de cuero, y tejidos de lana, de algodón y de otras fibras.
EMPLEADO	—La alfarería y el vidrio soplado son muy frágiles, por eso su tarifa es muy alta: $32,50 por kilogramo de peso. Los demás pagan $825 por metro cúbico de volumen.
SR. PAZ	—¿Uds. transportan la mercancía hasta Los Ángeles?
EMPLEADO	—No, señor. Nosotros la llevamos hasta la frontera y allí la mercancía se transborda a ferrocarriles americanos.
SR. PAZ	—Supongo que este transbordo aumenta el riesgo de roturas y averías y hace el seguro más caro...
EMPLEADO	—Sí, un poco. Pero menos de lo que Ud. ahorra en el flete. Además, si el embalaje es bueno, apenas ocurren daños.
SR. PAZ	—¿Tengo yo que tratar con la compañía de ferrocarriles americanos?
EMPLEADO	—No, señor, nosotros nos responsabilizamos del transporte de la mercancía desde aquí hasta Los Ángeles, y nos encargamos de los trámites de aduana en la frontera.

El Sr. Paz llama por teléfono a la oficina de Camiones Correas, S.A. de C.V.[2]

EMPLEADO	—Camiones Correas. Ayude a México utilizando transportes nacionales. Buenos días.
SR. PAZ	—Buenos días. ¿Uds. transportan mercancías a los Estados Unidos?
EMPLEADO	—Sí, señor, ¿qué se le ofrece?
SR. PAZ	—Necesito transportar un cargamento de artesanías desde una fábrica de aquí a Los Ángeles. ¿Cuáles son sus tarifas?
EMPLEADO	—¿Se trata de un volumen grande de mercancías?
SR. PAZ	—Sí, pero creo que todo cabe en un camión grande. ¿Los suyos son grandes?

[1]In business, **coste** is commonly used instead of **costo**.
[2]**S.A. de C.V.** stands for **Sociedad Anónima de Capital Variable**. See **Notas culturales** in **Lección 12** for more information on business corporations.

EMPLEADO	—Sí, pero si no cabe todo, podemos dejarle un contenedor en la fábrica; ellos lo cargan, y nosotros nos encargamos de entregárselo en su establecimiento comercial en Los Ángeles.
SR. PAZ	—¿Uds. descargan la mercancía en nuestro almacén?
EMPLEADO	—No, señor. La carga y descarga corren por el cliente.
SR. PAZ	—¿Qué documentos debo entregarles?
EMPLEADO	—Mire, mi jefe no está aquí ahora. Llame más tarde o, mejor, venga aquí y hable con él directamente.
SR. PAZ	—Está bien. Llamo más tarde.

En la compañía del expreso aéreo:

SR. PAZ	—Necesito enviar a Los Ángeles artículos de vidrio soplado que son muy frágiles.
EMPLEADA	—Muy bien, señor. Enviamos paquetes a todo el mundo.
SR. PAZ	—¿Cuál es la tarifa para ese tipo de artículo?
EMPLEADA	—Bueno, de aquí a Los Ángeles es $57,75 por kilogramo o por decímetro cúbico, de acuerdo con la relación entre peso y volumen.
SR. PAZ	—Es casi el doble del transporte por tierra.
EMPLEADA	—Sí, pero ahorra tiempo y los artículos van directamente de aquí a Los Ángeles.
SR. PAZ	—Me pregunto si el ahorro en tiempo compensa el aumento en el coste.
EMPLEADA	—Eso depende de su urgencia en recibir la mercancía.
SR. PAZ	—Sí, sí. Bueno, voy a pensarlo. Gracias.

⚫ Vocabulario

COGNADOS

la compañía	company	**expreso(a)**	express
cúbico(a)	cubic	**frágil**	fragile
el decímetro	decimeter	**el metro**	meter
directamente	directly	**nacional**	national
el doble	double, twice	**la relación**	relation
el documento	document	**la urgencia**	urgency
la estación	station	**el volumen**	volume

NOMBRES

el ahorro	savings	**el establecimiento**	establishment, shop
la alfarería	pottery (i.e., the craft); pottery shop	**el ferrocarril, el tren**	railroad, train
el algodón	cotton	**la fibra**	fiber
el aumento	increase, raise	**el flete**	freight
la avería	damage (sustained by merchandise during transport)	**la frontera**	border, frontier
		la lana	wool
el camión	truck	**el mundo**	world
el cargamento, la carga	shipment, load	**el riesgo**	risk
el contenedor	container	**la rotura**	breakage
el daño	damage	**el tejido**	fabric
la descarga	unloading	**el tiempo**	time
el embalaje	packing		

la tierra land
el trámite procedure
el transporte por tierra land transportation
el transbordo, el trasbordo transfer
el vidrio glass

VERBOS

aumentar to increase
averiguar to find out
ayudar to help
caber to fit
cargar to load
descargar to unload
encargarse (de) to take charge (of), to see after
entregar to deliver
llevar to carry
ocurrir, suceder to happen
preguntarse to wonder, to ask oneself
responsabilizarse to take responsibility for
suponer[1] to suppose
transportar to transport
transbordar, trasbordar to transfer
tratar to deal

ADJETIVOS

aéreo(a) air
alto(a) high
distinto(a) different
soplado(a) blown

OTRAS PALABRAS Y EXPRESIONES

apenas scarcely, hardly
bueno... well . . .

correr con to be in charge (of)
los demás the rest, the others
más tarde later
(un) poco a little
¿Qué se le ofrece? What can I do for you?
Se trata de... It is a question of . . .

Vocabulario adicional

OTRAS PALABRAS Y EXPRESIONES
RELACIONADAS CON EL TRANSPORTE
DE MERCANCÍAS

el barco, el buque ship, boat
la camioneta van
la carretera highway
cobrar o devolver (C.O.D.) collect on delivery (C.O.D.)
el (la) consignatario(a) consignee
costo, seguro y flete (C.S.F.) cost, insurance, and freight (C.I.F.)
el itinerario itinerary
la guía consignment note (trucking)
libre a bordo (L.A.B.), franco a bordo (F.A.B.) free on board (F.O.B.)
el peso bruto gross weight
el peso muerto dead weight
el peso neto net weight
por vía aérea by air
por vía férrea by rail
por vía marítima by boat
la tara tare
la tonelada ton

Notas culturales

- The transportation of merchandise between the U.S. and Latin American countries is carried out mostly by sea and air, with the exception of Mexico. Land transport between Mexico and the U.S. is carried out mostly by truck, since railroad lines in the two countries are not compatible. Trucking has increased tremendously as a result of NAFTA (North American Free Trade Agreement) or **TLCAN (Tratado de Libre Comercio de América del Norte.**
- Panama has the most important merchant fleet in Latin America. Indeed, the Panamanian merchant navy is the fourth largest in the world, according to the number of its ships, but in most of these ships the only thing that is Panamanian is the flag. Registering a ship in Panama and flying the Panamanian flag are, in most cases, ways to avoid the regulations and high salaries paid in the owner's country.

---

[1]Conjugates like **poner.**

¿Recuerdan ustedes?

Answer the following questions, basing your answers on the dialogues.

1. ¿Qué está haciendo el Sr. Paz?

   _____

2. ¿Adónde va primero el Sr. Paz?

   _____

3. ¿Qué quiere transportar el Sr. Paz?

   _____

4. La tarifa de la alfarería y del vidrio soplado es muy alta. ¿Por qué?

   _____

5. ¿Transporta el ferrocarril mexicano la mercancía hasta Los Ángeles?

   _____

6. ¿Qué hacen con la mercancía en la frontera?

   _____

7. El transbordo de la mercancía hace el seguro más caro. ¿Por qué?

   _____

8. ¿Qué sucede si el embalaje es malo (*bad*)?

   _____

9. ¿Quiénes se responsabilizan del transporte de los artículos del Sr. Paz?
   ¿Hasta dónde?

   _____

10. ¿Cabe toda la mercancía del Sr. Paz en un camión?

    _____

11. ¿Se encarga la compañía transportadora de la carga y descarga de la
    mercancía?

    _____

12. ¿Va a utilizar el Sr. Paz la compañía de expreso aéreo?

    _____

Para conversar

Interview a classmate, using the following questions. When you have finished, switch roles.

1. Cuando Ud. envía paquetes, ¿los envía por tierra o por expreso aéreo?

   _____

2. ¿Qué compañías de transporte de paquetes conoce Ud.?

   _____

3. ¿Envía Ud. sus paquetes por correo o por una agencia privada de transporte de paquetes?

   _____

4. ¿Se responsabiliza la compañía de las averías que ocurren durante el transporte?

   _____

5. Cuando Ud. envía paquetes, ¿quién se encarga del embalaje?

   _____

6. ¿Qué tejidos prefiere Ud., de algodón, de lana o de otras fibras?

   _____

7. ¿En qué casos piensa Ud. que el ahorro en tiempo compensa el aumento en el coste del transporte?

   _____

Vamos a practicar

A. Rewrite the following sentences substituting a possessive pronoun for the underlined words.

Modelo: Debe comparar las tarifas de ellos con <u>las tarifas de nosotros.</u>
            Debe comparar las tarifas de ellos con **las nuestras.**

1. Esa carga es <u>mi carga</u>.

   _____

2. Mi cargamento viene por expreso aéreo. ¿Cómo viene <u>tu cargamento</u>?

   _____

3. Aquellos contenedores son <u>tus contenedores.</u>

   _____

4. Esos precios son altos pero <u>los precios que tenemos nosotros</u> son muy bajos.

   _____

5. Cargamos la mercancía en nuestro establecimiento y la descargamos en <u>el establecimiento de Ud</u>.

_____

6. Ésta es mi mercancía, ¿dónde está <u>la mercancía de él</u>?

_____

7. ¿Puedo utilizar tu camión? <u>Mi camión</u> no funciona (*works*).

_____

8. Mis tarifas son más altas que <u>las tarifas de ellos</u>.

_____

B. **Rewrite the following sentences using the *Ud.* and *Uds.* command forms.**

    Modelo: Tienen que utilizar dos contenedores.
               Utilicen dos contenedores.

1. Uds. no lo deben compensar por los daños a la mercancía.

_____

2. La tienen que transbordar en la frontera.

_____

3. Los tienen que transportar por ferrocarril.

_____

4. No se deben responsabilizar de la carga.

_____

5. Uds. no los deben descargar ahora.

_____

6. Lo tiene que ayudar con los trámites de aduana.

_____

7. No se la deben entregar ahora.

_____

8. No me la debe dejar hoy.

_____

9. Ud. nos lo tiene que preguntar.

_____

10. Ud. se la tiene que aumentar.

_____

Sirva usted de intérprete

**With two classmates, play the roles of a shipping company employee, a
potential customer, and the interpreter who helps them communicate.
Switch roles until each of you has played the interpreter's role.**

CLIENTE —Uds. transportan mercancías a Monterrey, México, ¿verdad?

INTÉRPRETE —_____

EMPLEADO(A) "Well, we take them to El Paso. From there another company takes them to Monterrey."

INTÉRPRETE —_____

CLIENTE —¿Hacen transbordo de las mercancías en El Paso?

INTÉRPRETE —_____

EMPLEADO(A) "No, sir/ma'am. The merchandise continues in the same containers, although we change
the trucks and the drivers."

INTÉRPRETE —_____

CLIENTE —Eso está bien porque en los transbordos ocurren muchas averías.

INTÉRPRETE —_____

EMPLEADO(A) "Yes, sir/ma'am. What type of merchandise do you have?"

INTÉRPRETE —_____

CLIENTE —Tejidos de algodón y artículos de cuero.

INTÉRPRETE —_____

EMPLEADO(A) "In that case we charge you the volume rate: $50 per cubic meter."

INTÉRPRETE —_____

CLIENTE —El seguro lo cargan aparte, ¿no?

INTÉRPRETE —_____

EMPLEADO(A) "Yes, sir/ma'am."

INTÉRPRETE —_____

CLIENTE —Voy a pensar en la posibilidad de enviar la mercancía por expreso aéreo.

INTÉRPRETE —_____

EMPLEADO(A) "Do you think that the savings in time compensates for the increase in cost?"

INTÉRPRETE —_____

CLIENTE	—Eso me pregunto; necesitamos los tejidos con urgencia.
INTÉRPRETE	— _____
EMPLEADO(A)	"By highway they take only two days. We load the merchandise at your warehouse and deliver it to the factory in Monterrey."
INTÉRPRETE	— _____
CLIENTE	—¿Cuándo pueden cargar la mercancía?
INTÉRPRETE	— _____
EMPLEADO(A)	"Tomorrow morning."
INTÉRPRETE	— _____
CLIENTE	—¿Y la entregan... ?
INTÉRPRETE	— _____
EMPLEADO(A)	"On Thursday afternoon."
INTÉRPRETE	— _____

Sirva usted de traductor

Your company needs to transport items from Manzanillo, Mexico. Review the *Vocabulario adicional* in this lesson, and then translate for your boss the following advertisement that appears in the Yellow Pages of the local telephone book.

_____

_____

_____

_____

_____

_____

_____

_____

_____

Transportes
Calinda

SERVICIOS POR TODAS LAS VÍAS

38-71-71

Nos especializamos en el transporte de artesanías frágiles: alfarería, cerámica, vidrio soplado, etc.

Transportamos toda clase de mercancía...

- por vía aérea, desde el aeropuerto local
- por vía marítima, en buques de más de 2.500 toneladas de peso muerto
- por vía férrea, directamente hasta la frontera
- por tierra, en camiones y camionetas nuevos y con poca tara.

Tenemos contratos con varias alfarerías locales que venden sus productos con costo, seguro y flete incluidos o libre a bordo, pero no aceptamos mercancía para cobrar o devolver.

Nos encargamos del embalaje de su mercancía y la entregamos en el domicilio del consignatario.

En estas situaciones

What would you say in the following situations? What might the other person say?

1. You need to ship merchandise from Guadalajara, Mexico to Dallas, Texas. You are now at the office of a local transport company. Ask the clerk if that transport company ships merchandise by highway to Texas, who takes responsibility for the shipment, and if they apply the weight rate or volume rate. Say that you wish to transport fresh vegetables. Ask if they load the merchandise at the warehouse, if they deliver it to the addressee's loading zone, how much they charge per kilogram, and how much the insurance is.

2. You are an employee of a shipping agency. Help a customer who doesn't speak English. Ask if his/her merchandise has to be loaded at the factory, what type of merchandise it is, and if the shipment is large. Say that, due to a transfer at the border, the possibility of damage exists, which makes insurance costs higher. Let the customer also know that shipping by air costs double the cost of shipping by land transport.

Casos

Act out the following scenarios with a partner.

1. A shipping agency employee and a customer discuss options for sending goods to the United States from Mexico.

2. An air express employee and a customer talk about the benefits and drawbacks of air transport.

Un paso más

A. Review the *Vocabulario adicional* in this lesson and use it and other vocabulary to prepare a report for a customer of your shipping agency. Include estimated prices, as well as your company's procedures regarding handling and payment.

_____

_____

_____

_____

_____

_____

_____

_____

_____

_____

_____

_____

_____

_____

_____

_____

_____

_____

_____

B. You are in Puerto Dorado as a sales representative for a U.S. firm. You are staying at Hotel Caribe on Camino de la playa. You need to ask for directions to find out the easiest way to get from one sales appointment to another. Work with a partner to ask for directions, and then switch roles. Use the following words and phrases:

a la derecha   to the right
a la izquierda   to the left
Baje…   Go down . . .
Doble (Voltee)…   Turn . . .

la esquina de   the corner of, the intersection of
hasta…, hasta llegar a…   up to . . . , until you reach . . .
Siga derecho.   Go straight ahead.
Suba…   Go up . . .

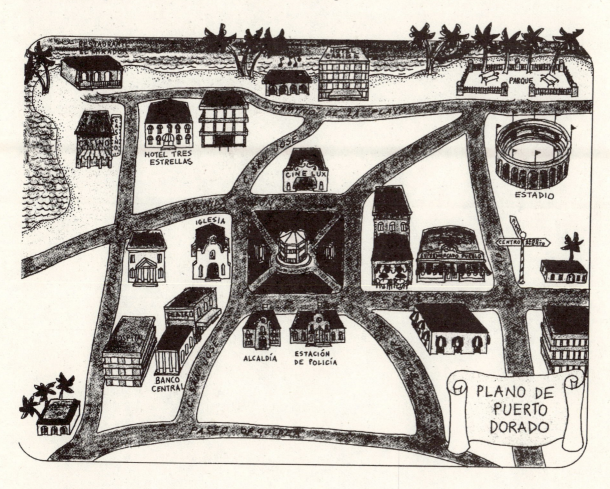

1.   9:00: en el Paseo Orquídea

_____

2.   11:00: en la esquina de la Avenida Presidente y el Camino de la playa

_____

3.   1:30: comer con un cliente en el Restaurante Ciudad

_____

4. 3:00: en la esquina de la Avenida Libertad y la Calle San José

_____

5. 5:00: en la esquina de la Calle San José y la Avenida Colón

_____

⦿ *Contratando personal*

La Sra. Artiles, jefa de personal de la firma Pérez y Hno.,[1] de Puerto Rico, contrata empleados de oficina.

Por teléfono:

EMPLEADA	—Agencia ABC, a sus órdenes.
SRA. ARTILES	—¿Es la agencia de empleos?
EMPLEADA	—Sí, señora. ¿En qué puedo servirle?
SRA. ARTILES	—Necesito un oficinista con experiencia y buenas referencias.
EMPLEADA	—Tengo dos candidatos: uno que trabajó en la oficina de una fábrica por dos años y otro que trabaja actualmente para un banco.
SRA. ARTILES	—Bien, los espero mañana a las nueve. Mi dirección es Calle Hostos, 54. Deben preguntar por la Sra. Artiles.

La primera entrevista:

RECEPCIONISTA	—Sra. Artiles, llegó la oficinista que viene de la agencia de empleos.
SRA. ARTILES	—Si ya llenó la solicitud de empleo, dígale que pase. (*A la candidata*) Buenos días.
CANDIDATA	—Buenos días, Sra. Artiles. Me llamo María Rodríguez.
SRA. ARTILES	—Mucho gusto Srta. Rodríguez. (*Lee la solicitud.*) ¿Así que Ud. tiene experiencia en todo el trabajo de oficina?
CANDIDATA	—Sí, señora. Sé trabajar con los sistemas operativos de Windows y Macintosh. Tengo experiencia con varios programas de composición de textos y de manejo de base de datos para detallistas y para mayoristas. Además, soy bilingüe.
SRA. ARTILES	—¿Sabe utilizar los programas Excel y Access para la introducción de datos?
CANDIDATA	—Sí, señora. En la fábrica donde trabajé hasta el mes pasado, usé varios, incluidos los que Ud. mencionó.
SRA. ARTILES	—¿Por qué renunció a su empleo?
CANDIDATA	—Porque solicité un aumento y no me lo dieron.
SRA. ARTILES	—¿Cuándo fue eso?
CANDIDATA	—El día 30 del mes pasado, pero no fui a la agencia de empleos hasta el lunes.
SRA. ARTILES	—Bien. Aquí pagamos $450 semanales. El horario de trabajo es de ocho de la mañana a cuatro y media de la tarde. A las doce, tiene treinta minutos para almorzar.

---

[1]**Hno.: Hermano** (*Brother*)

CANDIDATA	—¿Cuáles son los beneficios adicionales?
SRA. ARTILES	—Ofrecemos un seguro de salud y un plan de retiro para los empleados.
CANDIDATA	—¿En qué consiste el plan de retiro?
SRA. ARTILES	—Es un Keogh en el que nosotros ponemos una cantidad equivalente al 8 por ciento de su sueldo, y Ud. contribuye con una cantidad igual que le descontamos de su sueldo.
CANDIDATA	—El plan de salud, ¿ofrece opciones?
SRA. ARTILES	—Sí, puede escoger entre una HMO[1] local y otro plan que es mucho más caro.
CANDIDATA	—Está bien. Otra pregunta. ¿Cuánto tiempo dan de vacaciones?
SRA. ARTILES	—Dos semanas al año.
CANDIDATA	—Por favor, ¿tiene una descripción del contenido de trabajo del puesto?
SRA. ARTILES	—Sí, señorita. La recepcionista le va a dar un paquete con todo el material que debe leer antes de firmar el contrato, si es que decidimos emplearla a Ud.
CANDIDATA	—¿Cuándo voy a tener una respuesta al respecto?
SRA. ARTILES	—Mañana por la tarde.

💿 Vocabulario

COGNADOS

el banco bank	**el personal** personnel
bilingüe bilingual	**el plan** plan
el (la) candidato(a) candidate, applicant	**el programa** program
equivalente equivalent	**la referencia** reference
la experiencia experience	**el sistema operativo** operating system
el material material	**las vacaciones**[2] vacation
la opción option	

NOMBRES

el año year
el beneficio adicional (marginal) fringe benefit
la composición (el procesamiento) de textos word processing
el contrato contract
el (la) detallista, el (la) minorista retailer
el empleo employment
la entrevista interview
el hermano (hno.) brother
el horario schedule
la introducción de datos data entry
la mañana morning
el (la) mayorista wholesaler

el mes month
el (la) oficinista office clerk
el programa de manejo (administración) de base (de datos) database management program
el puesto, la posición job, post, position
la respuesta answer
el retiro, la jubilación retirement
la salud health
la semana week
la solicitud application
el sueldo, el salario salary
el trabajo work

---

[1]HMO (health maintenance organization) **organización de mantenimiento de la salud.**
[2]**Vacaciones** is rarely used in the singular form.

VERBOS

almorzar (o:ue)   to have lunch
consistir (en)   to consist (of)
contratar, emplear   to hire, to employ
contribuir   to contribute
escoger[1]   to choose
esperar   to expect
mencionar   to mention
poner[2]   to put
preguntar   to ask
renunciar (a)   to resign (from)
solicitar   to ask for, to apply for
trabajar   to work

ADJETIVOS

igual (que)   equal (to), the same (as)
incluido(a)   included, including
pasado(a)   last, past
semanal, a la semana   weekly

OTRAS PALABRAS Y EXPRESIONES

a sus órdenes   at your service
actualmente   presently
al año, anual   yearly
al respecto   about that, about the matter
así que   so
la descripción del contenido de trabajo   job description
Mucho gusto [en conocerlo(la)].   Pleased to meet you.
¿por qué?   why?
porque   because

Vocabulario adicional

TÉRMINOS RELACIONADOS CON UN EMPLEO

a medio tiempo, a medio día   part-time
a tiempo completo   full-time
archivar   to file
el (la) aspirante, el (la) postulante   applicant
la calificación   qualification
la carta de recomendación   letter of recommendation
ganar   to earn
el jornal   daily wage(s)
mensual   monthly
quincenal   bi-weekly, every two weeks
el resumen, el resumé, la vita, la hoja de vida (*Méx.*)   resumé
el tiempo extra   overtime

---

[1]First-person present indicative: **yo escojo.**
[2]Irregular first-person present indicative: **yo pongo**

MATERIALES Y EQUIPOS DE OFICINA

el abrecartas   letter opener
el archivo, el archivador (*España*)   file, filing cabinet
el (la) calculador(a)   calculator
la banda elástica, la liga (*Méx., Cuba*), **la goma** (*Puerto Rico*)   rubber band
el bolígrafo   ballpoint pen
la chinche, la tachuela (*Puerto Rico*)   thumbtack
la copia   copy
el escritorio, el buró   desk
la grapa, la presilla (*Cuba*)   staple
la grapadora, la presilladora (*Cuba*)   stapler
el impresor, la impresora   printer
el lápiz   pencil
la máquina copiadora, la fotocopiadora   copy machine
la máquina contestadora   answering machine
la máquina de escribir   typewriter
el mensaje   message
la pizarra, la tablilla de avisos   bulletin board
el reloj   clock, watch
la silla   chair
el sujetapapeles   paper clip

Notas culturales

- If you plan to start a business abroad, remember that mercantile and labor legislation differ a great deal from country to country. Although Puerto Rico is a U.S. Commonwealth, not all U.S. laws are observed in that country. Besides, while some countries encourage foreign investments, others limit them or restrict them.

- In most Spanish-speaking countries government agencies and some private businesses are required to ask for biddings from suppliers when dealing with major purchases. This is another meaning of **subasta.**

- If you are thinking about opening an office or factory in Mexico, it will be important for you to familiarize yourself with Mexican labor laws. According to an article of the Mexican constitution, anybody who is hired and signs a contract to render services is entitled to rights that his/her American counterparts may not have. For example, industrial, agricultural, and mining enterprises must provide housing, schools, medical facilities, and other social services to their employees. Although many Mexican companies do not comply with these regulations, foreign companies may experience serious problems if they do not.

- The Mexican constitution reserves some lines of business for the government or for Mexican nationals. Mining and oil enterprises are two such industries.

¿Recuerdan ustedes?

Answer the following questions, basing your answer on the dialogues.

1. ¿Para qué llama la Sra. Artiles a una agencia de empleos?

   _____

2. ¿Quiénes son los candidatos que tiene la agencia de empleos?

   _____

3. ¿Cuándo debe la agencia enviar a los candidatos a ver a la Sra. Artiles?

   _____

4. ¿Qué llenó la candidata cuando llegó a la oficina?

   _____

5. ¿Cuáles son las calificaciones de la candidata?

   _____

6. ¿Con qué programas para computadoras trabajó la señorita en la fábrica?

   _____

7. ¿Hasta cuándo trabajó en la fábrica la candidata?

   _____

8. ¿Cuándo renunció a su puesto y por qué?

   _____

9. ¿Cuánto paga la Sra. Artiles?

   _____

10. ¿Qué por ciento descuenta la compañía del sueldo de los empleados para poner en el plan de retiro?

    _____

11. ¿Sabe la candidata si van a emplearla? ¿Cuándo lo va a saber?

    _____

Para conversar

Interview a classmate, using the following questions. When you have finished, switch roles.

1. ¿Trabajó Ud. alguna vez (*ever*) en un banco?

   _____

2. ¿Fue Ud. alguna vez a una agencia de empleos para buscar trabajo?

   _____

3. ¿Tiene Ud. experiencia en el trabajo de oficina?

   _____

4. ¿Sabe Ud. trabajar con algún programa de composición de textos? ¿Con cuáles?

   _____

5. ¿Cuál es el horario de trabajo de las oficinas de la universidad?

   _____

6. ¿Qué seguro de salud tiene Ud.?

   _____

7. ¿Quién paga su seguro de salud?

   _____

8. ¿Cuánto tiempo tiene Ud. de vacaciones al año?

   _____

Vamos a practicar

A. Rewrite the following sentences according to the change in the time or date of the event.

Modelo: Today: La muchacha *llega* a la agencia de empleos.

Yesterday: La muchacha **llegó** a la agencia de empleos.

1. *Now:* La Sra. Artiles contrata a la candidata.

   An hour ago: _____

2. *Every day:* La oficinista almuerza en la cafetería.

   Last Friday: _____

3. *At present:* La Srta. Rodríguez renuncia a su empleo.

   Two months ago: _____

4. *The present one:* El aumento es pequeño.

   The one we received last year: _____

5. *Right now:* Tú vas a llenar la solicitud de retiro.

   Last June: _____

6. *Today:* Yo le doy el folleto al candidato.

   The day before yesterday: _____

Nombre _____ Sección _____ Fecha _____

B. Complete the following sentences using *por* or *para*, as needed.

1. La muchacha trabajó en el banco _____ dos años.

2. El candidato va a la oficina _____ el pasillo.

3. El candidato va _____ la oficina.

4. Alguien pregunta _____ la Sra. Artiles.

5. Me dieron 20 minutos _____ comer algo.

6. ¿ _____ qué renunció a su empleo?

7. Las nuevas computadoras llegaron _____ expreso aéreo.

8. Cambiamos el aumento de sueldo _____ mayores beneficios adicionales.

9. Dígale que necesito los programas _____ mañana.

10. Recibí un aumento _____ mi experiencia en el trabajo con computadoras.

Sirva usted de intérprete

With two classmates, play the roles of the job applicant, the manager, and the interpreter who helps them communicate. Switch roles until each of you has played the interpreter's role.

CANDIDATO(A) —Ésta es la solicitud que llené. Aquí están todos mis datos.

INTÉRPRETE —_____

GERENTE "Are you working now?"

INTÉRPRETE —_____

CANDIDATO(A) —No, señor(a), pero trabajé hasta el lunes pasado en un banco.

INTÉRPRETE —_____

GERENTE "Why did you leave the job?"

INTÉRPRETE —_____

CANDIDATO(A) —Porque pedí un aumento de cien dólares por mes y me ofrecieron solamente treinta.

INTÉRPRETE —_____

GERENTE "Do you know how much we pay here?"

INTÉRPRETE —_____

CANDIDATO(A) —Sí, la recepcionista me lo dijo.

INTÉRPRETE —_____

GERENTE	"Fine, the job is from nine to five."
INTÉRPRETE	—_____
CANDIDATO(A)	—¿Cuánto tiempo dan para almorzar?
INTÉRPRETE	—_____
GERENTE	"An hour."
INTÉRPRETE	—_____
CANDIDATO(A)	—¿Qué tiempo dan de vacaciones?
INTÉRPRETE	—_____
GERENTE	"One week a year."
INTÉRPRETE	—_____
CANDIDATO(A)	—No es mucho. ¿Tienen plan de retiro?
INTÉRPRETE	—_____
GERENTE	"Yes, at 65 years of age, our employees can retire at (with) 60% of their salary."
INTÉRPRETE	—_____
CANDIDATO(A)	—Eso no es mucho.
INTÉRPRETE	—_____

Sirva usted de traductor

Review the *Vocabulario adicional* in this lesson, and then translate the following memo so that you can help Miss Martínez with preparations for the arrival of a new employee and the needs of the sales department.

MEMO

A: Srta. Paula Martínez, Jefa de Oficina

De: Srta. Mariana Cadena, Jefa de Compras

Asunto: Compra de equipos y material de oficina

Tenemos un empleado nuevo. Necesitamos un escritorio con su silla, un archivo de metal y una computadora con su mesa.

Por otra parte, necesitamos una copiadora más y una pizarra de anuncios más grande. Además, necesitamos algunos materiales de oficina: grapadoras y grapas, sujetapapeles, bandas elásticas, lápices y bolígrafos.

Todo lo necesitamos con urgencia. Para evitar las demoras, no haga subasta.

_____

_____

_____

_____

_____

_____

_____

_____

En estas situaciones

What would you say in the following situations? What might the other person say?

1. You work for an employment agency and you are talking with a candidate who doesn't speak English. Ask if the applicant can drive a truck, has a driver's license in the United States, and can start to work tomorrow. Also ask him/her to fill out an employment application.

2. You went to Guatemala on vacation and have run out of money! Now you are interviewing for a job. Tell the personnel manager that you have already filled out the employment application, that you know how to operate personal computers, that you have experience in word processing, and that you learned to work with computers at the university. Ask how much the company pays, and if they offer any benefits. Also, find out if they have part-time, as well as full-time, work.

3. You are in Venezuela interviewing job candidates for your company. Ask each candidate about previous jobs, including company names, experience gained, length of employment, and reasons for resignation. Tell the applicant(s) about the daily work schedule, wages, and benefits.

Casos

Act out the following scenarios with a partner.

1. A personnel manager and an employment agency employee are talking on the phone.

2. A personnel manager interviews a candidate for an office position.

Un paso más

A. **You are a new employee at a large company in Buenos Aires. Review the *Vocabulario adicional* in this lesson and use it and other vocabulary you have learned to formulate a list of questions to ask your fellow employees about the company and your job.**

1. _____

2. _____

3. _____

4. _____

5. _____

6. _____

7. _____

8. _____

9. _____

10. _____

B. You are in charge of ordering office supplies. Review the *Vocabulario adicional* in this lesson and use it to make a list of the items needed.

_____

_____

_____

_____

_____

_____

_____

_____

_____

_____

_____

_____

_____

C. You are interested in applying for a job in Latin America, and a friend
   has sent you some job listings. Read the ads and answer the questions
   to see if you are qualified for either of the positions advertised.

COMPAÑIA MULTINACIONAL
REQUIERE CONTADOR

EL CARGO: Contador júnior.
EL CANDIDATO: Profesional en contaduría, entre 25 - 32 años
de edad, con experiencia laboral en compañías multinacionales
especialmente en las áreas de impuestos y preparación de
estados financieros.
Manejo de algún paquete contable. Preferiblemente conocimien-
tos de inglés.
   Los interesados favor enviar hoja de vida con foto reciente y
     aspiración salarial al Anunciador No. 273,
       EL TIEMPO. Se mantendrá absoluta reserva.

COMESTIBLES LA ROSA

Necesita para su fábrica de Dosquebradas (Pereira)
INGENIERO MECANICO para trabajar como **INGENIERO DE PROGRAMA-
CION Y CONTROL DE PROYECTOS,** entre 30 y 35 años con:
Experiencia mínima de 2 años en industria
Conocimiento y manejo de sistemas
Buen nivel de inglés técnico
Excelentes relaciones interpersonales, habilidad para manejo de personal y
potencial para desarrollo futuro.
Los interesados deben enviar su hoja de vida con fotografía reciente, indi-
cando aspiración salarial, al Apartado Aéreo No. 44 de Pereira.

---

1. ¿Cuáles son los puestos que se anuncian?

   _____

2. ¿Qué edad (*age*) deben tener los aspirantes a cada puesto?

   _____

3. ¿Cuáles deben ser las áreas de especialización del/de la contador/a
   (*accountant*)?

   _____

4. ¿Qué idioma (*language*) debe hablar el/la ingeniero/a (*engineer*)?

   _____

5. ¿Cuántos años de experiencia debe tener el/la ingeniero/a?

   _____

6. ¿Adónde deben enviar su resumé los/las aspirantes a cada cargo?

   _____

7. ¿Tiene Ud. las calificaciones solicitadas en los anuncios? ¿Cuáles tiene y cuáles no?

   _____

Suplemento 2

La carta de negocios

- La correspondencia comercial
- Partes de una carta
- El sobre
- Cartas de negocio típicas

La correspondencia comercial (*Business Correspondence*)

Business correspondence includes all written texts referring to business matters. In addition to traditional forms of communication, such as letters, telegrams, and telexes, today's business correspondence includes messages sent by fax or electronic mail.

Spanish business letter writing is characterized by the use of a more formal and formulaic language than that used to write busines correspondence in English. But as is the case in English, a well-written business letter in Spanish is clear, concise, complete, and courteous. It contains the following elements:

1. Letterhead (**Membrete**)
   Letterhead includes the sender's company name, complete address, telephone number, and other key information, such as a fax number.

   ALFA Y OMEGA, S.A.
   Importadores de Tejidos
   Velarde N. 356
   La Paz, Bolivia
   Teléfono: 453-8090
   Fax: 453-8097

2. Date (**Fecha**)
   In Spanish, the day is written first, followed by the month and year.

   24 de enero del 2000

   Sometimes the month is separated from the year by a comma.

   24 de enero, 2000

3. Reference line (**Asunto**)
   Some letters include a brief reference line under the date line indicating the subject of the letter. Subject lines are often preceded by the word **Asunto** (*subject*) or the letters **Ref.**, meaning **con referencia a** (*in regard to*).

   Ref.: Factura No. 83472-01

4. Recipient (**Destinatario**)
   This section of the letter identifies the name and address of the person, business or other organization to whom the letter is being sent. If the letter is addressed to a specific person, an appropriate title should precede his or her name: **señor (Sr.)**, **señora (Sra.)**, **señorita (Srta.)**, **doctor (Dr.)**, **Licenciado(a) (Lic., Ldo, or Lcdo)**[1], **Ingeniero (Ing.)**, etc. In Spain and in some Latin American countries, the titles **Don (D.)** and **Doña (Dña.)** are also used. Remember that in Spanish the street name precedes the street number; they may be separated by a comma or not. When there is a postal code, it is placed before or after the city name, depending on the country.

Sr. Gustavo Chavando	Cía Vinatera Torre y Hno.
San Andrés, 546	Junín 232
Lima 32, Perú	1086 Buenos Aires, Argentina

---

[1]The title of **Licenciado(a)** designates that the person has completed one of certain professional degrees such as law, pharmacology, etc.

5. Salutation (**Saludo**)
   The following are customary salutations for business letters.

   > **Estimado(a) señor(a):**
   > **Distinguido(a) señor(a):**
   > **Estimado(a) cliente(a):**
   > **Estimado(a) Sr(a). _____:**
   > **Muy señor(a) mío(a):**

6. Body (**Cuerpo de la carta**)
   The body of the letter usually begins with a brief sentence indicating the letter's objective. Introductory sentences for business letters usually begin with one of the following expressions:

   > **La presente tiene por objeto...**
   > The purpose of this letter . . .
   > **En respuesta a su carta de fecha...**
   > In response to your letter dated . . .
   > **En relación con su pedido de fecha...**
   > With reference to your order dated . . .
   > **Confirmando nuestra conversación (telefónica)...**
   > To confirm our (telephone) conversation . . .
   > **Le(s) agradecería(mos) nos informara(n) de...**
   > I (We) would appreciate receiving information about . . .
   > **Nos es grato comunicarle(s) que...**
   > We are pleased to inform you that . . .
   > **Sentimos tener que comunicarle(s) que...**
   > We regret to inform you that . . .
   > **Acusamos recibo de su atenta (carta) de fecha...**
   > We acknowledge receipt of your letter dated . . .
   > **Adjunto envío (enviamos) cheque (giro)...**
   > Enclosed please find a check (money order) . . .
   > **Estamos interesados en...**
   > We are interested in . . .
   > **Le(s) agradezco me envíe(n)...**
   > Please send me . . .

7. Closing (**Despedida**)
   The expressions most frequently used to close a business letter are the following.

   > **Atentamente,**
   > **De usted(es) atentamente,**
   > **Sinceramente,**

8. Sender's company name (**Antefirma**)
   The sender's company name follows the closing in uppercase letters.

   > **HIPOTECARIA NORTE, S.A.   LÓPEZ Y CÍA.**

9. Signature (**Firma**)
   The sender's signature is followed by his or her name and title.

   > **Manuela Ibarra**
   > **Jefa de Compras**

10. Postscript (**Posdata**)
Often a postscript is included after the closing to emphasize a particular fact or idea.

> **P.D. Por favor, acuse recibo de la mercancía por fax.**

11. Enclosures (**Anexos o adjuntos**)
If additional materials are being sent with the letter, this should be noted at the end of the letter.

> **Anexo: Factura de fecha 4 de febrero del 2000**

12. Initials (**Iniciales**)
The letter writer's initials usually appear in uppercase letters at the end of the letter, followed by initials of the typist in lowercase letters.

> **HB/ha   FG:ml**

Partes de una carta (*Parts of a letter*)

Membrete	**R. Sánchez & Sons** Auto Parts & Accessories 547 W. Orange Avenue Albuquerque, New Mexico 87102 Telephone (505) 921-8074
Fecha	24 de septiembre del 20__
Referencia	Ref. DI-78
Destinatario	Sr. Administrador Sociedad Española de Automóviles Turísticos (SEAT) Recoletos, 765 28000 Madrid, España
Saludo	Estimado señor:
Cuerpo de la carta	Estamos interesados en distribuir en esta área las piezas de repuesto y accesorios para los coches de su acreditada marca. La ciudad de Albuquerque, en donde estamos establecidos, cuenta con más de 330.000 habitantes y, sin embargo, su firma no tiene aquí ningún distribuidor autorizado. Estamos en condiciones de ofrecer las referencias comerciales y las garantías bancarias necesarias.
Despedida Antefirma Firma	De usted atentamente, LA CASA SÁNCHEZ *Abel N. González* Abel N. González Jefe de Compras

Answer Mr. González's letter, accepting his offer.

_____

_____

_____

_____

_____

_____

_____

_____

_____

_____

_____

_____

_____

El sobre (*The envelope*)

LA CASA SÁNCHEZ
Partes y accesorios para autos
7689 W Orange Av.
Albuquerque, NM, 87102 U.S.A.

Sello o
estampilla
de correo

Sr. Administrador
Sociedad Española de Automóviles Turísticos
(SEAT)
Recoletos, 765
28000 Madrid, España (Spain)

Att. Sr. Alba[1]

_____

[1]When a letter is addressed to a business (i.e., **Comercial Omega S.A.**) the "attention" line is written two spaces below the address. It is used to require that the matter be taken care of by the person indicated. (i.e., **Att. Sr. Alba**). If the letter is personal or confidential, the word **PERSONAL** or **CONFIDENCIAL** must appear on the lower left-hand corner of the envelope.

Cartas de negocio típicas (*Model business letters*)

1. To request samples:

SPORTMART

7689 N. Palm Avenue

San Francisco, CA 94105, U.S.A.

Telephone (415) 345-9402

15 de enero del 20__

Sr. Sergio Fuerte

Jefe de Ventas

Freddy Modas, S.A.

Magnolia No. 9876

Lima 32, Perú

Estimado señor:

En respuesta a su oferta de fecha 4 del presente mes, deseo comunicarle nuestro interés en distribuir en nuestras tiendas[1] la ropa[2] para hombres de su acreditada marca, pero antes de hacer nuestros pedidos,[3] necesitamos ver algunas muestras.[4]

Por favor, si es posible, envíenos las muestras por expreso aéreo.

De usted atentamente,

SPORTMART

Gonzalo Ramos

Gonzalo Ramos

Administrador

---

1 *stores* 2 *clothing* 3 *orders* 4 *samples*

Answer the letter, stating that you are enclosing samples.

_____

_____

_____

_____

_____

_____

_____

_____

_____

_____

_____

_____

_____

_____

_____

_____

_____

_____

_____

_____

_____

_____

2. To place an order.

SPORTMART
7689 N. Palm Avenue
San Francisco, CA 94105, U.S.A.
Telephone (415) 345-9402

5 de febrero del 20__

Sr. Sergio Fuerte   Ref: Pedido de ropa
Jefe de Ventas
Freddy Modas, S.A.
Magnolia No. 9876
Lima 32, Perú

Estimado señor Fuerte:

   Después de revisar cuidadosamente[1] las muestras recibidas,
debo informarle que los precios de la ropa fabricada por ustedes
son un poco más elevados que los de otras marcas. No obstante,[2]
creemos conveniente hacerles el pequeño pedido que enviamos
adjunto, y esperamos recibir algún descuento en caso de pedidos
mayores.[3]

                                        Atentamente,
                                        SPORTMART
                                        Gonzalo Ramos
                                        Gonzalo Ramos
                                        Administrador

Adjunto:
1. Nota de pedido.

1 *carefully* 2 **No**... *Nevertheless* 3 *larger*

Answer the letter, thanking Mr. Ramos for his order.

_____

_____

_____

_____

_____

_____

_____

_____

_____

_____

_____

_____

_____

_____

_____

_____

_____

_____

_____

_____

_____

_____

3. To state an error or a wrong order.

SPORTMART
7689 N. Palm Avenue
San Francisco, CA 94105, U.S.A.
Telephone (415) 345-9402

24 de febrero del 20__

Sr. Sergio Fuerte
Jefe de Ventas
Freddy Modas, S.A.
Magnolia No. 9876
Lima 32, Perú

Estimado señor Fuerte:

    Lamentamos tener que informarle que, con esta fecha y a su cargo,[1] estamos devolviéndole[2] 32 pantalones de hombre talla[3] 44, recibidos en el día de ayer, los cuales no fueron pedidos por nosotros. Por otra parte,[4] no recibimos una cantidad igual de pantalones talla 34.

    Le agradecemos que trate de hacernos este envío[5] con la mayor rapidez posible.

Atentamente,
SPORTMART

Gonzalo Ramos

Gonzalo Ramos
Administrador

---

1 **a...** *at your expense* 2 **estamos...** *we are returning to you* 3 *size* 4 **Por...** *In addition* 5 *shipment*

**Write a similar letter, stating that you are returning merchandise due to an
error in the order.**

_____

_____

_____

_____

_____

_____

_____

_____

_____

_____

_____

_____

_____

_____

_____

_____

_____

_____

_____

_____

_____

_____

_____

Answer Mr. Ramos's letter, apologizing for the error.

_____

_____

_____

_____

_____

_____

_____

_____

_____

_____

_____

_____

_____

_____

_____

_____

_____

_____

_____

_____

_____

_____

_____

Repaso

LECCIONES 6–10

PRÁCTICA DE VOCABULARIO

A. Circle the word or phrase that does not belong in each group.

1. cliente   ahorro   consumidor

2. amortiguador   silenciador   suministrador

3. área   cadena   zona

4. código   clave   cuadra

5. llamada   telefonista   impreso

6. marcar   enviar   mandar

7. medir   ahorrar   pesar

8. acera   banqueta   freno

9. caja   cuadra   esquina

10. manejar   conducir   decidir

11. carga   contenedor   carta

12. ferrocarril   rotura   tren

13. descarga   lana   algodón

14. encargarse   cargar   descargar

15. ocurrir   pensar   suceder

16. año   mes   respuesta

17. sistema   sueldo   salario

18. marca   coche   carro

19. alto   ancho   auto

20. carta   buzón   cosa

21. detallista   mayorista   ordenador

22. pieza   repuesto   oferta

23. usar   indicar   utilizar

24. exportar   compensar   importar

25. a veces   al día   diario

B. Circle the word or phrase that best completes each sentence.

1. No podemos (comparar / competir / descartar) en el precio de los tubos de escape.

2. En realidad, no estamos (conocidos / próximos / satisfechos) con la compra.

3. Nuestros precios son los más (competitivos / acreditados / acompañados).

4. El Sr. Vargas no puede (usar / utilizar / atender) a los visitantes ahora.

5. Me (gusta / duele / penetra) esta mercancía.

6. ¿Cuánto (busca / contiene / carga) el hotel por las llamadas?

7. Necesito enviar unas (cartas / ciudades / avenidas) a los Estados Unidos.

8. La oficina de correos está a tres (dineros / cuadras / camiones) de aquí.

9. ¿Cuánto demora un (destinatario / paquete / administrador) por correo aéreo?

10. Puedo buscar la dirección en la (lista / libra / guía) de teléfonos.

11. Él no sabe (manejar / cruzar / cubrir) coches de cambios mecánicos.

12. Deseo rentar un (carro / turista / transeúnte) automático.

13. Hoy no tenemos ningún coche pequeño (medio / disponible / directamente).

14. El hotel está en el (pueblo / folleto / área) comercial.

15. Ud. debe pedirle la (avería / transferencia / libra) al chofer del autobús.

16. Necesito enviar un (ahorro / daño / cargamento) de artesanías.

17. Los artículos de (lana / algodón / vidrio) soplado son muy frágiles.

18. Si el (embalaje / flete / tejido) es bueno no ocurren daños en la mercancía.

19. Nosotros llevamos la mercancía hasta la (rotura / medida / frontera).

20. El seguro es caro, pero Ud. ahorra en el (flete / taller / tamaño).

21. Ud. tiene treinta minutos para (poner / almorzar / ofrecer).

22. Hoy tengo una (fábrica / salud / entrevista) de trabajo.

23. Nosotros le (descontamos / renunciamos / trasladamos) el ocho por ciento de su sueldo.

24. Antes de firmar el (puesto / beneficio / contrato) debo saber el horario de trabajo.

25. El año pasado me dieron un (empleado / aumento / almacén) de treinta dólares.

C. Match the questions in column A with the answers in column B.

A

_____ 1. ¿Cuáles son las condiciones de pago?

_____ 2. ¿Tenemos que pagar el seguro?

_____ 3. ¿Va a ver Ud. los productos de metal ahora?

_____ 4. ¿Dónde está el buzón?

_____ 5. ¿Cuánto demora en llegar el paquete?

_____ 6. ¿Cuánto deben pesar los paquetes?

_____ 7. ¿Cuánto debo caminar para tomar el autobús?

_____ 8. ¿Qué necesita saber Ud.?

_____ 9. ¿El coche es compacto?

_____ 10. ¿A quién le pido la transferencia?

_____ 11. ¿Qué tipo de artesanía va a transportar Ud.?

_____ 12. ¿Los tejidos son de lana?

_____ 13. ¿Qué tiempo tengo para almorzar?

_____ 14. ¿Los pagos son al mes?

_____ 15. ¿Descuentan el seguro de salud?

_____ 16. ¿Uds. transportan la mercancía hasta California?

_____ 17. ¿Por qué renunció Ud.?

_____ 18. ¿Cuánto tiempo dan Uds. de vacaciones?

_____ 19. ¿Tienen un gran volumen de mercancías en existencia?

_____ 20. ¿Le pido la lista de precios al viajante?

B

a. Tres días.

b. No, a la semana.

c. Tres cuadras.

d. Dos semanas al año.

e. Alfarería y artículos de cuero.

f. Las condiciones de venta.

g. Sí, y el retiro.

h. No, mediano.

i. Sí, en los almacenes.

j. No, sólo el transporte.

k. Treinta minutos.

l. No, hasta la frontera solamente.

m. No, no puedo. Tengo prisa.

n. No más de cinco kilos.

o. Sí, y pregúntale las condiciones de pago.

p. No me dieron el aumento que solicité.

q. Al chofer del autobús.

r. 3/30, n/60

s. No, de algodón.

t. En la esquina.

149

SITUACIONES DEL MUNDO DE LAS EMPRESAS

Review the *Notas culturales* of the past five lessons and then read the following scenarios. Find out what went wrong, and propose possible solutions in Spanish.

1. I am in Bogotá, Colombia, doing business. I know that time is a flexible concept in many countries, and therefore I arrived at 11:10 for an 11:00 appointment.

   _____

   _____

   _____

   _____

2. I went to Mexico by car. I did not buy insurance in Mexico since I am insured in the U.S., and my insurance therefore guarantees coverage all over the world.

   _____

   _____

   _____

   _____

3. I opened my company in Puerto Rico, a U.S. Commonwealth. Since business there is carried out under U.S. law, I am automatically fulfilling all legal obligations governing my business in that U.S. territory.

   _____

   _____

   _____

   _____

⊙ PRÁCTICA ORAL

Listen to the following exercise on the audio program. The speaker will ask you some questions. Answer the questions, using the cues provided. The speaker will confirm the correct answer. Repeat the correct answer.

1. ¿Qué desea saber Ud., señora? (los precios de los artículos de artesanía)

2. ¿Es mejor enviar la lista de precios por correo aéreo o por correo electrónico? (por correo electrónico)

3. ¿Desea hablar primero con el viajante? (no, con el cliente)

4. ¿Puede volver más tarde? (no, el próximo lunes)

5. ¿Dan Uds. algún descuento? (no en pedidos pequeños)

6. ¿Necesito ordenar los accesorios ahora? (sí, recibirlos en tres días)

7. ¿Cuánto demora un paquete en llegar a Los Ángeles? (tres días)

8. ¿Va por ferrocarril? (no, por avión)

9. ¿Cuánto puede medir el paquete? (no más de 30 centímetros de largo)

10. ¿Cuánto puede pesar el paquete? (no más de cinco kilos)

11. ¿Qué contiene el paquete? (catálogos y folletos)

12. ¿Puedo enviar bultos de mercancía por correo? (sí, hasta de veinte kilos de peso)

13. ¿Cuál es la tarifa para el vidrio soplado? (treinta y dos pesos por kilogramo)

14. ¿Por qué es tan alta la tarifa? (los artículos son muy frágiles)

15. ¿Uds. transportan la mercancía hasta Los Ángeles? (no, hasta la frontera)

16. ¿Pueden ocurrir daños en la mercancía? (no, si el embalaje es bueno)

17. ¿El transporte por camión cuesta más? (no, menos)

18. ¿Quiere transportar Ud. un volumen grande de mercancías? (sí)

19. ¿Toda la mercancía cabe en un camión? (no)

20. ¿Uds. descargan la mercancía? (no, corre por Uds.)

21. ¿Las fábricas de artículos de lana están muy lejos? (sí)

22. ¿Puedo alquilar un carro para ir a las fábricas? (sí)

23. ¿Quiere alquilar un carro compacto? (no, mediano)

24. ¿Ud. sabe manejar carros de cambios mecánicos? (no, automáticos)

25. ¿Mi seguro de los Estados Unidos me cubre aquí? (no, un seguro local)

🔊 *La contabilidad de la empresa (I)*

Tan pronto como el segundo candidato sale de la oficina de la Sra. Artiles, la secretaria la llama por el intercomunicador.

SECRETARIA	—Sra. Artiles, el Sr. Villalba la está esperando.
SRA. ARTILES	—¿Cuánto hace que espera?
SECRETARIA	—Hace unos pocos minutos que está aquí.
SRA. ARTILES	—Bien. Hazlo pasar a mi oficina. Gracias.
SECRETARIA	—En seguida. (*Al Sr. Villalba*) La Sra. Artiles lo espera en su oficina.
SR. VILLALBA	—Buenos días, Sra. Artiles. Mi nombre es Jorge Villalba y represento a la firma Allied Business Consultants.
SRA. ARTILES	—Buenos días y perdone la demora. No pude terminar antes la entrevista anterior, y después tuve que hacer una llamada.
SR. VILLALBA	—No importa. Por favor, dígame cuál es su problema.
SRA. ARTILES	—Quiero modernizar el sistema de contabilidad del negocio.
SR. VILLALBA	—¿Quién lleva la contabilidad de la firma?
SRA. ARTILES	—Los empleados de la oficina hacen los asientos de diario y los pases al mayor.
SR. VILLALBA	—¿Ellos también preparan los estados financieros?
SRA. ARTILES	—No, ahora tenemos un arreglo con un contador que periódicamente prepara los balances de comprobación, los balances generales y los estados de pérdidas y ganancias.
SR. VILLALBA	—Bien, explíqueme las dificultades que tiene con su sistema contable actual.
SRA. ARTILES	—El problema es que el negocio creció mucho el año pasado y ahora estamos sufriendo demoras y errores costosos en los informes a los clientes.
SR. VILLALBA	—¿Y qué desea hacer ahora, reorganizar su oficina contable o encargar la contabilidad del negocio a una firma de contadores?
SRA. ARTILES	—Bueno, como le dije por teléfono a la persona con quien hablé, no quise tomar una decisión final sin antes consultar con Uds.
SR. VILLALBA	—Hizo bien. Y en ese caso necesito evaluar sus necesidades. ¿Están aquí todos los libros?
SRA. ARTILES	—Sí, se los pedí al contador y él los trajo ayer. (*A su asistente por el intercomunicador*) Eva, no prepares hoy la nómina. Trae los libros de contabilidad y trabaja con el Sr. Villalba, por favor.

La Sra. Artiles le sirvió una taza de café al Sr. Villalba y siguieron hablando.

🔊 Vocabulario

NOMBRES

el arreglo, la iguala (*Cuba*) arrangement
el asiento de diario journal entry
el (la) asistente, el (la) ayudante assistant
el balance de comprobación trial balance
el balance general balance sheet
el caso case
la contabilidad accounting
el (la) contador(a) accountant
la empresa enterprise, company
el estado de pérdidas y ganancias profit and
 loss statement
el estado financiero financial statement
la ganancia profit, earnings
el informe report
el libro book
el (libro) diario journal
el (libro) mayor general ledger
la nómina payroll
el pase al mayor general ledger entry
la pérdida loss
la taza cup

VERBOS

consultar to consult
crecer to grow
encargar to entrust
evaluar to evaluate, to assess
explicar to explain
importar to matter
modernizar to modernize
pasar to pass, to come in
perdonar to forgive
reorganizar to reorganize
representar to represent
salir[1] to leave, to go out
seguir (e:i) to continue
servir (e:i) to serve
sufrir to suffer
traer[2] to bring

ADJETIVOS

actual present
anterior previous, former
contable accounting
costoso(a) costly
financiero(a) financial

OTRAS PALABRAS Y EXPRESIONES

ayer yesterday
con quien with whom
Hizo bien. You did the right thing.
llevar la contabilidad to keep the books
tan pronto como as soon as
tomar una decisión to make a decision

---

[1]Irregular first-person present indicative: **yo salgo.**
[2]Irregular first-person present indicative: **yo traigo.**

Vocabulario adicional

TÉRMINOS RELACIONADOS CON LA CONTABILIDAD

acreditar to credit
el (la) acreedor(a) creditor
el activo assets
adjunto(a) attached
el ajuste adjustment, reconciliation
el capital capital
conciliar, cuadrar to reconcile
el (la) contador(a) público(a) titulado(a) certified public accountant (C.P.A.)
la cuenta a cobrar account receivable
la cuenta a pagar account payable
la cuenta acreedora credit account
la cuenta corriente checking account
la cuenta deudora debit account
el debe debit
debitar to debit
la deuda debt
el (la) deudor(a) debtor
el efectivo cash
el egreso expenditure
la fecha de cierre closing date

la fecha de vencimiento due date
el folio folio, page (*i.e., accounting books*)
los fondos funds, deposits
el gasto expense
los gastos de representación entertainment expenses
los gastos generales overhead expenses
los gastos varios miscellaneous expenses
el haber credit
el ingreso income
el interés interest
el inventario inventory
el libro de actas minute book
el libro de caja cash book
el libro de ventas sales book
liquidar to liquidate, to pay off
pasar al mayor to enter in the ledger
el pasivo liabilities
el saldo balance
el (la) tenedor(a) de libros bookkeeper

Notas culturales

- Accounting practices in the Spanish-speaking world are very similar to those in the United States. In fact, there are more similarities than differences between the two. It is important to remember a few technical points in Hispanic notation that differ from those practiced in the U.S. In Spain and in most Latin American countries, a period is used instead of a comma in numbers larger than one thousand. For example, 1,533 often is written as 1.533. This difference can cause much confusion, especially in negotiating prices and making deals. However, when doing business in foreign countries, it is recommended that you use the system traditional to the part of the world in which you are working.
- The concept of one billion is much larger in Spanish-speaking countries than in the United States. Many learners of Spanish make the mistake of assuming that **billón** is a cognate for billion in English; it is not. In the U.S., one billion is written 1,000,000,000. In Spain and Latin America, this number is **mil millones** (literally, a thousand millions). A billion in the Spanish-speaking world is written 1.000.000.000.000, more commonly known in the United States as a trillion.
- Although the use of computers is increasing rapidly in Latin America, dependence on electronic media for accounting purposes such as spreadsheets, payroll programs, and other financial software remains in its infancy in most countries. Almost every country still requires that accounting information be recorded manually in books and/or ledgers that are mandated by each country's laws. In general, these books are: the daily ledger, the general ledger, inventory records, and the trial balance book. Commercial enterprises must also keep a minute book, and, generally, companies keep books and/or records over and above those required by law. In these countries, the law also requires that a judge or a notary public examine and validate all accounting books before they can be used by a company. This authorization consists of certifying the number of pages that the books contain and marking each page with an official stamp.
- In small businesses in Spanish-speaking countries, the accounting work is often done by a bookkeeper who may be a graduate of a middle-level business school. The accounting and finances of large businesses and corporations are usually handled by accountants who are university graduates. The laws of some Spanish-speaking countries do not permit companies to hire people with degrees from foreign countries as accountants, but other countries do not regulate the employment of accountants. In them, many of the employees in charge of accounting have a practical, experiential knowledge of financial practices and procedures rather than a knowledge gained through a course of study.

¿Recuerdan ustedes?

Answer the following questions, basing your answers on the dialogue.

1. ¿Por qué tuvo que esperar el Sr. Villalba?

_____

2. ¿Para qué compañía trabaja el Sr. Villalba?

_____

3. ¿Por qué consulta la Sra. Artiles con la firma del Sr. Villalba?

_____

4. ¿Qué arreglo tiene la compañía de la Sra. Artiles con su contador?

_____

5. ¿Qué ocurrió con el negocio el año pasado?

   _____

6. ¿Qué está ocurriendo con los informes a los clientes en la compañía de la Sra. Artiles?

   _____

7. ¿Qué necesita hacer el Sr. Villalba?

   _____

8. ¿Qué no tiene que hacer Eva hoy? ¿Por qué?

   _____

9. ¿Qué van a hacer el Sr. Villalba y Eva?

   _____

10. ¿Qué le sirvió la Sra. Artiles al Sr. Villalba? ¿Qué siguieron haciendo?

    _____

Para conversar

Interview a classmate, using the following questions. When you have finished, switch roles.

1. ¿Qué hace Ud. tan pronto como sale de la clase (*class*)?

   _____

2. ¿Hay un intercomunicador en esta clase? ¿Quién lo usa? ¿Para qué?

   _____

3. ¿Espera Ud. a alguien ahora?

   _____

4. ¿Hace mucho tiempo que Ud. está aquí?

   _____

5. ¿Creció mucho esta universidad el año pasado?

   _____

6. ¿Con quién consulta Ud. cuando no sabe qué hacer?

   _____

7. ¿Qué hace Ud. antes de decidir algo importante?

   _____

8. ¿Trajo Ud. su libro a clase hoy?

   _____

Vamos a practicar

A. With a partner, take turns asking and answering how long the following actions or circumstances have been going on.

Modelo: the accountant / waiting
   Pregunta: **¿Cuánto tiempo hace que el contador espera?**
   Respuesta: **Hace unos minutos que espera.**

1. we / learning Spanish

   Pregunta: _____

   Respuesta: _____

2. you (**Ud.**) / are here

   Pregunta: _____

   Respuesta: _____

3. you (**tú**) / have your car

   Pregunta: _____

   Respuesta: _____

4. I / working here

   Pregunta: _____

   Respuesta: _____

B. Rewrite the following sentences according to the given cues.

Modelo: Ella prefiere consultar con un contador.
   (*Last Thursday*) Ella **prefirió** consultar con un contador.

1. Tengo una entrevista con el contador.

   (*Last Monday*) _____

2. Estoy en su oficina.

   (*Yesterday*) _____

3. No puedo explicarle las dificultades que tenemos.

   (*Last year*) _____

4. Hago los asientos de diario y los pases al mayor.

   (*Last month*) _____

5. El contador viene con los libros.

   (*Last week*) _____

6. ¿Qué dice el Sr. Villalba?

   (*The day before yesterday*) _____

7. ¿Quién trae el libro diario?

   (*Two days ago*) _____

8. ¿Por qué no quiere cambiar el sistema de contabilidad?

   (*Last Tuesday*) _____

9. Ella le sirve una taza de café.

   (*A few minutes ago*) _____

10. Uds. siguen conversando.

    (*Yesterday*) _____

C. **You and a colleague are working on the books for your company. Take turns asking each other what you should do, responding first affirmatively and then negatively. Use the *tú* command.**

   Modelo: Llamo al Sr. Villalba?
             Sí, llámalo.
             No, no lo llames.

   1. ¿Traigo los libros?

      _____

      _____

   2. ¿Le digo al contador lo que pasó?

      _____

      _____

   3. ¿Hago los asientos en el diario?

      _____

      _____

   4. ¿Pongo los estados financieros en tu escritorio?

      _____

      _____

5. ¿Te sirvo el café ahora?

_____

_____

6. ¿Te explico mis problemas?

_____

_____

7. ¿Lo consulto con el jefe?

_____

_____

8. ¿Salgo de tu oficina?

_____

_____

9. ¿Les encargo la contabilidad a los empleados de la oficina?

_____

_____

Sirva usted de intérprete

With two classmates, play the roles of Sra. Pérez, an accountant, and the interpreter who helps them communicate. Switch roles until each of you has played the interpreter's role.

SRA. PÉREZ —Mi nombre es Sonia Pérez. Tengo un restaurante y necesito modernizar la contabilidad de mi negocio.

INTÉRPRETE —_____

CONTADOR(A) "Who keeps the books for your business now?"

INTÉRPRETE —_____

SRA. PÉREZ —Una de las empleadas de la oficina, pero el negocio creció mucho el año pasado y ahora necesito un contador.

INTÉRPRETE —_____

_____

CONTADOR(A) "What books did the employee keep?"

INTÉRPRETE —_____

SRA. PÉREZ —Un libro diario y un mayor.

INTÉRPRETE —_____

CONTADOR(A) "What financial statements did she do?"

INTÉRPRETE —_____

SRA. PÉREZ —Solamente el estado de pérdidas y ganancias que necesitamos para pagar los impuestos.

INTÉRPRETE —_____

CONTADOR(A) "I need to see the books and the profit and loss statements for the past years. I would like to determine what your needs are."

INTÉRPRETE —_____

SRA. PÉREZ —Los libros no están aquí. Los tengo en mi casa.

INTÉRPRETE —_____

CONTADOR(A) "The books must always be in the place of business or in the office of the company accountant."

INTÉRPRETE —_____

_____

SRA. PÉREZ —Lo sé, pero necesitamos preparar las cuentas del mes anterior y algunas del mes actual.

INTÉRPRETE —_____

CONTADOR(A) "Fine, when can I see the books?"

INTÉRPRETE —_____

SRA. PÉREZ —Mañana se los llevo a su oficina. También le voy a llevar las cuentas del mes actual.

INTÉRPRETE —_____

Sirva usted de traductor

Your company's sales representative in the Dominican Republic sent the following report on the status of his company account for the month of March. Review the *Vocabulario adicional* in this lesson, and then translate the report into English so your boss can review it.

Reporte del movimiento de fondos durante el mes de marzo

Saldo en febrero 28		$7.912,90
Ingresos:		
Cuentas a cobrar cobradas	$76.123,52	
Intereses acreditados	54,00	76.177,52
Egresos:		
Mi sueldo	750,00	
Pago de cuentas a pagar	500,00	
Gastos de viajes	245,80	
Gastos de representación	181,45	
Gastos varios	45,96	
Ajuste en cuenta del banco	85,43	1.808,64
Saldo		82.281,78
Cheque adjunto	$75.000,00	
Saldo en marzo 31		$7.281,79

Notas:
1. El banco nos acreditó $54 por intereses de la cuenta corriente, y nos debitó $85,43 por cheque sin fondo recibido de un deudor.
2. La firma López y Compañía me informó que no tiene el efectivo necesario para liquidar su deuda en la fecha de vencimiento. Su pasivo excede a su activo.

Importante:
1. Necesito contratar a un contador público o a un tenedor de libros para que me ayude con la contabilidad.
2. Necesito aumentar el inventario de muestras para los clientes.

_____

_____

_____

_____

_____

_____

_____

_____

_____

_____

_____

_____

_____

_____

_____

_____

_____

_____

_____

_____

_____

_____

_____

En estas situaciones

What would you say in the following situations? What might the other person say?

1. Your company has sent you to Panama in order to modernize the accounting system of a local firm. Introduce yourself. Ask the manager who is in charge of keeping the company books now, what books they presently keep, and what difficulties they're having with their current accounting system. Say that they must think about using computers with their new system, but you need to evaluate the needs of the company before making a final decision. Ask where the company books are and if their accountant can work with you for a week.

2. You are a Spanish-speaking business owner, interviewing an accountant about handling your company's affairs. Ask where the accountant worked before and what type of accounting work he/she has done. Explain that your business is experiencing delays and errors in its reports, and that is

why you want to hand over (entrust) the firm's accounting to another accountant. Say that you urgently need a profit and loss statement, although you have already prepared the trial balance. Use the intercom to ask one of your employees to bring the balance sheet to your office.

Casos

Act out the following scenarios with a partner.

1. An accountant and the administrator of a company discuss the modernization of the company's accounting system.

2. A business owner discusses concerns about problems in client reports with an employee.

3. Two employees work on their company's books together.

Un paso más

A. You are the accountant for a large company, and your boss would like a brief report of the month's income and expenses. Review the *Vocabulario adicional* in this lesson and use it and other vocabulary to prepare the report.

_____

_____

_____

_____

_____

_____

_____

_____

_____

_____

B. Your company is hiring an accountant and a bookkeeper. Review the *Vocabulario adicional* from this lesson, and use it and other vocabulary you have learned to write two brief help wanted ads describing your company's needs and each job's responsibilities.

1. _____

   _____

   _____

   _____

2. _____

   _____

   _____

   _____

⊙ *La contabilidad de la empresa (II)*

El Sr. Villalba está de nuevo en la Compañía Pérez y Hno. Hoy rinde informe de su gestión.

SR. VILLALBA	—Sra. Artiles, no vine ayer porque todavía estaba trabajando en el informe. Por cierto, la ayuda de la Sra. Pérez fue más valiosa de lo que esperaba.
SRA. ARTILES	—Muy bien. ¿En qué consiste el informe?
SR. VILLALBA	—Pues, Ud. necesita automatizar la contabilidad de su negocio.
SRA. ARTILES	—¿Cómo?
SR. VILLALBA	—Mediante el uso de computadoras.
SRA. ARTILES	—¿Cómo funciona el sistema?
SR. VILLALBA	—Primero, Ud. necesita hacer un inventario de toda la mercancía disponible y registrarlo en la computadora. Luego Ud. registra todos los pedidos según se reciben y la computadora rebaja las ventas automáticamente.
SRA. ARTILES	—¿Cómo es posible eso?
SR. VILLALBA	—Fácilmente. Cada caja registradora se conecta a la computadora. Entonces, cada vez que se hace una venta, la computadora lee el U.P.C.[1] de la etiqueta con la unidad óptica y registra la venta.
SRA. ARTILES	—¿Cómo se preparan los estados financieros?
SR. VILLALBA	—La computadora los prepara automáticamente. Ud. "alimenta" la computadora con datos como el alquiler, el importe de la nómina, la electricidad, el teléfono, los impuestos, los gastos bancarios, etc. y la máquina hace la computación necesaria.
SRA. ARTILES	—¿Y cómo se prepara la nómina?
SR. VILLALBA	—Basta con conectar el reloj que marca las entradas y salidas de los empleados con la computadora. Ésta registra las asistencias, hace los descuentos por ausencias y los descuentos por concepto de retiro, impuestos, seguro social, etc.
SRA. ARTILES	—¿Podemos hacer todo eso con las computadoras que tenemos ahora en servicio?
SR. VILLALBA	—Me temo que no. Uds. van a necesitar un equipo de computación más sofisticado y varias estaciones de trabajo. Además, van a necesitar algunos programas especialmente diseñados para trabajos contables, de nóminas, etc.
SRA. ARTILES	—¿Nos va Ud. a recomendar los equipos y programas que necesitamos?
SR. VILLALBA	—Sí, señora. Aquí tiene Ud. una lista y un presupuesto de la inversión.

---

[1]Universal Product Code.

SRA. ARTILES	—(*Leyendo la lista*) ¿Necesitamos otros dos programas para la computadora? ¿No le dijo la Sra. Pérez que ya teníamos un programa de composición de textos?
SR. VILLALBA	—Sí, señora, pero es muy rudimentario y ya está obsoleto. Con este nuevo programa Ud. va a poder, entre otras cosas, automatizar los cobros y enviar a sus clientes y a sus proveedores circulares personalizadas, es decir, circulares que parecen cartas personales.
SRA. ARTILES	—Y con el programa de hoja de cálculo, ¿qué podemos hacer?
SR. VILLALBA	—Con ese programa sus computadoras les van a preparar las hojas de análisis de los estados financieros.
SRA. ARTILES	—Bien, ahora vamos a hablar de los costos de inversión y de operación del nuevo sistema. Ya le dije que no deseaba gastar mucho.
SR. VILLALBA	—Yo le aseguro que sus ahorros en gastos de operación van a compensar el costo de la inversión.
SRA. ARTILES	—Sí, ya sé que estábamos gastando demasiado.

✇ Vocabulario

COGNADOS

automáticamente automatically
la circular circular
la computación computation
el concepto concept
la electricidad electricity
el inventario inventory
necesario(a) necessary, needed
obsoleto(a) obsolete

la operación operation
personal personal
personalizado(a) personalized
posible possible
rudimentario(a) rudimentary
el Seguro Social Social Security
sofisticado(a) sophisticated
el uso use

NOMBRES

el ahorro saving
el alquiler rent
la asistencia attendance
la ausencia absence
la ayuda help, assistance
la caja registradora cash register
el cobro collection (of debts)
el descuento deduction, reduction
la entrada arrival, entry
el equipo equipment
el equipo de computación computer hardware
la etiqueta label
el gasto expense
la gestión the work or action someone has to do, management
la hoja de cálculo (análisis) spreadsheet
el importe amount, price
la inversión investment
la máquina machine

el presupuesto estimate, budget
el (la) proveedor(a) supplier, provider
el reloj clock
la unidad óptica scanner, optic unit
la vez time

VERBOS

alimentar to feed
automatizar to automate
conectar to connect
gastar to spend
parecer[1] to look like, to seem
rebajar to reduce, to diminish
recomendar (e:ie) to recommend
registrar to record, to key into (a computer)

ADJETIVOS

diseñado(a) designed
nuevo(a) new
valioso(a) valuable

---

[1]Irregular first person present indicative: **yo parezco.**

OTRAS PALABRAS Y EXPRESIONES

de nuevo, otra vez   again
es decir   that is to say, in other words
demasiado   too much
fácilmente   easily
luego   then
mediante   through, by means of
me temo que...   I am afraid that . . .
por cierto   by the way
por concepto (de)   referring to (a specific item),
  regarding
rendir (e:i) informe   to report, to give an account
según   as
según se reciben   as they are received, as they come in

Vocabulario adicional

TÉRMINOS RELACIONADOS CON LA COMPUTADORA

el accesorio   accessory
compatible   compatible
el disco, el disco de programación, el disquete   computer disk(ette)
el disco duro   hard drive
el disco flexible   floppy disk
el escáner, el escanógrafo   scanner
la generación   generation
el gráfico   graphic
la memoria   memory
el módem   modem
el monitor   monitor
la página de la Web   Web page
la pantalla   screen
el periférico   peripheral (device)
poderoso(a)   powerful
el (la) programador(a)   programmer
el ratón   mouse
el soporte físico, el equipo   hardware
el soporte lógico, los programas   software
la tecla   key
el teclado   keyboard
la versión   version

Nota cultural

Las compañías o empresas de negocios en los países de habla hispana (*Types of Companies in Spanish-speaking Countries*)   Businesses are organized according to the laws of the country where these are established. The several types of business organizations in Spanish-speaking countries are generally similar among themselves, but they differ considerably from those in the U.S.

- **Sociedad Anónima (S.A.) o Compañía Anónima (C.A.) [de Capital Variable (de C.V.)]**   This is the business organization that resembles a U.S. corporation the most. The company capital is in the form of stocks. In the case of losses, stockholders are only responsible for the worth of the stocks they share. The abbreviation **S.A.** should follow the name of the company. The **Sociedad Anónima de Capital Variable (S.A. de C.V.)** only exists in Mexico. In this subclass of **Sociedad Anónima,** the form of the company capital is allowed to vary.
- **Sociedad Limitada (S.L.) o Sociedad de Responsabilidad Limitada (S. de R.L.)** This is a type of company in which partners are responsible for losses up to the total capital subscribed by them. The name of the company should be followed by the abbreviations **S.L.** or **S. de R.L,** depending on the case.
- **Sociedad Regular Colectiva o Sociedad en Nombre Colectivo**   This is a type of company created by two or more partners that agree to do business under a common name. The name of such company is formed by the surnames of the principal partners; for example: **Rodríguez, Sánchez y Cía.**[1] Partners are collectively and individually responsible for the debts of the company up to the total of all their assets.
- **Sociedad en Comandita (S. en C.)**   There are two types of partners in **sociedades en comandita: socios solidarios** (*joint liable partners*) or **socios comanditarios** (*silent or nominal partners*). The partners of the first kind are responsible for losses up to the total of all their assets; the second kind, only up to the total capital they contributed. The abbreviation **S. en C.** should follow the company name.
- **Sociedad Cooperativa**   There are two kinds of cooperatives: that of producers and that of consumers. The first kind consists of associations of small producers who contribute their labor and a little capital. In Spanish-speaking countries, there are many cooperatives of farm workers and of fishermen. The second kind consists of consumer associations that are able to purchase goods wholesale, therefore acquiring the merchandise at lower prices.
- **Sociedad de Beneficio Mutuo o Sociedad Mutualista**   These organizations are created for the mutual benefit of their members or for the pursuit of a common interest. These are generally not-for-profit organizations in which the benefits consist of the services provided to their members.

¿Recuerdan ustedes?

Answer the following questions, basing your answers on the dialogue.

1. ¿Por qué no vino ayer el Sr. Villalba?

   _____

2. La ayuda de la Sra. Pérez ¿fue menos valiosa de lo que el Sr. Villalba esperaba?

   _____

[1]**Cía.** is the abbreviation for **Compañía.**

3. ¿Cómo puede la Sra. Artiles automatizar la contabilidad de su negocio?

   _____

4. ¿Qué hace la computadora después que los empleados registran los pedidos?

   _____

5. ¿Cómo "sabe" la computadora qué artículos se vendieron?

   _____

6. ¿Qué hay que hacer para preparar la nómina usando la computadora?

   _____

7. ¿Puede la empresa de la Sra. Artiles usar las computadoras que ya tiene? ¿Por qué o por qué no?

   _____

8. ¿Qué tipos de programas va a necesitar?

   _____

9. ¿Por qué necesita la Sra. Artiles otro programa de composición de textos?

   _____

10. ¿Qué otro programa necesita la Sra. Artiles?

   _____

Para conversar

Interview a classmate, using the following questions. When you have finished, switch roles.

1. ¿Sabe Ud. usar una computadora?

   _____

2. ¿Usa Ud. una computadora en su trabajo o en la universidad?

   _____

3. ¿Sabe Ud. "alimentar" una computadora con datos?

   _____

4. ¿Sabe Ud. preparar una nómina?

   _____

5. ¿Está su nombre en alguna nómina? ¿En cuál?

   _____

6. ¿Qué le descuentan de su sueldo cada mes?

_____

7. ¿Usa Ud. algunos programas diseñados para trabajos contables? ¿Los usa en
su trabajo o en su casa?

_____

8. ¿Sabe Ud. trabajar con un programa de hoja de cálculo? ¿Con cuál?

_____

9. Mi programa de composición de textos es rudimentario y está obsoleto.
¿Me puede recomendar uno nuevo? ¿Cuál?

_____

10. ¿Cree Ud. que el uso de las computadoras ahorra tiempo y trabajo? ¿Por
qué o por qué no?

_____

Vamos a practicar

A. **Fill in the blanks with the preterit or the imperfect forms of the
Spanish equivalents of the verbs in parentheses.**

Modelo: El contador le _____ (*told*) a la Sra. Artiles que _____ (*he had*) que hacer un inventario.
El contador le **dijo** a la Sra. Artiles que **tenía** que hacer un inventario.

1. Ella no _____ (*was*) aquí cuando él _____ (*came*) anoche.

2. _____ (*It was*) las ocho de la mañana cuando el contador _____
(*arrived*) a la oficina.

3. Cuando el Sr. García _____ (*was leaving*), la recepcionista _____

(*called*) a la Sra. Artiles por el intercomunicador, y le _____ (*told*) que el Sr. Villalba la

_____ (*was waiting*).

4. El contador le _____ (*told*) a la Sra. Artiles que _____ (*needed*) un equipo de computación más sofisticado.

5. La Sra. Artiles _____ (*said*) que el contador _____ (*was

going*) a venir hoy.

6. El Sr. Villalba no _____ (*could*) terminar el informe porque la Sra. Pérez le
_____ (*told*) que no _____ (*could*) ayudarlo.

7. La Sra. Artiles _____ (*bought*) un programa de hoja de cálculo cuando el contador le
_____ (*told*) que ella _____ (*needed*) automatizar la contabilidad de la empresa.

B. **Give the Spanish equivalents of the following. Be aware that *at* may mean either a or en.**

Modelo: She was at work at three.
Ella estaba en su trabajo a las tres.

1. Mrs. Pérez lives at 456 Riverside Street.

_____

2. We are going to see her at lunchtime.

_____

3. I am going to be at the gate at that time.

_____

4. We are going to talk with Mrs. Artiles at the hotel.

_____

Sirva usted de intérprete

With two classmates, play the roles of the accountant, the client, and the interpreter who helps them communicate. Switch roles until each of you has played the interpreter's role.

CONTADOR(A) "I didn't come yesterday because I was preparing the report."

INTÉRPRETE —_____

CLIENTE —¿Consultó con la Sra. Rodríguez sobre nuestro sistema contable actual?

INTÉRPRETE _____

CONTADOR(A) "Yes, and her help was very valuable."

INTÉRPRETE —_____

CLIENTE —Bien, ¿qué cree Ud. que debo hacer?

INTÉRPRETE _____

CONTADOR(A) "You should automatize your accounting system by using computers."

INTÉRPRETE —_____

CLIENTE —¿Cómo funciona el sistema?

INTÉRPRETE _____

CONTADOR(A) "First, you need to take inventory of all merchandise in the store and feed all this data into the computer."

INTÉRPRETE —_____

CLIENTE   —Sí, y después registro los pedidos según llegan, pero ¿cómo registro las ventas?

INTÉRPRETE   _____

CONTADOR(A)   "Sales are registered automatically each time a salesperson uses a scanner to read the U.P.C. on the label of a product."

INTÉRPRETE   —_____

CLIENTE   —Sí, ya lo sé; ese sistema se usa en los supermercados (*supermarkets*).

INTÉRPRETE   _____

CONTADOR(A)   "Also, using other programs you can prepare the financial statements."

INTÉRPRETE   —_____

CLIENTE   —Para eso necesito "alimentar" la computadora con los gastos, ¿verdad?

INTÉRPRETE   _____

CONTADOR(A)   "Yes, and if you connect a time clock to the computer, it can prepare the payroll."

INTÉRPRETE   —_____

CLIENTE   —Además, puedo utilizar la computadora para preparar estados financieros, ¿verdad?

INTÉRPRETE   _____

CONTADOR(A)   "Yes, with a spreadsheet and a database program."

INTÉRPRETE   —_____

Sirva usted de traductor

You are the executive assistant to the National Sales Manager of a relatively new computer company. In sorting through your boss's mail, you found the following letter of inquiry written in Spanish. Translate it into English so your boss can read it.

Sucre, 54
Quito, Ecuador

19 de octubre del 2001

Sr. Jefe de Ventas
Smart Computers, Inc.
4200 Danvers Street
Chicago, IL 60211

Estimado señor:

La firma que represento está interesada en la distribución y venta en Ecuador de las computadoras fabricadas por Smart Computers. Tenemos muestras de sus catálogos y folletos de propaganda en que leímos con mucho interés las descripciones de varios tipos de sus computadoras y entendemos que nuestro mercado está en condiciones de absorber una cantidad apreciable de esos equipos. Nos interesan principalmente sus computadoras pequeñas y económicas, pero suficientemente poderosas para resolver dificultades en fábricas, establecimientos comerciales y oficinas públicas.

Nuestra firma distribuye actualmente equipos eléctricos y electrónicos de varias compañías americanas y japonesas. Si Uds. se interesan en esta oferta, estamos en condiciones de ofrecerles las referencias y garantías necesarias.

De usted respetuosamente,

Rafael Suárez
Gerente
Electrónica del Pacífico, S. A.

_____

_____

_____

_____

_____

_____

En estas situaciones

What would you say in the following situations? What might the other person say?

1. You have evaluated the accounting needs of a corporation in Mexico. Tell the manager that the business needs to modernize its accounting system. Recommend that it be done using computers because they can end costly errors. Also explain that the computer can read the U.P.C.s on the company's products with scanners and in doing so can help the business with inventory, sales, and orders.

2. You are the sales manager of a company. Ask the computer programmer if your staff can prepare invoices and orders to suppliers using the computer. Tell him / her that you want the invoices and orders to be personalized. Ask what software programs you will need and find out how much they might cost.

Casos

Act out the following scenarios with a partner.

1. An accountant and a company manager speak about automating the company's accounting system.

2. An outside consultant familiarizes employees with their company's new accounting system.

Un paso más

A. Review the *Vocabulario adicional* in this lesson, and label the following parts of the computer.

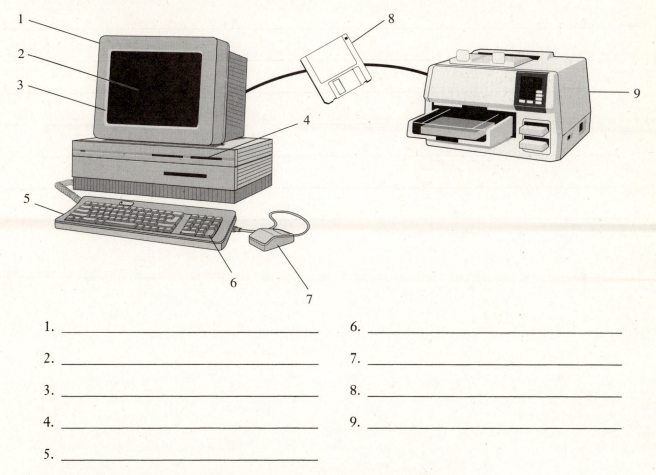

1. _____ 6. _____

2. _____ 7. _____

3. _____ 8. _____

4. _____ 9. _____

5. _____

B. You are looking for a computer for your personal use. Review the *Vocabulario adicional* in this lesson, and use it and other vocabulary you have learned to formulate questions for the salespersons at local computer stores.

1. _____

2. _____

3. _____

4. _____

5. _____

6. _____

7. _____

8. _____

C. **Now play the role of the computer store clerk to whom you asked the questions in exercise B. Answer those questions.**

1. _____

2. _____

3. _____

4. _____

5. _____

6. _____

7. _____

8. _____

🔊 *El impuesto sobre la renta*

La Sra. Rivas y su contador preparan la declaración de impuestos.

Los ingresos:

CONTADOR	—¿Cuál es su nombre completo, señora?
SRA. RIVAS	—María Inés Rivas.
CONTADOR	—Ud. es cabeza de familia, ¿verdad, señora?
SRA. RIVAS	—Sí, soy viuda y tengo dos hijos que viven conmigo.
CONTADOR	—¿Sus hijos son menores de edad?
SRA. RIVAS	—Mi hija es mayor de edad, pero estuvo estudiando en la universidad hasta que se graduó hace un mes.
CONTADOR	—Entonces puede aparecer como dependiente suya. ¿Trabaja su hijo?
SRA. RIVAS	—Tiene un trabajo de medio tiempo en la universidad donde estudia.
CONTADOR	—Eso no cuenta. ¿Recibe Ud. un sueldo o trabaja por cuenta propia?
SRA. RIVAS	—Soy una de las socias de un negocio. Recibo un sueldo y, además, parte de las utilidades a fin de año, si las hay.
CONTADOR	—¿Trajo el comprobante de su sueldo y de los descuentos que le hicieron?
SRA. RIVAS	—Sí, aquí está.
CONTADOR	—¿Cobra Ud. alguna pensión?
SRA. RIVAS	—Sí, desde que se murió mi esposo recibo una pensión de la compañía donde él trabajaba.
CONTADOR	—Bien, ¿trajo el documento que acredita los beneficios recibidos por ese concepto?
SRA. RIVAS	—Sí, aquí está.
CONTADOR	—¿Recibe Ud. rentas, comisiones o intereses de cuentas bancarias?
SRA. RIVAS	—Estos son los intereses de mi cuenta de ahorros y de un certificado de depósito a plazo fijo.
CONTADOR	—¿Tiene bonos, acciones... ?
SRA. RIVAS	—Tengo bonos municipales, pero están exentos de impuestos.
CONTADOR	—¿Algún otro ingreso? ¿Recibió regalos, premios, donaciones, legados, herencias?
SRA. RIVAS	—No, nada de eso.
CONTADOR	—¿Obtuvo alguna ganancia por la venta de su casa o de otros bienes muebles o inmuebles?
SRA. RIVAS	—Bueno, obtuve 600 dólares en la venta de muebles y otros artículos usados.
CONTADOR	—Si los vendió en menos de lo que le costaron no tiene que pagar impuestos.
SRA. RIVAS	—No sabía eso, y no sé cuánto costaron algunos de los muebles que vendí. Figúrese, eran de una abuela a la que nunca conocí.

Las deducciones:

CONTADOR	—Ahora vamos a hablar de las deducciones.
SRA. RIVAS	—Puedo deducir los intereses de la hipoteca de mi casa, ¿verdad?
CONTADOR	—Sí, y también los intereses de préstamos sobre la diferencia entre el valor de su casa y lo que debe de la hipoteca.
SRA. RIVAS	—¿Puedo deducir los gastos médicos?
CONTADOR	—Sí, si exceden del siete y medio por ciento de su ingreso bruto ajustado.
SRA. RIVAS	—¿Y las contribuciones a la iglesia y a las instituciones de caridad?
CONTADOR	—Sí, como Ud. usa la planilla 1040, puede deducirlas, pero necesita los recibos de las donaciones de más de $250. Los cheques cancelados no son prueba suficiente.
SRA. RIVAS	—¿Qué más puedo descontar?
CONTADOR	—El dinero que depositó en el Keogh, pero no en la cuenta individual de retiro, porque Ud. gana más de $35,000.
SRA. RIVAS	—¿Qué es un Keogh?
CONTADOR	—Es una cuenta de retiro en la cual depositan dinero el empleado y el empleador.
SRA. RIVAS	—¿Puedo descontar algo más?
CONTADOR	—Sí, ¡Lo que me va a pagar a mí por hacerle los impuestos!
SRA. RIVAS	—Bien. Mañana vuelvo. ¿A qué hora se abre la oficina?
CONTADOR	—A las nueve.

 # Vocabulario

COGNADOS

la comisión	commission	**la institución**	institution
completo (a)	complete, full	**el interés**	interest
la contribución	contribution	**la invitación**	invitation
conveniente	convenient	**médico(a)**	medical
la deducción	deduction	**municipal**	municipal
el (la) dependiente	dependent	**la pensión**	pension
la diferencia	difference	**tradicional**	traditional
la donación	donation	**la universidad**	university

NOMBRES

la abuela   grandmother
la acción   stock, share
los bienes inmuebles, los inmuebles, los bienes raíces   real estate
los bienes muebles   personal property
el bono   bond
el (la) cabeza de familia   head of household, head of the family
la caridad   charity
el certificado de depósito   certificate of deposit (C.D.)
la cuenta   account
la cuenta individual de retiro   individual retirement account (I.R.A.)
la declaración de impuestos, la planilla (de contribución sobre ingresos) *(Puerto Rico)*   tax return
el (la) empleador(a), el (la) patrón(ona)   employer
el (la) esposo(a)   husband, wife
el fin   end
la herencia   inheritance
los hijos[1]   children
la hipoteca   mortgage
la iglesia   church
el ingreso   income
el ingreso bruto ajustado, ingreso neto   adjusted gross income
el legado   bequest
los muebles[2]   furniture
la planilla, la forma   form
el premio   prize
el préstamo   loan
la prueba   proof
el recibo   receipt
el regalo   gift
la renta   revenue, income
el (la) socio(a)   partner
la utilidad   profit
el (la) viudo(a)   widower, widow

VERBOS

acreditar   to accredit, to give official authorization
aparecer[3]   to appear
conocer   to meet (for the first time), to know
contar (o:ue)   to count
deber   to owe
deducir[4]   to deduct
depositar   to deposit
estudiar   to study
figurarse   to imagine
ganar   to earn
graduarse   to graduate
morir (o:ue), morirse (o:ue), fallecer   to die
obtener, conseguir (e:i)   to obtain, to get
vivir   to live

ADJETIVOS

cancelado(a)   canceled
recibido(a)   received
suficiente   sufficient, enough
usado(a), de uso   used

OTRAS PALABRAS Y EXPRESIONES

a plazo fijo   fixed rate, fixed term (deposit)
el comprobante   (written) proof, receipt
el comprobante del sueldo y de los descuentos   wage and tax statement (W-2)
conmigo   with me
el (la) cual   which, what
desde que   since
mayor de edad   of age
medio tiempo   part-time
menor de edad   minor
ni tampoco   not either, neither
sobre   on
sólo   only
trabajar por cuenta propia   to be self-employed

---

[1]The plural form **hijos** may mean *sons* or it may mean *children* if it refers to son(s) and daughter(s).
[2]Used in the plural form to mean the collective *furniture;* the singular form refers to a specific piece of furniture.
[3]First person, present indicative: yo **aparezco**.
[4]First person, present indicative: yo **deduzco**.

Vocabulario adicional

TÉRMINOS RELACIONADOS CON LA DECLARACIÓN DE IMPUESTOS

alquilar, arrendar   to rent, to lease
casado(a)   married
conjunto(a)   joint
el (la) contribuyente   taxpayer
debido(a), vencido(a)   due
la deducción general   standard deduction
el desempleo   unemployment
deducible   deductible
el dividendo   dividend
la escala de impuestos   tax rate table
la evasión fiscal   tax evasion
en exceso (de)   in excess (of)
la exclusión   exclusion
la exención   exemption
el impuesto a la propiedad   property tax
el impuesto estatal, el impuesto del estado   state tax
el impuesto sobre la venta   sales tax
los ingresos sujetos a impuestos   taxable income
la miscelánea   miscellany
mensual, al mes   monthly
la multa   penalty, fine
la pensión alimenticia   alimony
el recargo adicional   additional charge
el reembolso   refund, reimbursement
registrar   to file
el renglón   line (on a paper); item
reportar   to report
separado(a)   separate
soltero(a)   single
el subtotal   subtotal

Notas culturales

- The majority of the countries in the Hispanic world, including Spain, have tax systems very different from that of the United States. Most Spanish-speaking nations do impose some sort of income tax upon their residents. However, these governments obtain most of their income through assessed taxes, property taxes, and customs duties. Both Spain and Mexico also collect funds from the I.V.A. (**el impuesto al valor agregado**), or value-added tax (V.A.T.) which is an indirect tax added to the value of products and services in the various phases of production.

- It is interesting to note that while the number of Spanish-speaking citizens is growing rapidly in the United States, many governmental agencies are slow to become bilingual. The Internal Revenue Service provides a number of helpful publications in both Spanish and English. It does not, however, provide tax forms in Spanish. Taxpayers who speak only Spanish may have to find a bilingual friend, family member, or accountant to help them file their tax returns. Another source of help lies in volunteer organizations, such as VITA/TCE (Volunteer Income Tax Assistance / Tax Counseling for the Elderly) and AARP (American Association of Retired Persons), that often provide bilingual assistance at no cost to qualified taxpayers.

¿Recuerdan ustedes?

Answer the following questions, basing your answers on the dialogue.

1. ¿Cuántos dependientes tiene la Sra. Rivas?

    _____

2. ¿Todavía estudia la hija de la Sra. Rivas en la universidad?

    _____

3. La Sra. Rivas, ¿es empleada o trabaja por cuenta propia?

    _____

4. El hijo de la Sra. Rivas, ¿trabaja o estudia?

    _____

5. ¿Desde cuándo recibe una pensión la Sra. Rivas?

    _____

6. ¿Qué tipos de cuentas bancarias tiene la Sra. Rivas?

    _____

7. ¿Debe pagar impuestos la Sra. Rivas por el dinero que recibió de la venta de sus muebles viejos?

    _____

8. ¿De quién eran algunos de los muebles viejos que vendió la Sra. Rivas?

    _____

9. ¿Por qué no puede descontar la Sra. Rivas el dinero que puso en su cuenta individual de retiro?

    _____

10. Los cheques cancelados, ¿son prueba suficiente de las donaciones de más de $250?

    _____

Para conversar

Interview a classmate, using the following questions. When you have finished, switch roles.

1. ¿Es Ud. cabeza de familia?

    _____

2. ¿Es Ud. mayor de edad?

    _____

3. ¿Trabaja Ud. en la universidad donde estudia?

_____

4. ¿En qué banco(s) tiene Ud. su(s) cuenta(s)?

_____

5. ¿Qué tipos de cuentas tiene?

_____

6. ¿Tiene alguna cuenta de retiro?

_____

7. ¿Sabe Ud. qué es un Keogh?

_____

8. ¿Vende Ud. a veces (*sometimes*) sus muebles viejos?

_____

9. ¿Tiene una casa? ¿Tiene Ud. que pagar la hipoteca de la casa?

_____

10. ¿Tiene Ud. bonos o acciones?

_____

Vamos a practicar

A. Fill in the blank with the appropriate forms of *querer*, *saber*, or *conocer*.

Modelo: Ayer _____ a tu hija. Yo no _____ que era contadora. Lo _____ ayer.

Ayer **conocí** a tu hija. Yo no **sabía** que era contadora. Lo **supe** ayer.

1. Hace dos días que ella _____ a la Sra. Rivas en la oficina del contador.

2. Yo no _____ que ella _____ al contador. Lo _____ ayer.

3. Yo _____ depositar más dinero en una cuenta de retiro, pero mi esposo no _____.

4. ¿_____ Ud. que hay dos tipos de IRA?

5. Ella _____ mandar a su hijo a una universidad local, pero él no _____.

B. Fill in the blanks with *qué* or *cuál* as needed.

1. ¿_____ es un Keogh?

2. ¿_____ es mejor, la tradicional o una nueva IRA Roth?

3. ¿_____ es su dirección?

4. ¿_____ es un bien inmueble?

5. ¿ _____ son sus gastos médicos?

6. ¿ _____ es un contador?

C. **Write complete sentences that indicate when the following events happened, using the cue provided and following the model.**

Modelo: ella / graduarse / (*six years ago*)

Ella se graduó hace seis años.

Hace seis años que ella se graduó.

1. nosotros / conocer al contador / (*two months ago*)

_____

_____

2. mi hermano / morirse / (*two weeks ago*)

_____

_____

3. yo / conseguir un buen empleo / (*three days ago*)

_____

_____

4. la Sra. Roque / depositar el dinero / (*ten minutes ago*)

_____

_____

5. Aurora y Rosario / ver a Pedro / (*two days ago*)

_____

_____

Sirva usted de intérprete

With three classmates, play the roles of Sr. Valle, Sra. Valle, the accountant, and the interpreter who helps them communicate. Switch roles until each of you has played the interpreter's role.

CONTADOR(A)   "Let's talk first about your income. Do you receive a salary or are you self-employed?"

INTÉRPRETE   —_____

SRA. VALLE   —Yo trabajo para una compañía grande, pero mi esposo trabaja por cuenta propia.

INTÉRPRETE   _____

CONTADOR(A)   "Did you bring your wage and tax statement?"

INTÉRPRETE   —_____

SRA. VALLE   —Sí, aquí está. También están aquí los ingresos netos de mi esposo.

INTÉRPRETE   _____

CONTADOR(A)   "Mr. Valle, how do you earn your income?"

INTÉRPRETE   —_____

SR. VALLE   —Yo vendo automóviles y recibo una comisión sobre las ventas.

INTÉRPRETE   _____

CONTADOR(A)   "Fine. Do you have any other income?"

INTÉRPRETE   —_____

SR. VALLE   —Sí. Tenemos una casa que alquilamos por $800 mensuales.

INTÉRPRETE   _____

CONTADOR(A)   "Did you receive the rent for twelve months?"

INTÉRPRETE   —_____

SR. VALLE   —Sí, pero tuvimos algunos gastos. Aquí están los comprobantes.

INTÉRPRETE   _____

CONTADOR(A)   "Do you have any other investments besides the house you now rent?"

INTÉRPRETE   —_____

SRA. VALLE —Tenemos $4,000 en bonos de los Estados Unidos.

INTÉRPRETE _____

CONTADOR(A) "You have to pay taxes on these bonds when collecting them. Do you own any stocks?"

INTÉRPRETE — _____

SR. VALLE —No.

INTÉRPRETE _____

CONTADOR(A) "Did you receive any retirement income, a pension, or interest from bank accounts?"

INTÉRPRETE — _____

SRA. VALLE —Tampoco.

INTÉRPRETE _____

CONTADOR(A) "Do you put money into an individual retirement account or a Keogh plan, Mr. Valle?"

INTÉRPRETE — _____

SRA. VALLE —Sí, yo dejo el 7% de mi sueldo en una cuenta de retiro 401K.

INTÉRPRETE _____

CONTADOR(A) "Did you receive any inheritance or donations?"

INTÉRPRETE — _____

SRA. VALLE —No.

INTÉRPRETE _____

CONTADOR(A) "Okay, now we're going to talk about your deductions."

INTÉRPRETE — _____

Sirva usted de traductor

Mr. Gardín does not speak English, and he needs to give the following information to the person who is going to help him prepare his tax return. Translate Mr. Gardín's notes so that he can give your translation to his English-speaking tax preparer.

Datos

Nombre: Francisco Gardín Romero
Domicilio (calle, número, ciudad, estado, zona postal):
    Calle Palma, 32, Miami, Florida 33165
Estado civil: casado
Nombre de la esposa: Luz María Valle de Gardín
Número de hijos: tres; todos son menores de edad, y
    viven en mi casa.

Ingresos
- Trabajo por cuenta propia.
- Vendo mercancía de casa en casa.
- El año pasado gané $12,347.76 de comisión.
- Adjunto los comprobantes[1] de las cantidades recibidas mensualmente.
- Mi esposa trabaja en una tienda en un centro comercial y ganó $18.500.
- Le hicieron los descuentos correspondientes a los impuestos, el seguro social y el Medicare. Ver el W-2, adjunto.
- Ella depositó $500 en su cuenta individual de retiro.

Egresos
- Pagamos $2,412.87 de intereses en la hipoteca de la casa.
- Pagamos $1,456.00 en impuestos a la propiedad.
- Nuestros gastos médicos fueron $567.
- Pagué $1,785.50 por la gasolina y otros gastos del camión que uso para mi trabajo.
- Hice regalos a clientes por un total de $231.

---

[1] written proof

_____

_____

_____

_____

_____

_____

_____

_____

_____

_____

_____

En estas situaciones

What would you say in the following situations? What might the other person say?

1. You work in an accounting office preparing tax returns. Help a client who doesn't speak English. Ask who is the head of the household, if there are any minor children in the home, and if any of the children who are of age are studying full time. Say that children can be declared as dependents only until the date when they finish schooling. Ask if your client receives a salary or is self-employed and if he/she brought a W-2 form. Also, find out if he/she received any inheritances, donations, bequests, prizes, gifts, pensions, revenues, or commissions of any type. If so, ask for writtten verification(s).

2. One of your Spanish-speaking clients returned today to the tax preparation office where you work to talk about possible income tax deductions. Ask your client how much was paid in interest on the home mortgage and if there is a second mortgage on the house. Ask how much state and municipal tax was paid, and if any contributions to charities or churches were made. Ask for the total of business entertainment expenses. Say that the interest paid on installment purchases and credit card bills cannot be deducted.

Casos

Act out the following scenarios with a partner.

1. A tax preparer and a client are working on a tax return form.

2. A husband and wife gather and discuss documents needed to take to the tax preparer's office.

Un paso más

A. Review the *Vocabulario adicional* in this lesson, and use it and other vocabulary you have learned to fill in the following excerpt from a U.S. 1040 form with Spanish equivalents.

Income _____

1. Wages, tips _____

2. Interest income _____

3. Total dividends, no exclusion _____

4. Capital gains (losses) _____

5. Social Security subject to tax _____

6. All unemployment insurance _____

7. State tax refund _____

8. Alimony received, taxable pensions _____

9. Other income_____

10. Total gross income _____

Adjustment to income _____

11. Retirement plans deductions _____

12. Alimony paid _____

13. Total adjustments _____

14. Adjusted gross income (line 10 less line 13) _____

_____

*(Itemized) deductions*_____

15. Medical expenses in excess of 7.5% of adjusted gross income _____

_____

16. State and local taxes_____

17. Home-mortgage interest _____

18. Charitable contributions_____

19. Miscellaneous deductions in excess of 2% of adjusted gross income _____

20. Subtotal itemized deductions _____

21. Personal exemption(s)_____

22. Standard deduction (if more than line 20) _____

23. Total deductions (lines 20 and 21 or line 22) _____

24. Taxable income (line 14 less line 23) _____

25. Income tax due (see tax rate table) _____

B. A self-employed friend of yours has asked whether you can recommend a tax preparer. When you tell him that you have seen the following ad in the paper, he asks you several questions. How would you answer them?

Armendáriz Tax Service

Raúl Armendáriz

Ex Auditor del Departamento del Tesoro,[1]

Preparación de Impuestos, Planificación
de Impuestos, Contabilidad, Auditorías y
toda clase de Representación
Legal de Cobros.

NOTARIO PUBLICO

| Beeper Activado las 24 Horas del día (213) 506-5000 | Primera consulta gratis | 7 Años de experiencia trabajando para el IRS |

**Oficina en el Este de los Angeles
5710 E. Whittier Blvd.**   ☎ **(213) 721-8297
(714) 240-TAXS**

1. ¿Dónde trabajó antes el Sr. Raúl Armendáriz?

   _____

2. ¿Dónde está situada la oficina del Sr. Armendáriz?

   _____

3. Además de la preparación de impuestos, ¿qué otros servicios ofrece
   Armendáriz Tax Service?

   _____

4. ¿Cuánto tiempo de experiencia tiene el Sr. Armendáriz?

   _____

5. ¿Cuánto cobra el Sr. Armendáriz por la primera consulta (*consultation*)?

   _____

6. ¿A qué hora se puede llamar por teléfono a Armendáriz Tax Service? ¿Por
   qué?

   _____

---

[1] Colloquial, in U.S. for **Ministerio de Hacienda**

💿 *En la agencia de publicidad*

El Sr. Sosa, condueño del Bazar Quisqueya, visita una agencia de publicidad.

SR. SOSA	—Mi socia y yo estamos interesados en hacerle propaganda a nuestro negocio.
AGENTE	—¿Cuál es su giro?
SR. SOSA	—Somos importadores y distribuidores de ropa para hombres y mujeres, pero ahora hemos agregado un nuevo renglón: ropa para niños.
AGENTE	—¿Quieren hacerles publicidad a todas sus importaciones o solamente a este nuevo renglón?
SR. SOSA	—Solamente a la ropa de niños. La ropa para adultos se vende bien.
AGENTE	—Sus prendas de vestir, ¿son fabricadas exclusivamente para Uds.?
SR. SOSA	—Sí, señor. Tenemos un contrato con una fábrica que nos confecciona artículos diseñados por nosotros, y que llevan nuestra marca.
AGENTE	—¿Tienen la marca registrada?
SR. SOSA	—Bueno, ya hicimos la solicitud a la Oficina de Marcas y Patentes, pero todavía no hemos recibido respuesta.
AGENTE	—¿Cuánto tiempo hace que introdujeron su nuevo renglón en el mercado?
SR. SOSA	—Hace más de seis meses, pero no hemos tenido suerte, a pesar de que nuestra ropa de niños es de primera calidad.
AGENTE	—¿Cuál es el volumen de ventas actual?
SR. SOSA	—Bueno, nuestras ventas varían notablemente con la estación. Durante el verano las ventas no sobrepasaron los $100,000 mensuales.
AGENTE	—¿Qué prendas de vestir distribuyen Uds.?
SR. SOSA	—Chaquetas de hombre y de mujer, que se venden únicamente en invierno, y vestidos y carteras que tienen mercado todo el año.
AGENTE	—La fábrica que produce para Uds., ¿tiene capacidad instalada para poder servir grandes pedidos?
SR. SOSA	—Sí, señor. Ésta es una industria manufacturera típica, y la mano de obra es barata en la República Dominicana.
AGENTE	—Bien, mi consejo es empezar por mejorar la apariencia de sus productos y hacer resaltar sus características especiales.
SR. SOSA	—Nuestros productos son de magnífica calidad, pero hay mucha competencia. Nunca había visto tantas marcas nuevas en el mercado.
AGENTE	—¿Cómo son las etiquetas de sus productos?
SR. SOSA	—Son etiquetas de tela, con la marca, el país de origen y otras indicaciones que exige la ley.

AGENTE	—Bien. Hay que cambiarlas; hay que agregarles un logo y un lema. Además, cada artículo se debe presentar envuelto en un plástico transparente.
SR. SOSA	—Yo solamente había pensado en contratar anuncios en los periódicos y revistas de circulación local.
AGENTE	—Señor, como Ud. ha visto, la calidad sola no vende. Hacen falta calidad, presentación y publicidad.
SR. SOSA	—Yo también había pensado en organizar una campaña de promoción en varias tiendas, precedida de anuncios en los periódicos y revistas y en la radio.
AGENTE	—¿Y en la televisión?
SR. SOSA	—La publicidad por televisión es muy cara.
AGENTE	—Es cara, pero es efectiva. Nosotros podemos diseñar para Uds. una campaña masiva, con muchas opciones en cuanto al costo.
SR. SOSA	—Me parece una magnífica idea.

🔊 Vocabulario

COGNADOS

el (la) **agente** agent
el **bazar** bazaar, store
  efectivo(a) effective
  exclusivamente exclusively
la **idea** idea
la **industria** industry
el **logo(grama)** logo
  masivo(a) massive
el **origen** origin

la **patente** patent
el **plástico** plastic bag, wrapper
la **presentación** presentation, appearance
  principalmente principally, mostly
la **radio** radio
la **República Dominicana** Dominican Republic
la **televisión** television
  típico(a) typical
  transparente transparent

NOMBRES

el **anuncio** ad
la **apariencia** appearance
la **campaña de promoción** ad campaign
la **capacidad** means, capacity
la **característica** feature
la **cartera** handbag, purse
la **circulación, la tirada** circulation
la **competencia** competition
el **consejo** advice
el (la) **condueño(a)** co-owner
la **estación** season
el **giro** line of business
el (la) **importador(a)** importer
la **indicación** specification
el **invierno** winter
el **lema** slogan

la **ley** law
la **mano de obra** labor
la **marca** brand
la **marca registrada** registered brand, trademark
el **país** country
la **prenda de vestir** garment
la **publicidad, la propaganda** advertising, publicity
el **renglón, la línea** line (*of merchandise*), item
la **ropa** clothing, clothes
la **tela** fabric
el **verano** summer
el **vestido** dress

VERBOS

agregar   to add
confeccionar   to make, to prepare, to put together
diseñar   to design
distribuir[1]   to distribute
empezar (e:ie), comenzar (e:ie)   to begin
exigir[2]   to require, to demand
introducir[3]   to introduce
mejorar   to improve
organizar   to organize
presentar   to present
sobrepasar   to surpass
variar[4]   to change, to vary

ADJETIVOS

barato(a)   inexpensive, cheap
envuelto(a)   wrapped
instalado(a)   installed, available
manufacturero(a)   manufacturing
mensual, al mes   monthly
precedido(a)   preceded
solo(a)   alone
tantos(as)   so many

OTRAS PALABRAS Y EXPRESIONES

a pesar de (que)   in spite of (the fact that)
durante   during
hacer falta   to need
hacer resaltar   to emphasize
notablemente   notably
nunca   never
tener suerte   to be lucky
únicamente   only
venderse bien   to sell well

---

[1]Present indicative forms: **distribuyo, distribuyes, distribuye, distribuimos, distribuyen.**
[2]First person singular: **yo exijo.**
[3]Irregular first person singular: **yo introduzco.**
[4]Present indicative forms: **varío, varías, varía, variamos, varían.**

Vocabulario adicional

TÉRMINOS RELACIONADOS CON LA PUBLICIDAD

anunciar to advertise
a toda plana full-page
la autopista expressway, freeway
el cartel poster
el (la) consumidor(a) consumer
la demostración show
el día de semana, el día de trabajo,
  el día hábil, el día laborable weekday, workday
el dibujo drawing, design
la edición edition, issue
el ejemplar copy, sample
en blanco y negro in black and white
en colores in color
filmar to film
el fin de semana weekend
el medio publicitario advertising media
las páginas amarillas Yellow Pages
la película, el filme film
publicar to publish
quincenal biweekly
el sondeo de opinión pública, la encuesta poll, survey
sugestivo(a), sugerente catchy, suggestive
la valla billboard

Notas culturales

- The growing number of homes in the United States in which Spanish is spoken as the first language has given rise to greater communications and advertising delivered in Spanish through various media. Today, cities with significant Latino populations offer newspapers and magazines in Spanish. Among the newspapers with the greatest circulation are the *Diario de las Américas,* published in Miami, and *La Opinión,* published in Los Angeles. The *Miami Herald*, the newspaper with the largest circulation in Florida, publishes daily a Spanish section called *El Nuevo Herald*. As a reflection of the growing importance of Spanish-speaking markets in North America and Latin America, the *Wall Street Journal* inaugurated a Spanish edition a few years ago, replete with advertisements for North American companies and products, as well as business and financial articles. Television is also mindful of the already substantial and rapidly growing markets of Spanish speakers. In the United States, two major channels broadcast in Spanish: **Univisión** and **Telemundo**. CNN also broadcasts programs in Spanish destined for audiences in the U.S. as well as Latin America.
- During the last decade as the consumer power of Hispanic Americans began to represent tens of billions of dollars, many advertising agencies in the United States, particularly those in the Northeast, Southeast, Southwest, and on the West Coast, created departments to cater exclusively to Spanish-speaking consumers.

¿Recuerdan ustedes?

Answer the following questions, basing your answers on the dialogue.

1. ¿Quién es el Sr. Sosa?

   _____

2. ¿Por qué va el Sr. Sosa a una agencia de publicidad?

   _____

3. ¿Qué ha hecho recientemente (*recently*) la empresa del Sr. Sosa?

   _____

4. ¿Por qué no les va a hacer publicidad a los otros artículos?

   _____

5. ¿Por qué no tiene ya registrada su marca el Sr. Sosa?

   _____

6. ¿Por qué dice el Sr. Sosa que no han tenido suerte?

   _____

7. ¿A cuánto alcanzaron las ventas durante el verano?

   _____

8. ¿Qué artículos distribuyen el Sr. Sosa y su socia?

   _____

9. ¿Qué tipo de industria es la de prendas de vestir?

   _____

10. ¿Por qué es la República Dominicana un buen país para poner una industria manufacturera?

    _____

11. ¿Qué cree el agente que debe hacer el Sr. Sosa?

    _____

12. ¿Qué cree el agente que necesita un producto para tener éxito (*success*) en el mercado?

    _____

13. ¿En qué tipos de anuncios había pensado el Sr. Sosa?

    _____

14. ¿Qué dice el agente de la publicidad por televisión?

    _____

Para conversar

**Interview a classmate, using the following questions. When you have
finished, switch roles.**

1. ¿Cree Ud. que la publicidad ayuda más a los productos de buena calidad o a
   los de mala calidad?

   _____

2. ¿Cree Ud. que la publicidad beneficia al cliente? ¿Por qué o por qué no?

   _____

3. ¿Cuál cree Ud. que es la publicidad más efectiva? ¿Por qué?

   _____

4. ¿Compra Ud. artículos solamente porque los anuncian por televisión? ¿Por
   qué o por qué no?

   _____

5. ¿Qué anuncio de televisión le gusta más? ¿Por qué?

   _____

6. ¿Qué le parece la idea de dar programas de televisión sin anuncios?

   _____

7. Los anuncios, ¿dicen la verdad acerca de la calidad de los productos?

   _____

8. ¿Cree Ud. lo que dicen las etiquetas de los productos? ¿Por qué o por qué
   no?

   _____

9. ¿Prefiere Ud. comprar productos de marcas registradas? ¿Por qué o por
   qué no?

   _____

10. ¿Qué productos ha comprado Ud. después de verlos anunciados en la
    televisión?

    _____

11. ¿Cuál es el anuncio de televisión que más le gusta? ¿Por qué?

    _____

12. ¿Cree Ud. que deben prohibirse los anuncios en los programas para niños?
    ¿Por qué o por qué no?

    _____

Vamos a practicar

A. **Complete the following sentences with the past participles of the verbs given, using them as adjectives.**

anunciar

1. Las prendas de vestir _____ en la revista no son de cuero.

2. La campaña de promoción está _____ en el periódico de hoy.

3. Los precios _____ por televisión comienzan mañana.

4. El plástico _____ no es transparente.

diseñar

5. La etiqueta fue _____ por la Srta. Martínez.

6. El logo va a ser _____ por mí.

7. No me gustan las prendas de vestir _____ por ella.

8. Los zapatos _____ por él son muy caros.

escribir

9. El anuncio _____ por él es muy bueno.

10. Las cartas _____ por la Sra. López vinieron de Puerto Rico.

11. No he leído los libros _____ por él.

12. La revista está _____ en español.

B. **Complete the following sentences with the present perfect or the pluperfect of the verbs in parentheses, as required.**

1. Ellos todavía no _____ (anunciar) la nueva marca de fábrica.

2. Hasta el año pasado nosotros _____ (importar) solamente carteras y botas.

3. En este verano las ventas no _____ (sobrepasar) los $4.000 dólares al día.

4. La Sra. Vargas no _____ (tener) tiempo de leer el informe todavía.

5. Hasta ayer, la Srta. Rojas no _____ (decir) que necesitaba la ayuda.

6. Él me va a enviar las muestras que yo le _____ (pedir) hoy.

7. Él me trajo las botas que yo _____ (ver).

8. Yo _____ (poner) las chaquetas nuevas aquí ayer.

Sirva usted de intérprete

With two classmates, play the roles of Sr. Gutiérrez, the advertising agent, and the interpreter who helps them communicate. Switch roles until each of you has played the interpreter's role.

SR. GUTIÉRREZ —Vengo a verlo porque he decidido hacer alguna publicidad para mi negocio.

INTÉRPRETE _____

AGENTE "What is your line of business?"

INTÉRPRETE —_____

SR. GUTIÉRREZ —Tengo una tienda de ropa de hombre.

INTÉRPRETE _____

AGENTE "In that line of business there's a lot of competition."

INTÉRPRETE —_____

SR. GUTIÉRREZ —Sí, mucha. En el centro comercial donde estamos han abierto varias tiendas de ropa de hombre este año.

INTÉRPRETE _____

AGENTE "Does your store have any special features?"

INTÉRPRETE —_____

SR. GUTIÉRREZ —Sí, vendemos una línea de ropa con diseños exclusivos.

INTÉRPRETE _____

AGENTE "It's expensive clothing, right?"

INTÉRPRETE —_____

SR. GUTIÉRREZ —Bueno, la ropa con diseños exclusivos es cara por lo general.

INTÉRPRETE _____

AGENTE "Have you advertised your store?"

INTÉRPRETE —_____

SR. GUTIÉRREZ —Sí, en los periódicos y revistas locales, pero generalmente los hombres no leen los anuncios de las tiendas.

INTÉRPRETE _____

AGENTE   "Have you thought of an ad in the university newspaper?"

INTÉRPRETE   — _____

SR. GUTIÉRREZ   —No, no había pensado en eso.

INTÉRPRETE   _____

AGENTE   "And a TV ad?"

INTÉRPRETE   — _____

SR. GUTIÉRREZ   —Eso sí, pero me han dicho que un anuncio por televisión cuesta mucho.

INTÉRPRETE   _____

AGENTE   "Quite a bit, but TV publicity is the most effective."

INTÉRPERETE   — _____

Sirva usted de traductor

Your firm has just begun to export its products to a Spanish-speaking country, and you want to advertise them. These are the options that a local advertising agency offers. Review the *Vocabulario adicional* in this lesson, and then translate these options into English.

Publicidad Progreso
Gran variedad de medios publicitarios para el mundo hispano

PERIÓDICOS:
- Anuncios a toda plana, en blanco y negro, para publicar en la edición de fin de semana de los periódicos locales.
- Creamos anuncios sugerentes exclusivos para su firma. (No deben tratar de traducir al español sus anuncios en inglés.)

REVISTAS:
- Anuncios en colores en revistas semanales, quincenales y mensuales. (Un sondeo de la opinión pública encontró que los consumidores leen más los anuncios en las revistas que en los periódicos.)

TELEVISIÓN:
- Más costosa, pero muy efectiva.
- Filmamos películas y anuncios cortos.

OTROS:
- Vallas en las autopistas que van al centro.
- Demostraciones en los centros comerciales.
- Anuncios en las páginas amarillas.

_____

_____

_____

_____

_____

_____

_____

_____

_____

_____

_____

En estas situaciones

What would you say in the following situations? What might the other person say?

1. Your boss at the advertising agency where you work has just assigned you a new client. He/she is a native Spanish speaker who is a partner in a clothing store. Ask the client about the brand of clothing he/she sells and find out where it is made, if it is for men or women, and if it is of good quality. Say that price and appearance are not enough. Ask what the sales volume is at the present time. Advise your client to put an ad in the local papers and an ad on TV, even though television costs a lot.

2. You are in the business of exporting beans to Venezuela. You are now in Venezuela talking with an advertising executive. Say that you have been exporting beans to Venezuela for two years, but that you haven't been lucky because there's a lot of competition. Say that until now, you have never advertised your product. Say that the beans come in small packages with a very attractive logo because the competition demands a good presentation. Ask which newspaper in Venezuela has the highest circulation, and what that daily circulation is.

Casos

Act out the following scenarios with a partner.

1. An advertising agent speaks to a client who wants to advertise his/her business.

2. A client discusses with an advertising agent his/her dissatisfaction with the new promotional campaign for his/her business.

Un paso más

Review the *Vocabulario adicional* in this lesson, and match the terms in column A with their English equivalents in column B.

A

_____ 1. la demostración

_____ 2. la valla

_____ 3. el cartel

_____ 4. las páginas amarillas

_____ 5. el ejemplar

_____ 6. quincenal

_____ 7. el sondeo de opinión pública

_____ 8. a toda plana

_____ 9. la edición

_____ 10. el dibujo

_____ 11. el anuncio

_____ 12. la autopista

B

a. *biweekly*

b. *issue*

c. *full-page*

d. *poster*

e. *advertisement*

f. *Yellow Pages*

g. *show*

h. *sample*

i. *drawing*

j. *expressway*

k. *billboard*

l. *poll*

⦿ *Abriendo cuentas*

El Sr. Santana habla con un oficial del Banco Popular de Hialeah, FL, porque quiere abrir una cuenta corriente.

SR. SANTANA	—Buenos días. Deseo abrir una cuenta corriente.
EMPLEADA	—Siéntese, por favor. ¿Tiene Ud. alguna otra cuenta en este banco?
SR. SANTANA	—No, tengo mi cuenta en el Trust Bank de West Palm Beach, donde yo vivía, pero me mudé a este barrio ayer.
EMPLEADA	—¿Quiere abrir una cuenta individual o una cuenta conjunta?
SR. SANTANA	—Una cuenta individual; pero me gustaría poner como beneficiarios a mis hijos.
EMPLEADA	—Bien. Entonces, por favor, llene esta planilla y firme estas dos tarjetas. ¿Cuánto va a depositar?
SR. SANTANA	—Ahora voy a depositar $500 en efectivo y mañana, después de cerrar mi cuenta en el otro banco depositaré un cheque de caja por el saldo de esa cuenta.
EMPLEADA	—Ud. sabe que pagamos intereses sobre el saldo de las cuentas corrientes, ¿verdad?
SR. SANTANA	—Sí, ya lo sé. Pero también cobran cuarenta centavos por cada cheque girado.
EMPLEADA	—Sí, señor. Y también por la impresión de los cheques.
SR. SANTANA	—Me gustaría ver los modelos de cheques personalizados.
EMPLEADA	—Enseguida se los mostraré. Ud. tendrá sus cheques dos semanas después de seleccionar un modelo.

La Sra. Díaz está en el mismo banco para abrir una cuenta de ahorros.

SRA. DÍAZ	—Mi banco quebró y necesito abrir una cuenta de ahorros.
EMPLEADO	—¿Ud. tenía su cuenta en el Center Bank que se declaró en quiebra?
SRA. DÍAZ	—Sí, pero no perdí nada.
EMPLEADO	—Claro, las cuentas de hasta $100.000 están aseguradas por una agencia del gobierno federal. Bien. ¿Qué tipo de cuenta quiere abrir?
SRA. DÍAZ	—Una cuenta conjunta, a nombre mío y de mi hija.
EMPLEADO	—Debe llenar estas formas, y después Ud. y su hija deberán firmar estas tarjetas.
SRA. DÍAZ	—Mi hija vendrá a firmarlas más tarde. Por favor, ¿qué interés están pagando en las cuentas del mercado de dinero?
EMPLEADO	—El tres y un cuarto por ciento y el siete por ciento en los certificados de depósito a plazo fijo, de dieciocho meses o más.
SRA. DÍAZ	—No me convendría tener todo mi dinero inmovilizado.
EMPLEADO	—Entonces necesitará abrir dos cuentas.

🌑 Vocabulario

COGNADOS

el (la) beneficiario(a)   beneficiary
federal   federal
individual   individual
el modelo   model

NOMBRES

el barrio, el vecindario   neighborhood
el cheque de caja   cashier's check
la cuenta   account
la cuenta conjunta   joint account
la cuenta corriente, la cuenta de cheques (*Méx.*)
  checking account
la cuenta del mercado de dinero   money market
  account
el efectivo   cash
el gobierno   government
los hijos   children
la impresión   printing
la quiebra, la insolvencia   bankruptcy, insolvency
el saldo   balance

VERBOS

cerrar (e:ie)   to close
declararse   to declare oneself
gustar   to like, to be pleasing
mostrar (o:ue)   to show
mudarse   to move (relocate)
perder (e:ie)   to lose
quebrar (e:ie), declararse en quiebra   to go bankrupt, to declare bankruptcy
sentarse (e:ie)   to sit down

ADJETIVOS

asegurado(a)   insured
girado(a)   drawn
inmovilizado(a)   tied up, locked

OTRAS PALABRAS Y EXPRESIONES

claro, por supuesto   of course
convenirle a uno   to be to one's advantage
el mismo   the same
ya lo sé   I know

Vocabulario adicional

Para hacer las transacciones bancarias

a nombre mío, en mi nombre   in my name
a plazo fijo   fixed-term
el (la) banquero(a)   banker
el billete (de banco)   bill, bank note
el billete falso   counterfeit bill
el cajero automático   automatic teller machine
la calderilla, la moneda fraccionaria, el menudo
  (*Cuba Puerto Rico*) **el suelto**   small change
la casa matriz, la oficina principal (*Puerto Rico*)
  main office
el cheque al portador   check to the bearer
el cheque sin fondos   bounced check, overdrawn check

la chequera, el talonario de cheques   checkbook
cobrar (cambiar) un cheque   to cash a check
el (la) depositante   depositor
el depositario   depositary, receiver
el estado de cuenta   statement of account
extender (girar) un cheque   to write a check
la moneda   currency, coin
el retiro   withdrawal
sacar dinero   to withdraw money
el sobregiro   overdraft
la sucursal   branch

Nota cultural

*Each Latin American country has a central bank authorized to issue currency (bills and coins) and to control the activities of commercial banks. In addition to commercial banks, almost all countries have other types of financial institutions, such as development banks, mortgage banks, and savings banks. Development banks are created by the government to service specialized areas of the economy, such as public works, agriculture, and industry. Mortgage banks, created to help families purchase homes, and savings banks are generally private.

*Opening a bank account in Latin America is not as easy as in the United States, especially if it is a checking account. In fact, banking in many Latin American countries is limited to the middle and upper classes. Poor people who earn enough money to save generally deposit their money in the **Caja Postal de Ahorros**, a savings service provided by the post offices in some countries.

¿Recuerdan ustedes?

Answer the following questions, basing your answers on the dialogues.

1. ¿Para qué va al banco el Sr. Santana?

   _____

2. ¿Por qué quiere el Sr. Santana abrir una cuenta en ese banco?

   _____

3. ¿Qué tipo de cuenta quiere abrir el Sr. Santana?

   _____

4. ¿A quiénes va a poner como beneficiarios el Sr. Santana?

   _____

5. ¿Dónde tiene el Sr. Santana otra cuenta y qué va a hacer con ella?

   _____

6. ¿Cuánto tendrá que pagar el Sr. Santana por cada cheque girado?

   _____

7. ¿Cuándo tendrá sus cheques el Sr. Santana?

   _____

8. ¿Qué está haciendo la Sra. Díaz en ese mismo banco?

   _____

9. ¿Dónde tenía la Sra. Díaz su cuenta de ahorros?

   _____

10. ¿Perdió la Sra. Díaz el dinero que tenía en el otro banco? ¿Por qué o por qué no?

    _____

11. ¿Qué deberán hacer la Sra. Díaz y su hija?

_____

12. ¿Qué interés paga el banco en las cuentas del mercado de valores?

_____

Para conversar

**Interview a classmate, using the following questions. When you have
finished, switch roles.**

1. ¿Tiene Ud. cuenta en algún banco? ¿En cuál?

_____

2. ¿Está su dinero asegurado por el gobierno federal?

_____

3. ¿Qué tipo(s) de cuenta tiene?

_____

4. ¿Gana interés el dinero que tiene en el banco?

_____

5. ¿Paga interés su banco en las cuentas corrientes?

_____

6. ¿Cuánto cobra su banco por imprimir (*print*) los cheques personalizados?

_____

7. ¿Tiene Ud. más dinero en su cuenta de ahorros o en su cuenta corriente?

_____

8. ¿Cree Ud. que es buena idea tener el dinero en una cuenta conjunta? ¿Por
   qué o por qué no?

_____

Vamos a practicar

**A. Rewrite the following sentences, substituting the future tense of the
verbs for the *ir a + infinitivo* form.**

Modelo: El banco <u>va a pagarme</u> intereses sobre el saldo.

   El banco **me pagará** intereses sobre el saldo.

1. El Sr. Santana <u>va a abrir</u> una cuenta corriente.

_____

2. Yo <u>voy a mudarme</u> para este barrio.

_____

3. Mis hijos <u>van a llenar y a firmar</u> las tarjetas.

_____

4. Después <u>vamos a cerrar</u> la cuenta en el otro banco.

_____

5. Tú <u>vas a tener</u> tus cheques en dos semanas.

_____

6. Ud. no <u>va a pode</u>r ganar un interés del ocho por ciento.

_____

7. ¿Quién <u>va a venir</u> con el dinero?

_____

8. No les <u>va a convenir</u> tener todo el dinero inmovilizado.

_____

9. Ella <u>va a hacer</u> los modelos.

_____

10. Les <u>vamos a decir</u> la verdad (*truth*).

_____

B. Report what the following people said.

Modelo: Sra. Alba —Abriré una cuenta en este banco.

La Sra. Alba dijo que abriría una cuenta en este banco.

1. Ella —Llenaré la planilla hoy mismo.

_____

2. Yo —Volveré mañana por la tarde.

_____

3. Tú —No me convendrá tener todo mi dinero inmovilizado.

_____

4. Nosotras —Iremos a otro banco.

_____

5. Uds. —María no podrá firmar hoy.

_____

6. Ana y Silvia —Nos gustará ver los modelos.

_____

C. Complete the following dialogues using *a*, *de*, or *en*.

1. —¿Dónde está él?

   —_____ el banco.

   —¿ _____ qué hora regresa?

   —_____ las dos _____ la tarde.

2. —¿Cuándo llega el Sr. Vega _____ Lima?

   —El 13 de marzo.

   —¿Viene _____ avión?

   —No, _____ autobús.

   —¿Va _____ visitar _____ sus hijos?

   —No, viene _____ visitarlos.

Sirva usted de intérprete

With two classmates, play the roles of Srta. Lara, the bank employee, and the interpreter who helps them communicate. Switch roles until each of you has played the interpreter's role.

SRTA. LARA	—Buenas tardes. Quiero abrir una cuenta de ahorros.
INTÉRPRETE	_____
EMPLEADO	"Sit down, please. You have another account at this bank, right?"
INTÉRPRETE	— _____
SRTA. LARA	—Yo tenía una cuenta del mercado de dinero pero la cerré hace tres meses.
INTÉRPRETE	_____
EMPLEADO	"Do you want to open an individual account or a joint account?"
INTÉRPRETE	— _____
SRTA. LARA	—Una cuenta individual, pero quiero poner a mi hijo como beneficiario.
INTÉRPRETE	_____
EMPLEADO	"Fine. Please fill out this form and sign these two cards."
INTÉRPRETE	— _____
SRTA. LARA	—Voy a depositar $450 en efectivo y un cheque de caja por $500.

INTÉRPRETE	_____
EMPLEADO	"We are now paying five percent on the balance of savings accounts."
INTÉRPRETE	— _____
SRTA. LARA	—Yo leí que pagaban el cinco y medio por ciento.
INTÉRPRETE	_____
EMPLEADO	"That was last week. Interest rates are going down almost every week."
INTÉRPRETE	— _____

Now play the roles of Sr. and Sra. Madrigal, who want to open a checking account, the bank employee, and the interpreter who helps them communicate.

EMPLEADO	"What type of account do you want to open?"
INTÉRPRETE	— _____
SR. MADRIGAL	—Una cuenta corriente a nombre mío y de mi esposa.
INTÉRPRETE	_____
EMPLEADO	"Very well, a joint account. How much are you going to deposit?"
INTÉRPRETE	— _____
SR. MADRIGAL	—Setecientos cincuenta dólares en cheques y $250 en efectivo.
INTÉRPRETE	_____
SR. MADRIGAL	—¿Cuánto cuesta la impresión de los cheques?
INTÉRPRETE	_____
EMPLEADO	"Sixteen dollars for 500 checks."
INTÉRPRETE	— _____
SRA. MADRIGAL	—¿Cobran por cada cheque girado o cargan una cantidad mensual?
INTÉRPRETE	_____
EMPLEADO	"We charge thirty-five cents for each check drawn."
INTÉRPRETE	— _____
SRA. MADRIGAL	—¿Cuándo estarán listos nuestros cheques?
INTÉRPRETE	_____

EMPLEADO   "In two weeks. Now you must fill out these forms."

INTÉRPRETE   — _____

SR. MADRIGAL   —¿Qué interés ganaremos en el depósito?

INTÉRPRETE   _____

EMPLEADO   "We don't pay interest on checking accounts."

INTÉRPRETE   — _____

SRA. MADRIGAL   —Entonces lo mejor sería abrir dos cuentas: una cuenta corriente y una cuenta del mercado de dinero.

INTÉRPRETE   _____

EMPLEADO   "Very well. How much are you going to deposit in each account?"

INTÉRPRETE   — _____

SRA. MADRIGAL   —Depositaremos $300 en la cuenta corriente y $700 en la cuenta del mercado de dinero.

INTÉRPRETE   _____

Sirva Ud. de traductor

You work at a bank in Asunción. A colleague has made you a list of phrases that he would like to be able to say to English-speaking business people and tourists. Review the *Vocabulario adicional* and then translate the list into English.

Por favor, gire el cheque al portador.

El depositante debe firmar aquí.

Lo siento, éste es un cheque sin fondos.

Aquí hay un billete falso.

Ésta es una sucursal. La casa matriz está en Buenos Aires.

Su cuenta tiene un sobregiro.

_____

_____

_____

_____

_____

_____

En estas situaciones

What would you say in the following situations? What might the other person say?

1. You are a bank employee. Wait on a customer who wants to open an account. Ask what type of account the customer wants to open and how much the deposit will be. The customer must fill out two cards. Say that the bank doesn't charge for each check processed, but it charges a $10 monthly service fee. Also add that the bank doesn't pay interest on checking accounts, but that it pays six percent on money market accounts. Tell your customer that his/her personalized checks will arrive in two or three weeks.

2. You are opening a savings account in Santiago, Chile. Tell the employee that you want to open a savings account and that you will deposit 15,800 pesos. Ask how much interest the bank pays. Say that you want to include your parents as beneficiaries, and that you are going to have the money there for nine months. Ask if you can put the money in a fixed-term certificate of deposit to earn more interest. Say that you left your passport at home, but you will bring it tomorrow and will fill out the forms then.

Casos

Act out the following scenarios with a partner.

1. A bank employee speaks to a customer who wants to open an account.

2. A newly married couple discusses opening a savings account together.

Un paso más

A. You are an advertising executive with a large bank as your client. Review the *Vocabulario adicional* in this lesson and use it and other vocabulary to create a newspaper ad detailing the services offered by your client.

B. Review the *Vocabulario adicional* in this lesson and act out the following dialogues in Spanish with a partner.

1. "Is the check in your name?"
   "No, it's a check to the bearer. Where can I cash it?"
   "At the bank's main office or at a branch, but they're closed now."
   "Does the branch have an automatic teller machine?"
   "Yes."

_____

_____

_____

_____

_____

2. "Can you lend me ten dollars?"
   "I have ten dollars in coins . . ."
   "Thanks, but I need a ten-dollar bill."
   "I can write you a check, if you want."
   "You wrote me an overdrawn check last time!"

   _____

   _____

   _____

   _____

   _____

Suplemento 3

Otras comunicaciones de negocios

- La carta circular
- El memorando
- El informe o reporte
- El facsímil (fax) y el correo electrónico (c-e)

La carta circular (*Circular*)

Circulars are form letters circulated to company clients or employees. They are most often used to inform vendors and existing or prospective clients of changes within the company, such as a new name or organizational structure, new management, or the addition of new products or services to the company line. Internal circulars often announce global changes in schedule, benefits, or other matters of importance to employees.

1. Your company needs to send a circular. Read the following three examples. Then, write your company's circular according to its purpose and audience.

CIRCULAR ANNOUNCING THE OPENING OF A BUSINESS

——————— *QUINTERO, LÓPEZ Y CÍA.* ———————

Compraventa de frutas al mayoreo [1]   Juárez No. 647   Guadalajara, Jalisco

15 de junio del 20__

Estimados señores:

Les participamos[2] que ante el notario público de esta ciudad, Sr. Lic. Roberto Calderón García, hemos constituido una Sociedad Regular Colectiva[3], que se dedicará a la compraventa de frutas al mayoreo, la cual girará bajo la razón social[4] de
QUINTERO, LÓPEZ Y CÍA.

Por nuestra experiencia en el giro, estamos seguros de poder ofrecer a nuestros clientes la mayor eficiencia y rapidez en la atención de sus pedidos.

Atentamente,
QUINTERO, LÓPEZ Y CÍA.

Pedro Quintero
Pedro Quintero
Administrador General

---

1 **al**... wholesale   2 give notice   3 **Sociedad**... General Partnership   4 **razón**... trade name

Textiles y Fibras, S.R.C.
Barrios Altos, 35
Chincha

12 de octubre, 20__

A todos nuestros clientes y amigos:

Con motivo del traslado de nuestras operaciones comerciales a la capital, queremos notificarles nuestra nueva dirección en Lima:

Textiles y Fibras, S.A.
Bajopuente, 266
Lima

Este traslado facilitará la distribución de nuestros productos a toda la familia de clientes y amigos que durante los 14 años de existencia en Chincha nos han honrado con sus compras.

El traslado ha afectado también el estatuto legal de nuestra empresa que deja de ser[1] una Sociedad Regular Colectiva para convertirse en una Sociedad Anónima; esta nueva estructura legal nos permitirá crecer al ritmo de[2] las demandas de nuestros clientes y amigos para poder ofrecerles un mayor y mejor servicio.

El traslado se efectuará[3] el próximo 1 de enero del 20__ y, por lo menos durante un período de seis meses, ambas oficinas—en Lima y en Chincha—seguirán abiertas al público; pasado ese plazo,[4] sólo la oficina de Lima continuará sus operaciones de venta directa al público.

Confiamos en que todos ustedes nos sigan honrando con su asiduidad.[5]

Atentamente,
TEXTILES y FIBRAS, S.A.

José Pérez
José Pérez
Gerente

---

1 **deja...** is no longer   2 **al...** according to   3 **se...** will take place   4 term   5 frequency (of business orders)

Bancosur

Avenida Universidad 1500   México, D.F.   03339

24 de octubre del 20__

Estimado cliente:

Tenemos el agrado[1] de comunicarle que Bancosur, a partir de esta fecha, le ofrece una alternativa más para invertir[2] su dinero, con la garantía de intereses fijos mayores a los actuales. Este nuevo instrumento de inversión se puede establecer a plazos de 3, 6, 9 y 12 meses para que Ud. elija el que mejor se adapte a sus necesidades.

Le agradecemos su preferencia y esperamos seguir contando con su confianza. Visite Ud. la oficina de su agrado donde nuestros asesores de inversiones[3] tendrán mucho gusto en ampliar esta información.

Atentamente,
BANCOSUR
Div. Promoción de Inversiones

1 pleasure 2 to invest 3 **asesores...** investment officers

Write your company's circular.

_____

_____

_____

_____

_____

_____

_____

_____

_____

_____

_____

_____

_____

_____

_____

_____

_____

_____

_____

_____

_____

El memorando (*Memorandum*)

Memorandums are used for internal communication within a company. As shown in the models, their format is simpler than that of a business letter or circular.

2. You need to send a memo to a coworker in Mexico City. Read the following examples. Then, write your memo.

MEMORANDO

Fecha:	Febrero 15/20__
Hora:	10:30
Asunto:	Solicitud de informe

De: Jefe de Ventas

A: Jefe de Contabilidad

Por favor, envíeme el saldo de la cuenta del Sr. Juan López.

MEMORANDO

A: Fermín Domínguez

De: Alberto González *A.G.*

Fecha: 7 de mayo del 20__

Asunto: Mal uso de los vehículos de la empresa

   Las cuentas por reparación de vehículos de la empresa durante los primeros cuatro meses del presente año se elevaron un 17% sobre las de igual período del año anterior. El jefe del taller de reparaciones[1] informa que el exceso de reparaciones se debe a que los vehículos no están recibiendo el mantenimiento adecuado.[2]

   Sírvase[3] notificar a todos los choferes la obligación que tienen de cumplir las disposiciones de la empresa en relación al mantenimiento de sus equipos. La administración impondrá sanciones a aquéllos que no cumplan dichas disposiciones.

---

1 taller... mechanic's shop   2 mantenimiento... adequate maintenance   3 Please

_____

_____

_____

_____

_____

_____

_____

_____

_____

_____

_____

_____

_____

El informe o reporte (*Report*)

Reports generally are used to inform one's boss of the result or progress of an action.

3. You must write a report for your boss. Read the following examples. Then, write your report.

MEMORANDO

A: Juan Álvarez, Jefe de Producción

De: Diego Santoro, Jefe de Ventas

Fecha: 7 de febrero del 20___

Asunto: Disminución[1] de la producción

Explicación: Las ventas de enero fueron un 30% menos que las del año anterior y, en consecuencia, tenemos un exceso de artículo en almacén.

Recomendación: Eliminar un día de trabajo a la semana hasta que el nivel de artículos en almacén baje al nivel normal para esta fecha del año.

---

1 Decrease

Librería Minerva   6 de julio, 20__
Santurce, Puerto Rico

A: Carmen Bernal, Gerente
De: Dora León, J. de Personal

ASUNTO: Compra de un equipo de oficina.
PROPOSICIÓN: Comprar una fotocopiadora para el Departamento de
             Personal, con un costo de $4.000.
EXPLICACIÓN: Actualmente el Departamento de Personal utiliza la
fotocopiadora del Departamento de Contabilidad para hacer copias
de sus cartas y documentos. Nuestras necesidades son ahora mucho
mayores que las que teníamos cuando se dispuso[1] el sistema actual.

   La pérdida de tiempo de trabajo de los empleados que deben ir
de uno a otro departamento para hacer las copias es superior a
la inversión.
CONCLUSIÓN: Recomendamos la compra del equipo.

                                         Atentamente,

                                         Dora León

                                         Dora León
                                         Jefe de Personal

1 **se...** was set

_____

_____

_____

_____

_____

_____

_____

_____

_____

_____

_____

_____

_____

_____

_____

_____

_____

_____

El facsímil (fax) y el correo electrónico (c-e)

Technological advances have made possible two quick ways of transmitting information: the fax machine and the electronic mail. These are not exactly new forms of communication, but rather, new means of sending information from one place to another.

Faxes allow us to instantly transmit letters, contracts, and any other kind of communication, including those with graphic elements or photographs. The transmitted documents are usually accompanied by a cover sheet that includes the name, telephone number, and fax number of both the sender and the addressee, the date, and the subject or purpose of the transmission.

E-mail communication is mainly used for sending messages of a more informal kind, and may be seen as the electronic counterpart to the note that was used as a means of more informal intra-office communication. However, unlike the written note, the e-mail's range of communication may theoretically encompass the entire world.

4. Bancaribe lent you the money to pay for college. You need to send them a fax to let them know that they have billed you twice this month. Fill out the following fax cover sheet, and include the message that you want to send.

Bancaribe

Calle de San Francisco, 237

San Juan, PR 00901

NÚM. DE FACSÍMIL (787) 351-6040

FAX

NÚMERO DE FACSÍMIL AL QUE SE ENVÍA ESTA HOJA: _____

A: _____
_____
_____
_____
_____
_____

DE: _____
_____
_____

FECHA: _____

NÚM DE PÁGINAS, INCLUIDA ESTA HOJA:
_____

ASUNTO: _____
_____
_____
_____

De haber cualquier problema o error en esta transmisión, favor de comunicarse con: _____,
tel. (787) 351-6041.

APARTADO POSTAL 8431 SAN JUAN, PUERTO RICO 00901

Repaso

LECCIONES 11–15

● PRÁCTICA DE VOCABULARIO

A. Circle the word or phrase that does not belong in each group.

1. arreglo   iguala   caso

2. asiento de diario   final   contabilidad

3. tela   ganancia   pérdida

4. balance general   contador   reloj

5. esposo   playa   hijo

6. morir   vivir   evaluar

7. empresa   circulación   tirada

8. de nuevo   por supuesto   otra vez

9. máquina   invierno   verano

10. bazar   tienda   condueño

11. fabricar   producir   consultar

12. empezar   recomendar   comenzar

13. modernizar   reorganizar   parecer

14. asistencia   ausencia   importe

15. herencia   bienes raíces   inmuebles

16. nómina   quiebra   insolvencia

17. barrio   saldo   vecindario

18. nómina   salario   sueldo

19. planilla   hijos   forma

20. publicidad   propaganda   quiebra

B. Circle the word or phrase that best completes each sentence.

1. Quiero (explicar / importar / modernizar) el sistema de contabilidad.

2. El contador va a preparar los balances de (problemas / ausencia / comprobación).

3. Tenemos errores (costosos / actuales / anteriores) en los informes a los clientes.

4. Los empleados de la oficina hacen los asientos de (casos / equipos / diario) y los pases al mayor.

5. Periódicamente ellos preparan los estados de pérdidas y (ganancias / entradas / herencias).

6. Ellos necesitan (alimentar / automatizar / gastar) la contabilidad del negocio.

7. Me figuro que su ayuda es muy (valiosa / diseñada / segura) para ellos.

8. El (alquiler / gasto / reloj) marca las entradas y salidas de los empleados.

9. Con el sistema (cancelado / nuevo / solo) no van a ahorrar dinero tampoco.

10. Ellos tienen que hacer un (cobro / inventario / presupuesto) de toda la mercancía disponible.

11. Mis hijos son menores de (legado / bono / edad).

12. Ellos terminaron su (carrera / cabeza / caridad) el año pasado.

13. Mi esposo trabaja por cuenta (propia / cancelada / recibida).

14. Recibo una pensión de la compañía desde que se (vendió / acreditó / murió) mi esposo.

15. ¿Puedo deducir los intereses de la (abuela / hipoteca / acción) de mi casa?

16. A las etiquetas tiene que (organizarles / introducirles / agregarles) un logo y un lema.

17. Estas chaquetas se venden únicamente en (ley / invierno / país).

18. Las etiquetas con la marca son de (verano / vestido / tela).

19. Los artículos se venden (precedidos / envueltos / mensuales) en un plástico transparente.

20. Uds. necesitan organizar una (cartera / competencia / campaña) de promoción en varias tiendas.

21. ¿Quiere Ud. abrir una cuenta individual o una cuenta (actual / tradicional / conjunta)?

22. ¿Cuánto cobran Uds. por cada cheque (girado / inmovilizado / anterior)?

23. El banco se (mostró / gustó / declaró) en quiebra hace una semana.

24. ¿Cuánto va a depositar Ud. en (efectivo / gobierno / empresa)?

25. Su cuenta está (asegurada / diseñada / usada) por el gobierno federal.

C. Match the questions in column A with the answers in column B.

<table>
<tr><td>A</td><td>B</td></tr>
<tr><td>_____ 1. ¿Quiénes llevan la contabilidad de la firma?</td><td>a. Ha crecido mucho.</td></tr>
<tr><td>_____ 2. ¿Qué ha pasado con el negocio?</td><td>b. No, es menor.</td></tr>
<tr><td>_____ 3. ¿Están aquí los libros?</td><td>c. Sí, y las ausencias.</td></tr>
<tr><td>_____ 4. ¿Qué vas a preparar?</td><td>d. No, viuda.</td></tr>
<tr><td>_____ 5. ¿El programa es sofisticado?</td><td>e. A mis hijos.</td></tr>
<tr><td>_____ 6. ¿Cómo se preparan los estados financieros?</td><td>f. No, hemos agregado un nuevo renglón.</td></tr>
<tr><td>_____ 7. ¿La computadora registra las asistencias?</td><td>g. Una cuenta de ahorros individual.</td></tr>
<tr><td>_____ 8. ¿Él es mayor de edad?</td><td>h. Sí, y parte de las utilidades.</td></tr>
<tr><td>_____ 9. ¿Es Ud. casada?</td><td>i. El próximo junio.</td></tr>
<tr><td>_____ 10. ¿Puedo deducir los intereses de la hipoteca?</td><td>j. No, es muy rudimentario.</td></tr>
<tr><td>_____ 11. ¿Tiene Ud. dependientes?</td><td>k. La nómina.</td></tr>
<tr><td>_____ 12. ¿Recibe Ud. un sueldo?</td><td>l. Sí, pienso que la he visto antes.</td></tr>
<tr><td>_____ 13. ¿Cómo están envueltos?</td><td>m. Sí, diez dólares por 200 cheques.</td></tr>
<tr><td>_____ 14. La mano de obra, ¿es barata?</td><td>n. La computadora los prepara automáticamente.</td></tr>
<tr><td>_____ 15. ¿En qué estación vende Ud. más?</td><td>o. No, es costosa.</td></tr>
<tr><td>_____ 16. ¿Cobran Uds. por la impresión de cheques?</td><td>p. Sí, y la de mujer también.</td></tr>
<tr><td>_____ 17. ¿Qué tipo de cuenta quiere abrir?</td><td>q. En invierno.</td></tr>
<tr><td>_____ 18. ¿A quiénes va a poner como beneficiarios?</td><td>r. Sí, y los gastos médicos.</td></tr>
<tr><td>_____ 19. ¿Cuándo se gradúa?</td><td>s. En plástico transparente.</td></tr>
<tr><td>_____ 20. ¿Conoces a la Sra. Santana?</td><td>t. Sí, dos.</td></tr>
<tr><td>_____ 21. ¿Siguen vendiendo los mismos artículos?</td><td>u. Sí, yo los traje.</td></tr>
<tr><td>_____ 22. ¿Se vende bien la ropa de hombre?</td><td>v. Los empleados.</td></tr>
</table>

Situaciones del mundo de las empresas

Review the *Notas culturales* of the past five lessons and then read the following scenarios. Find out what went wrong, and propose possible solutions in Spanish.

1. Total annual sales in our company were over $4,000,000,000 this year. In a marketing brochure to be distributed throughout Latin America, I wrote: **Nuestras ventas anuales superan (*exceed*) los cuatro billones de dólares.**

   _____

   _____

   _____

   _____

2. Enrique Mota does not speak English. He wants to file his federal tax form. I advised him that the Internal Revenue Service has several publications and tax forms available in Spanish.

   _____

   _____

   _____

3. My company wants to reach the Latino market. I told my supervisor that she would only need to contact **Univisión** and **Telemundo** because the main U.S. networks that broadcast in English do not have affiliates that broadcast their programs in Spanish.

   _____

   _____

   _____

   _____

🎧 PRÁCTICA ORAL

Listen to the following exercise on the audio program. The speaker will ask you some questions. Answer the questions, using the cues provided. The speaker will confirm the correct answer. Repeat the correct answer.

1. ¿Qué desea hacer Ud.? (modernizar mi sistema de contabilidad)

2. ¿Quién prepara el balance general? (el contador)

3. ¿Tiene Ud. aquí todos los libros? (sí)

4. ¿Quiénes prepararon los estados financieros? (mis empleados)

5. ¿Cómo preparan Uds. los estados financieros? (con la computadora)

6. ¿Qué datos debo poner en la computadora? (el alquiler y los impuestos)

7. ¿Con qué marcan Uds. las entradas y las salidas de los empleados? (el reloj)

8. ¿Su computadora sirve para hacer esto? (no)

9. ¿Qué problema tiene Ud. con sus programas? (son muy rudimentarios)

10. ¿Qué desea Ud. poder hacer con el nuevo programa? (mandarles circulares a los clientes)

11. ¿Cuál es su giro? (importamos productos de cuero)

12. ¿Cuál es el volumen de sus ventas? (varía con la estación)

13. ¿Qué artículos confeccionan y distribuyen Uds.? (carteras y vestidos)

14. ¿Necesita Ud. preparar sus impuestos? (sí, este mes)

15. ¿Es Ud. trabajador por cuenta propia? (no)

16. ¿Recibe Ud. un sueldo? (sí, y parte de las utilidades)

17. ¿Tiene Ud. los comprobantes de su sueldo? (no, no aquí)

18. ¿Recibe Ud. rentas? (sí, y comisiones)

19. ¿Tiene Ud. bonos? (sí, municipales)

20. ¿Recibió Ud. regalos o una herencia? (no, nada)

21. ¿Vendió Ud. algunos bienes inmuebles? (no)

22. ¿Tiene Ud. algún dependiente? (sí, dos)

23. ¿Quiénes son sus dependientes? (mis hijos)

24. ¿Tiene Ud. alguna cuenta en el banco? (sí, corriente)

25. ¿Es una cuenta individual? (no, conjunta)

16

💿 *Solicitando préstamos*

José, un estudiante de Puerto Rico, necesita que le den un préstamo para poder pagar sus estudios.

JOSÉ	—Necesito un préstamo para pagar la matrícula y los demás gastos de la universidad.
EMPLEADO	—¿Dónde estudia?
JOSÉ	—Estudio administración de empresas en la Universidad de Arizona, pero este año no me dieron beca.
EMPLEADO	—¿Cuánto ganan sus padres?
JOSÉ	—Mi padre murió el año pasado. Mi madre gana bastante, más de[1] $80.000 al año.
EMPLEADO	—Lo siento, pero Ud. no califica para este tipo de préstamo.
JOSÉ	—Es que mi madre quiere que estudie aquí, en Puerto Rico, y no me quiere dar dinero para irme a Arizona.
EMPLEADO	—Yo le aconsejo que hable con su mamá para tratar de resolver el problema.

Elena, una joven recién graduada, pide un préstamo para poner un negocio.

ELENA	—Necesito un préstamo para abrir un pequeño negocio.
OFICIAL DEL BANCO	—¿Conoce Ud. las disposiciones de la Administración de Pequeños Negocios?
ELENA	—Sí, y también he obtenido asesoramiento legal, económico y financiero. Espero calificar para un préstamo.
OFICIAL DEL BANCO	—¿Qué negocio piensa abrir?
ELENA	—Una tienda de ropa para niños.
OFICIAL DEL BANCO	—¿Cuánto dinero necesita?
ELENA	—Cincuenta mil dólares.
OFICIAL DEL BANCO	—¿Necesitará muchos empleados su establecimiento?
ELENA	—No, por ahora solamente dos.

Elena y su novio Carlos deciden comprar una casa porque van a casarse.

CARLOS	—Necesitamos tomar $40.000 en hipoteca sobre un condominio que vamos a comprar.
OFICIAL DEL BANCO	—¿Es un condominio nuevo o ya fue habitado?
CARLOS	—Ya fue habitado. Los dueños viven allí ahora.
OFICIAL DEL BANCO	—¿Uds. quieren asumir la hipoteca original?
ELENA	—No, los intereses están más bajos ahora que cuando los dueños lo compraron.

---

[1]**Más de** is used for *more than* when speaking of numbers.

OFICIAL DEL BANCO	—¿Están interesados en un interés fijo o variable?
CARLOS	—Fijo, a treinta años. Queremos aprovechar que los intereses están bajísimos.
OFICIAL DEL BANCO	—¿Cuáles son sus ingresos?
CARLOS	—Yo trabajo en las oficinas del condado y gano $28.000 anuales. Ella gana $26.000 trabajando en una tienda de ropa.

Tres meses después, Elena solicita un préstamo personal.

ELENA	—Vengo a solicitar un préstamo personal. Necesito $2.000 para pagar algunas deudas.
OFICIAL DEL BANCO	—¿Tiene Ud. casa propia?
ELENA	—Sí, mi esposo y yo tenemos un condominio.
OFICIAL DEL BANCO	—Entonces le sugiero que pida un préstamo sobre la diferencia entre el valor del condominio y lo que debe de la hipoteca.
ELENA	—¿Qué ventajas tiene ese tipo de préstamo?
OFICIAL DEL BANCO	—Para Ud. tiene dos ventajas: paga un interés menor y puede deducir el interés pagado del impuesto federal.
ELENA	—El problema es que nosotros compramos la casa hace tres meses.
OFICIAL DEL BANCO	—Entonces tenemos que descartar esta opción. Llene esta planilla y ya le diremos si califica para un préstamo personal.
ELENA	—¿Necesito un aval u otro tipo de garantía?
OFICIAL DEL BANCO	—Eso depende de lo que Ud. gana.

💿 Vocabulario

COGNADOS

el condominio condominium	**la garantía** guarantee
económico(a) economic(al)	**legal** legal
el estudiante student	**variable** variable

NOMBRES

la administración de empresas (negocios) business administration

la Administración de Pequeños Negocios Small Business Administration

el asesoramiento advice, consulting

el aval collateral

la beca scholarship

el condado county

la deuda debt

la disposición regulation

el (la) dueño(a), el (la) propietario(a) owner

la madre mother

la matrícula registration, registration fees

el niño child

el (la) novio(a) fiancé(e), boyfriend (girlfriend)

VERBOS

aconsejar to advise

aprobar (o:ue) to approve

aprovechar to take advantage

asumir to assume

calificar to qualify

casarse to get married

descartar to rule out

esperar to hope

negar (e:ie) to deny

resolver (o:ue) to solve

sugerir (e:ie) to suggest

el (la) oficial del banco   bank officer
el padre   father
los padres   parents
la ventaja   advantage

ADJETIVOS

bajo(a)   low
fijo(a)   fixed
habitado(a)   occupied (*i.e., a house*)

OTRAS PALABRAS Y EXPRESIONES

allí   there
poner (abrir) un negocio   to set up a business
recién, recientemente   recently
tener casa propia   to own a house

Vocabulario adicional

VOCABULARIO RELACIONADO CON LOS PRÉSTAMOS

la aprobación   approval
la identificación   identification, I. D.
insolvente   insolvent
el interés compuesto   compound interest
la liquidez   liquidity
el (la) prestamista   lender, pawnbroker
el presupuesto   budget
el rendimiento   yield
tasar   to value, to appraise
el (la) testigo   witness
el tipo (la tasa) de interés   interest rate

Nota cultural

Latin American banks pay high interest rates on savings accounts, but they charge high interest rates on loans and credit cards. The high cost of credit impedes the development of new businesses and in some countries, as in Mexico in 1994 and 1995, may drive existing companies with outstanding loans into bankruptcy. Latin American companies must also compete with foreign firms, which can obtain loans in their own countries and are thus at an advantage for establishing and expanding businesses. While this situation is unfair to domestic investors, these countries need foreign investment, and thus maintain in effect policies that favor international business interests. This strategy has met with mixed results, however, since serious investors seek more stable economic and financial conditions than many Latin American countries have to offer.

¿Recuerdan ustedes?

Answer the following questions, basing your answers on the dialogues.

1. ¿Quién es José y qué necesita?

    _____

2. ¿Qué estudia José?

    _____

3. ¿Por qué no califica José para un préstamo?

_____

4. ¿Qué tipo de tienda va a abrir Elena? ¿Dónde?

_____

5. ¿Dónde trabajan Elena y su novio?

_____

6. ¿Cuánto dinero ganan Elena y Carlos juntos?

_____

7. ¿Van a asumir Carlos y Elena la hipoteca original? ¿Por qué o por qué no?

_____

8. ¿Por qué quiere Elena un préstamo personal?

_____

9. ¿Qué tipo de préstamo le sugiere el oficial del banco?

_____

Para conversar

Interview a classmate, using the following questions. When you have finished, switch roles.

1. ¿Pide Ud. un préstamo todos los años para pagar su matrícula?

_____

2. ¿Qué carrera estudia Ud.?

_____

3. ¿Le ayuda alguien a pagar los gastos de la universidad?

_____

4. ¿Ud. calificaría para un préstamo para pagar la matrícula?

_____

5. ¿Piensa Ud. abrir algún negocio en el futuro (*future*)?

_____

6. ¿Qué tipo de negocio le gustaría abrir?

_____

7. ¿Tiene dinero para abrir el negocio que desea?

_____

8. Si no tiene el dinero, ¿cómo cree que podría conseguirlo (*get it*)?

   _____

9. Si Ud. compra una casa, ¿piensa asumir la hipoteca original? ¿Por qué o por qué no?

   _____

10. ¿Es suya la casa o el condominio donde vive?

    _____

Vamos a practicar

A. **Rewrite the following sentences according to the new cue.**

Modelo: Yo asumo la hipoteca.

   El banco no quiere que yo **asuma la hipoteca.**

1. Él pide un préstamo para pagar la matrícula.

   Quiero que _____

2. Estudia administración de negocios.

   Ella le pide que _____

3. Yo estudio aquí.

   Mis padres me sugieren que _____

4. Elena pone una tienda de ropa para niños.

   Prefiero que _____

5. El banco me presta $5.000.

   Necesito que _____

6. Tú tomas $50.000 en hipoteca sobre tu casa.

   Te aconsejo que _____

7. Ellos asumen la hipoteca original.

   Les recomiendo que _____

B. **Rewrite the following sentences using the absolute superlative of the underlined adjectives.**

Modelo: Aquí, la ropa es barata.

   Aquí, la ropa es **baratísima.**

1. Los intereses están bajos.

   _____

2. Ella está <u>interesada</u> en asumir la hipoteca.

_____

3. Es un trabajo <u>original</u>.

_____

4. La tienda necesita <u>muchos</u> empleados.

_____

5. Mis ingresos son <u>pequeños</u>.

_____

6. No puedo resolver <u>tantos</u> problemas.

_____

Sirva usted de intérprete

A. With two classmates, play the roles of Alberto, a student from Uruguay; the bank officer; and the interpreter who helps them communicate. Switch roles until each of you has played the interpreter's role.

ALBERTO   —Necesito un préstamo para pagar la matrícula de la universidad.

INTÉRPRETE   _____

OFICIAL DEL BANCO   "Are you an American citizen?"

INTÉRPRETE   — _____

ALBERTO   —Sí, soy americano. No hablo muy bien el inglés porque me mudé para Uruguay cuando era muy pequeño.

INTÉRPRETE   _____

OFICIAL DEL BANCO   "Where are you studying?"

INTÉRPRETE   — _____

ALBERTO   —Aquí, en la Universidad de California de San Diego.

INTÉRPRETE   _____

OFICIAL DEL BANCO   "How much do your parents earn?"

INTÉRPRETE   — _____

ALBERTO   —Muy poco, si se cambia a dólares.

INTÉRPRETE   _____

OFICIAL DEL BANCO   "I understand. You must fill out this form and sign it."

INTÉRPRETE   — _____

B. Now play the roles of Sr. Romero, the bank officer, and the interpreter who helps them communicate.

SR. ROMERO   —Necesito un préstamo para abrir un pequeño negocio.

INTÉRPRETE   _____

OFICIAL DEL BANCO   "How much do you need?"

INTÉRPRETE   — _____

SR. ROMERO   Necesito $80.000 para poner un negocio de pollos.

INTÉRPRETE   _____

OFICIAL DEL BANCO   "You know the regulations of the Small Business Administration, right?"

INTÉRPRETE   — _____

SR. ROMERO   —Sí, señor. He obtenido asesoramiento legal y financiero.

INTÉRPRETE   _____

OFICIAL DEL BANCO   "How many employees will your business need?"

INTÉRPRETE   — _____

SR. ROMERO   —Cuatro o cinco, más o menos.

INTÉRPRETE   _____

OFICIAL DEL BANCO   "When are you planning to open the business?"

INTÉRPRETE   — _____

SR. ROMERO   —En diciembre, si califico para el préstamo.

INTÉRPRETE   _____

Sirva usted de traductor

You are working for a branch of Banco Nacional in Bogotá. Review the *Vocabulario adicional* in this lesson, and then translate the following instructions into English for an American coworker who is not fluent in Spanish.

1. Quiero que les pida una identificación a las personas que deseen cambiar cheques de viajero.

_____

_____

2. No cambie cheques de más de $100 sin la aprobación de su jefe.

_____

3. Dígales a los clientes que pueden cambiar sus cheques en dólares o en moneda nacional.

_____

4. Informe a los clientes que pueden ganar hasta un 10% de interés compuesto en depósitos a plazo fijo.

_____

5. Dígales que el rendimiento es de más de un 12%.

_____

En estas situaciones

What would you say in the following situations? What might the other person say?

You are a bank officer. Take care of the following customers.

1. A student is applying for a loan to pay for his/her schooling. Ask the customer how much his/her parents make, and tell him/her to fill out an application. Say that the bank will tell him/her this month if the loan is approved.

2. A client needs a loan to start a business. Say that the Small Business Administration has a number of regulations. Ask what type of business it will be, how much money is needed, and how many employees will work there. Say that you don't know yet if he/she will qualify, but that you will call when you do.

3. A couple needs a loan to buy a house. Ask how much money they need to buy the house, if it is new or already occupied, and if they are going to assume the existing mortgage. Say that interest rates are low now. Ask if they're interested in a fixed or variable interest rate. Find out what their income is, where they work, and the address of the house they want to buy.

4. A client needs a personal loan. Ask for the amount the client wants to borrow. Find out about the client's income and place of employment. Ask about any real estate and debts he/she has. Say that a home equity loan can be considered, but that if the house was bought only a few months ago, that option must be ruled out. Point out that collateral or another guarantee will be needed.

Casos

Act out the following scenarios with a partner.

1. A bank officer speaks to a student who needs a loan in order to pay for schooling.

2. A bank officer speaks to a customer who needs a loan to start a business.

3. A couple discusses their options for a home loan.

Un paso más

A good friend approaches you about a loan. Review the *Vocabulario adicional* in this lesson and use it and other vocabulary to discuss the proposition, as well as other options for your friend's needs. Don't forget to be thorough and be sure to clearly define the terms of the loan.

_____

_____

_____

_____

_____

_____

_____

_____

_____

_____

_____

_____

_____

_____

_____

_____

_____

_____

_____

🎵 *Comprando una casa*

*La Sra. Bernal, corredora de bienes raíces, habla con la Sra. Abreu, que está
interesada en comprar una casa.*

SRA. ABREU	—Estoy interesada en esta casa que anuncian en el periódico de hoy.
SRA. BERNAL	—¿Quiere que la lleve a verla?
SRA. ABREU	—Sí, ya la vi por fuera y me gustó mucho, pero temo que sea demasiado cara para mí.
SRA. BERNAL	—El dueño pide $320.000 por ella. Dice que no está dispuesto a rebajarla, pero si le gusta, ¿por qué no le hace una oferta?
SRA. ABREU	—Para comprarla, tengo que vender mi casa. ¿Uds. pueden encargarse de la venta?
SRA. BERNAL	—Sí, señora. ¿Cuánto piensa pedir por su casa?
SRA. ABREU	—Según el tasador, la propiedad vale unos $220.000, y todavía debo unos $86.000.
SRA. BERNAL	—Bien. Le aconsejo que pida $225.000, para que Ud. pueda negociar el precio que desea.
SRA. ABREU	—Me parece una buena idea. ¿A cuánto llegarían los gastos relacionados con la venta de mi casa?
SRA. BERNAL	—Si la vende en $220.000 nuestra comisión será de $13.200 y los gastos de cierre serán unos $1.200, incluidos los gastos legales y el traspaso de la escritura.
SRA. ABREU	—Entonces me quedará un saldo a mi favor de poco más de $119.000. Bien, ¿cuándo puedo ver la otra casa?
SRA. BERNAL	—Siento no poder llevarla ahora mismo, pero puedo llevarla esta tarde.

En la casa:

SRA. BERNAL	—Como Ud. ve, la casa está situada en un barrio muy elegante. La mayor parte de sus vecinos serán profesionales y ejecutivos de empresas.
SRA. ABREU	—La fachada es muy bonita y el jardín está muy bien cuidado.
SRA. BERNAL	—Me alegro de que le guste. La casa está construida en varios niveles. La sala y el comedor están hundidos.
SRA. ABREU	—Me gusta mucho la chimenea de piedra en el salón de estar.
SRA. BERNAL	—Esta casa fue construida a la orden, sin sacrificar la calidad al ahorro.
SRA. ABREU	—Sí, las alfombras son de primera, y el piso de la cocina y de los baños es de losas de cerámica, ¿verdad?
SRA. BERNAL	—Sí, lo único de linóleo en la casa es el piso del cuarto de lavar.
SRA. ABREU	—Es una lástima que las cortinas del comedor estén manchadas. ¿Cómo está el techo?

SRA. BERNAL	—Estos techos de tejas duran muchísimo, pero de todos modos, el propietario ordenó recientemente una inspección del techo y de comején.
SRA. ABREU	—Está recién pintada, ¿verdad?
SRA. BERNAL	—Sí, y también remodelaron la cocina. Ahora tiene una cocina eléctrica y tiene dos hornos: uno convencional y otro de microondas.
SRA. ABREU	—La lavadora de platos también es nueva, ¿verdad?
SRA. BERNAL	—Sí, señora.

Dos días después, en la oficina de la Sra. Bernal:

SRA. ABREU	—Bien, quiero comprar la casa. ¿Qué entrada tendría que dar para comprarla?
SRA. BERNAL	—El banco generalmente requiere un mínimo de veinte por ciento. Si el dueño acepta su oferta de $310.000, entonces la entrada sería de $62.000. Tendrá que solicitar un préstamo de casi $250.000 si no quiere dar una entrada más grande.
SRA. ABREU	—Ya consulté con mi banco y califico para un préstamo de hasta $265.000. ¿Cuánto tendría que pagar mensualmente si la hipoteca es de $200.000?
SRA. BERNAL	—A ver... al nueve y tres cuartos por ciento, por treinta años... serían $1.718,31, más los gastos de seguro y contribución.
SRA. ABREU	—¡Ojalá que acepten la oferta!

VENTA DE CASAS
Se vende: $245.000

3 recámaras, 2 baños, sala de estar, garaje para dos carros. Calefacción y aire acondicionado. Muy bien situada. Cerca de escuelas.
Se puede asumir la hipoteca.

Teléfono: (213) 406-5249

 ## Vocabulario

COGNADOS

eléctrico(a) electric	**el linóleo** linoleum
elegante elegant	**el mínimo** minimum
el garaje garage	**el (la) profesional, el (la) profesionalista** professional
la inspección inspection	**recientemente** recently

NOMBRES

la Administración Federal de Hipotecas
  Federal Housing Authority (FHA)
la alfombra   carpet
el baño   bathroom
la calefacción   heating
la chimenea   fireplace
la cocina   kitchen, stove
el comedor   dining room
el comején, la termita   termite
la contribución   (real estate) tax
el (la) corredor(a) de bienes raíces   real estate
  agent
el cuarto de lavar   laundry room
la entrada, la cuota inicial, el enganche (*Méx.*)
  down payment
la escritura   deed
la fachada   facade
los gastos de cierre   closing costs
el horno   oven
el jardín   garden
la lavadora de platos, el lavaplatos   dishwasher
la losa, la baldosa   tile
la microonda   microwave
el nivel   level
la oferta   offer
la piedra   stone
la propiedad   property
la sala   living room
la sala (el salón) de estar   family room
el (la) tasador(a)   appraiser
el techo   roof
la teja   roof tile
el traspaso   transfer
el (la) vecino(a)   neighbor

VERBOS

alegrarse   to be happy, to be glad
durar   to last
negociar   to negotiate
ordenar   to order
remodelar   to remodel
requerir (e:ie)   to require
sacrificar   to sacrifice
sentir (e:ie), lamentar   to regret, to be sorry
temer   to fear, to be afraid of
traspasar   to transfer
valer[1]   to be worth

ADJETIVOS

bonito(a), lindo(a)   beautiful
caro(a)   expensive
construido(a)   built
cuidado(a)   cared (for), kept
hundido(a)   sunken
manchado(a)   stained
mil   one thousand
pintado(a)   painted

OTRAS PALABRAS Y EXPRESIONES

A ver...   Let's see...
ahora mismo   right now
cerca (de)   near
construido(a) (hecho[a]) a la orden   custom
  built
de primera   top quality
demasiado   too
es (una) lástima   it's a pity
estar dispuesto(a)   to be willing
hasta   up to
la mayor parte   the majority, most
lo único   the only thing
mensualmente, al mes   monthly
¡Ojalá!   I hope..., If only...
poner a la venta   to put up for sale
por fuera   from (the) outside
recién   recently, newly
se vende   for sale

---

[1]Irregular first-person indicative: **yo valgo.**

Vocabulario adicional

PARA HABLAR DE LA VIVIENDA (*housing*)

EL EXTERIOR

los árboles frutales   fruit trees
el césped, el zacate (*Méx.*)   lawn, grass
el estuco   stucco
el ladrillo   brick
la madera   wood
el patio   patio
la piscina, la alberca (*Méx.*)   swimming pool
el sistema de riego automático   automatic sprinkler system

EL INTERIOR

el apartamento, el departamento   apartment
el cuarto principal   master bedroom
los electrodomésticos   appliances
el enchufe   electrical outlet, socket
el gabinete, el estante   cabinet, shelf
la lámpara   light
la lavadora   washing machine
el refrigerador   refrigerator
la secadora   dryer

el inmueble   building, real estate
se alquila   for rent
tasar   to appraise

Nota cultural

Purchasing real estate in Latin American countries is not easy, unless the buyer is paying cash. In general, banks do not grant long-term loans to individuals, and they are not always willing to finance more than 50% of the cost of the property. The process by which real estate is acquired is very different from that required in the United States. A purchase is usually made through the intervention of a notary public, who in Latin American countries must be a lawyer. The notary draws up a purchase and sale agreement that must be signed, in his or her presence, by the buyer, the seller, and a certain number of witnesses. The document is then filed in an office called the Registry of Property.

¿Recuerdan ustedes?

Answer the following questions, basing your answers on the dialogue.

1. ¿Con quién habla la Sra. Abreu?

   _____

2. ¿En qué casa está interesada?

   _____

3. ¿Cuánto pide el dueño por la casa?

   _____

4. ¿Qué tiene que hacer la Sra. Abreu para poder comprar esa casa?

   _____

5. ¿Cuánto debe todavía la Sra. Abreu de la hipoteca de su casa?

   _____

6. ¿Cuánto vale su casa? ¿Está dispuesta a rebajar el precio?

   _____

7. ¿Qué gastos relacionados con la venta de su casa tendría que pagar?

   _____

8. ¿Qué partes de la casa le gustan a la Sra. Abreu?

   _____

9. ¿Qué partes de la casa tienen pisos de losas de cerámica?

   _____

10. ¿Cuál es la única habitación que tiene piso de linóleo?

    _____

11. ¿Qué ordenó el dueño de la casa recientemente?

    _____

12. ¿Cómo es la cocina de la casa?

    _____

13. ¿A qué interés le dan la hipoteca?

    _____

14. ¿Cuánto tendría que pagar mensualmente?

    _____

Para conversar

Interview a classmate, using the following questions. When you have finished, switch roles.

1. ¿Es Ud. propietario de su casa?

   _____

2. ¿Cómo es el barrio donde Ud. vive?

   _____

3. ¿Cuántos dormitorios tiene su casa o apartamento? ¿Cuántos baños?

   _____

4. El piso de su casa, ¿tiene alfombra, losas, linóleo o es de madera?

   _____

5. ¿Le gustan más los techos de madera o de tejas?

   _____

6. ¿Cuánto tiempo hace que pintaron su casa?

   _____

7. ¿Remodelaron su casa alguna vez? ¿Qué le hicieron?

   _____

8. Cuando Ud. compra algo, ¿sacrifica la calidad al ahorro?

   _____

Vamos a practicar

A. Rewrite the following sentences according to the new cue.

   Modelo: Los gastos de cierre <u>son</u> unos $1.500.
   Es posible que los gastos de cierre **sean** unos $1.500.

1. La alfombra <u>está</u> manchada.

   Es una lástima que _____.

2. El techo <u>tiene</u> comején.

   Temo que _____.

3. Tú <u>rebajas</u> el precio de la casa.

   Espero que _____.

4. Esta casa <u>tiene</u> termitas.

   Puede ser que _____.

5. El corredor de bienes raíces <u>va</u> a ver el condominio.

   Es necesario que _____.

6. El dueño <u>ordena</u> una inspección del techo.

   ¡Ojalá que _____.

7. Uds. <u>ponen</u> hornos convencionales en las cocinas.

   Es posible que _____.

8. Estas tejas <u>duran</u> muchísimo.

   Es imposible que _____.

9. Esa compañía <u>sacrifica</u> la calidad al ahorro.

   Siento que _____.

10. <u>Se queda</u> con un beneficio de $500.

    Es probable que _____.

B. **Complete the following sentences with the adverb forms of the words in parentheses.**

   Modelo: Ella había ido ____ a la oficina. (inmediato)
   Ella había ido **inmediatamente** a la oficina.

1. Ellos pintaron la casa _____ . (reciente)

2. _____ van a comprar la casa. (probable)

3. Pago la hipoteca _____ . (mensual)

4. Él inspeccionó (*inspected*) el techo _____ y _____ . (lento, cuidadoso)

5. Tiene _____ un baño. (sólo)

Sirva usted de intérprete

With two classmates, play the roles of Sr. Mendoza, the real estate agent, and the interpreter who helps them communicate. Switch roles until each of you has played the interpreter's role.

A. At the office

CORREDORA   "The owner is asking $99,900 for the house."

INTÉRPRETE   — _____

SR. MENDOZA   —Bien, vamos a verla.

INTÉRPRETE   _____

CORREDORA   "You own a house, right?"

INTÉRPRETE   — _____

SR. MENDOZA   —Sí, y quiero venderla para comprar otra en un vecindario mejor.

INTÉRPRETE   _____

CORREDORA   "How much are you asking for your house?"

INTÉRPRETE   — _____

SR. MENDOZA   —Setenta mil dólares. En el barrio han vendido otras similares por $75.000.

INTÉRPRETE   _____

CORREDORA   "How much do you still owe on the mortgage?"

INTÉRPRETE   — _____

SR. MENDOZA   —Veintidós mil dólares. Yo compré la casa cuando estaban más baratas.

INTÉRPRETE   _____

CORREDORA   "We can sell your house and you will be left with a balance in your favor of $45,000."

INTÉRPRETE   _____

SR. MENDOZA   —Con eso puedo dar la entrada de la nueva casa y me queda algún dinero disponible para
              comprar muebles.

INTÉRPRETE   _____

CORREDORA   "If you make the minimum down payment, the monthly payments will be bigger."

INTÉRPRETE   — _____

B.   In the house

CORREDORA   "The facade is very pretty, isn't it?"

INTÉRPRETE   — _____

SR. MENDOZA   —Sí, y me gusta mucho el techo de tejas rojas.

INTÉRPRETE   _____

CORREDORA   "Besides, the house was painted recently."

INTÉRPRETE   — _____

SR. MENDOZA   —La alfombra está muy bien cuidada.

INTÉRPRETE   _____

CORREDORA   "Well, it's almost new. The house was remodeled two years ago."

INTÉRPRETE   — _____

SR. MENDOZA   —También le cambiaron el piso de la cocina, ¿verdad?

INTÉRPRETE   _____

CORREDORA   "Yes, all the linoleum floors are new."

INTÉRPRETE   — _____

SR. MENDOZA   —¿Cree Ud. que el dueño acepte una oferta de $85.000?

INTÉRPRETE   _____

CORREDORA   "I don't know. You can make him an offer and wait three or four days."

INTÉRPRETE   — _____

SR. MENDOZA   —¿Y si otra persona le hace una oferta mejor?

INTÉRPRETE   _____

CORREDORA   "Then you'll lose it."

INTÉRPRETE   — _____

SR. MENDOZA   —Entonces voy a cerrar el negocio hoy mismo.

INTÉRPRETE   _____

Sirva usted de traductor

An executive in your company is being transferred to Mexico and is looking for a house to rent. Review the *Vocabulario adicional* in this lesson, and then translate the following fax that has just arrived from a Mexican realtor.

26/6 CASAMEX 9:48 FAX

26 de junio

Atención: Sr. Daniel Soyer

Distinguido Sr. Soyer:

Creo que he encontrado el tipo de casa que Ud. busca.
Tiene una sala grande, cuatro recámaras y dos baños.
La cocina es grande y tiene cocina eléctrica,
lavaplatos, microondas y refrigerador. El jardín
tiene un sistema de riego automático y en el patio
hay muchos árboles frutales. La casa también tiene
alberca. La fachada es de ladrillos rojos y la casa
tiene un garaje para un coche.

Si le interesa esta casa, podré darle más información
sobre las condiciones de alquiler la próxima semana.

Marta Ruiz
INMUEBLES CASAMEX

_____

_____

_____

_____

_____

_____

_____

_____

_____

En estas situaciones

What would you say in the following situation? What might the other person say?

You are a real estate agent talking with a client. Discuss how a house appears from the outside. Say that the owner is asking $86,000 and that you don't know if she'll go down in price, but that, in any case, an offer can be made. Find out if the client needs to sell his/her house in order to buy the other one. Find out how much is still owed on the mortgage, how much the client plans to ask for the house, and if less will be accepted. Mention that with twenty percent down payment, the monthly payments would be $917. Point out that the neighborhood is ten minutes away from downtown, that the living room carpet is stained but that the owner is going to change it, and that the fireplace is very pretty. Say that there will be a termite inspection very soon, and that you can sell the client's current house if he/she wants to buy this one.

Casos

Act out the following scenarios with a partner.

1. A real estate agent is talking with a prospective buyer.

2. Two friends discuss one's options regarding buying a new house.

Un paso más

You have found a house you want to buy! Review the *Vocabulario adicional* in this lesson and use it and other vocabulary to formulate a list of questions to ask the real estate agent about it.

1. _____

2. _____

3. _____

4. _____

5. _____

6. _____

7. _____

8. _____

9. _____

10. _____

🌀 *Alquilando un local comercial*

Roberto y Anita[1] alquilan un local para su negocio.

ROBERTO	—Señorita, venimos por el anuncio de los locales de negocio en el centro comercial de la calle Ocho.
CORREDORA	—¿Ya han visto los locales? ¿Cuál les interesa?
ROBERTO	—Estamos interesados en el número 27 de la planta baja.
CORREDORA	—Ése ya está alquilado. ¿Les interesaría el 127? Está en el primer piso, exactamente sobre el que Uds. quieren.
ROBERTO	—No creo que nos convenga. ¿No tiene otro que esté en la planta baja?
CORREDORA	—El número 18 está vacío pero es mucho más grande y más caro.
ANITA	—¿Cuánto mide ese local?
CORREDORA	—Veinte por treinta; es decir, 600 pies cuadrados.
ANITA	—¿Cuánto piden de alquiler?
CORREDORA	—Tres dólares y veinticinco centavos por pie cuadrado con un contrato por un mínimo de tres años.
ROBERTO	—Anita, por favor, préstame tu calculadora.
CORREDORA	—No se moleste en sacar la cuenta; son $1.950 mensuales.
ANITA	—*(A Roberto)* ¿Qué te parece?
ROBERTO	—Anita, recuerda que no queremos pagar más de $1.500 de alquiler.
ANITA	—Sí, pero dudo que encontremos un lugar mejor para la tienda.
ROBERTO	—*(A la corredora)* ¿Podemos ir a verlo?
CORREDORA	—Sí, cómo no. Voy a buscar la llave.

En el centro comercial:

ROBERTO	—¿Cuál es el número 18?
ANITA	—Es aquél, a la derecha. ¡Qué bien situado está! Cerca de la salida de una de las escaleras rodantes.
CORREDORA	—Sí, y de este lado van a poner una juguetería y del otro una tienda de galleticas. Ésos son dos lugares que todos los niños quieren visitar.
ROBERTO	—Dudo que esa proximidad nos convenga. Son muchos los padres que evitan esas tiendas cuando traen a sus hijos.
ANITA	—Sí, pero acuérdate de que la mayoría de los regalos para niños son juguetes, ropa y dulces. Así lo encuentran todo en un solo lugar.
ROBERTO	—Quizás tengas razón.

---

[1] **Anita** is not a name in Spanish. It is a diminutive for **Ana** (*Ann*).

Otra vez en la oficina:

ROBERTO	—Nos quedamos con el local. ¿Cuáles son las condiciones?
CORREDORA	—Las de costumbre: tres meses en fondo y los pagos por adelantado.
ROBERTO	—¿Cuándo podemos firmar el contrato?
CORREDORA	—Primero deben llenar esta planilla. Necesitamos que nos autoricen para investigar su crédito.
ANITA	—Podemos adaptar el espacio a nuestras necesidades, ¿verdad?
CORREDORA	—Sí, claro, si no afectan a la estructura del edificio.
ANITA	—Solamente necesitamos probadores, escaparates de exhibición y algunos entrepaños.

 ## Vocabulario

COGNADOS

el (la) calculador(a) calculator
la estructura structure
exactamente exactly
la proximidad proximity

NOMBRES

el centro comercial shopping center
los dulces sweets, confections
el edificio building
el entrepaño, el estante shelf
la escalera rodante, la escalera mecánica escalator
el escaparate, la vidriera shop window, display window
la galletica, la galleta, la galletita cookie
la juguetería toy shop
el lado side
el local, el espacio commercial space
el lugar place
la mayoría majority
el pie foot
el probador fitting room

VERBOS

acordarse (o:ue) to remember
adaptar to adapt
afectar to affect
autorizar to authorize
convenir[1] to suit, to be good for
dudar to doubt
interesar to interest
investigar to investigate
molestar(se) to bother
prestar to lend
quedarse con to take, to keep

ADJETIVOS

alquilado(a) rented
cuadrado(a) square
vacío(a), desocupado(a) vacant, empty

---

[1]Conjugated like **venir.**

256

OTRAS PALABRAS Y EXPRESIONES

aquél   that (over there)
en fondo, en depósito, de enganche (*Méx.*)   (in) deposit
es decir   that is to say
por adelantado   in advance
¡qué... !   how. . . !
sacar la cuenta   to add up
sobre   above, over
tener razón   to be right

Vocabulario adicional

PARA ALQUILAR UN LOCAL

el arrendamiento   lease
el (la) arrendatario(a)   lessee
la constancia   proof
convenir en   to agree on

ESTABLECIMIENTOS COMERCIALES (*Businesses*)

la barbería   barber shop
la carnicería   meat market
la dulcería   candy store
la farmacia   drugstore
la ferretería   hardware store
la florería   flower shop
la gasolinera, la estación de servicio   service station
los (grandes) almacenes, la tienda por departamentos   department store
la joyería   jewelry store
la lavandería   laundry
la mueblería   furniture factory or store
la panadería   bakery
la peluquería, el salón de belleza   beauty parlor, salon
la perfumería   perfume store (department)
la pescadería   fish market
el supermercado   supermarket
el taller de mecánica   auto shop
la zapatería   shoe store

Notas culturales

- Due to the difficulties of obtaining mortgage loans, most Latin Americans live in rented dwellings. Since eviction laws in most Spanish-speaking countries favor owners over tenants, many investors choose real estate investments as a guaranteed way to make money. This practice reduces the amount of capital available to business and industry, augmenting already high interest rates.
- Since most real estate transactions have to be made in cash, many Latin Americans try to pay for their homes in full. Many of them participate in capitalization plans, which are modified insurance policies at fixed term. The subscriber pays a monthly premium in order to have the right, at the end of the term, to withdraw all the money stipulated in the policy. If a subscriber dies before the end of the term, his or her heirs receive the sum. These policies allow Latin Americans a long-term, stable way to save for major cash purchases.

¿Recuerdan ustedes?

Answer the following questions, basing your answers on the dialogue.

1. ¿Qué local les interesa a Roberto y Anita?

   _____

2. ¿Por qué no pueden alquilar ese local?

   _____

3. ¿Qué otros espacios están disponibles?

   _____

4. ¿Cuánto mide el local número dieciocho?

   _____

5. ¿Qué cree Roberto del costo del alquiler del local?

   _____

6. ¿Por cuánto tiempo les ofrecen el contrato?

   _____

7. ¿Qué negocios van a abrir a uno y otro lado del local?

   _____

8. ¿Por qué cree Anita que esa proximidad les conviene?

   _____

9. ¿Cuánto deben dar de entrada para alquilar el local?

   _____

10. ¿Por qué deben llenar una planilla antes de firmar el contrato?

_____

11. Anita y Roberto pueden adaptar el local con una condición. ¿Cuál es esa condición?

_____

12. ¿Qué necesitan hacer en el local?

_____

Para conversar

Interview a classmate, using the following questions. When you have finished, switch roles.

1. ¿Hay algún centro comercial cerca de su casa? (¿Cuál?)

_____

2. ¿Le gustaría abrir una tienda algún día? ¿Qué tipo de tienda?

_____

3. ¿Estaría su tienda en la planta baja?

_____

4. ¿Qué otras tiendas le gustaría tener al lado de la suya?

_____

5. Cuando va a una tienda, ¿utiliza el elevador o prefiere subir por la escalera rodante?

_____

6. ¿Le gusta mirar los escaparates de las tiendas?

_____

Vamos a practicar

Rewrite the following sentences according to the cue.

Modelo: Se acuerda de eso.
            No hay nadie que **se acuerde** de eso.

1. La proximidad de una juguetería nos conviene.

   Dudo que _____.

2. Muchos padres evitan las tiendas de galleticas y dulces.

   No creo que _____.

3. Ella no quiere pagar más de mil dólares de alquiler mensual.

   No estoy seguro de que _____

   _____ .

4. Necesito afectar la estructura del local.

   No es verdad que _____ .

5. El espacio se adapta a nuestras necesidades.

   Busco un _____ .

6. Uds. nos autorizan a investigar su crédito.

   ¿Hay alguien que _____ ?

7. El local mide 800 pies cuadrados.

   No hay ningún local que _____ .

8. Le interesa alquilar un espacio más grande.

   ¿Conoces a alguien a quien _____ ?

9. Quiere poner una juguetería.

   ¿Sabes de alguien que _____ ?

10. Tú puedes ir a hacer el depósito hoy.

   Dudo que _____ .

Sirva usted de intérprete

With two classmates, play the roles of Sra. Álvarez, the real estate agent,
and the interpreter who helps them communicate. Switch roles until each
of you has played the interpreter's role.

SRA. ÁLVAREZ —Estoy interesada en alquilar un local en el centro comercial de la calle Magnolia.

INTÉRPRETE _____

CORREDOR "Which one? We have three vacant spaces there."

INTÉRPRETE — _____

SRA. ÁLVAREZ   —El local que yo quiero está en la planta baja, al lado de la joyería.

INTÉRPRETE   _____

CORREDOR   "That one is already rented, but we have another on the second floor, next to a toy shop."

INTÉRPRETE   — _____

SRA. ÁLVAREZ   —Sí, lo vi, pero creo que es demasiado grande.

INTÉRPRETE   _____

CORREDOR   "It is only five feet longer than the other one."

INTÉRPRETE   — _____

SRA. ÁLVAREZ   —¿Cuánto piden de alquiler?

INTÉRPRETE   _____

CORREDOR   "Two dollars per square foot, with a minimum lease period of four years."

INTÉRPRETE   — _____

SRA. ÁLVAREZ   —Lo siento, pero yo no creo que pueda pagar un alquiler tan alto.

INTÉRPRETE   _____

CORREDOR   "Well, that's okay, but I doubt you'll find a place like this for less money."

INTÉRPRETE   — _____

Sirva usted de traductor

Mr. Richard Elliot, an American in Panama, needs to sign the following leasing contract. Review the *Vocabulario adicional* in this lesson, and then translate the contract for him.

CONTRATO DE ARRENDAMIENTO

De una parte el Sr. José Zamora Sosa, propietario del Edificio Zamora, situado en Alcalá número 125, en la ciudad de Panamá, y de la otra parte el Sr. Richard Elliot como arrendatario, convienen en:

1. El propietario alquila al arrendatario el local número 101 del edificio antes mencionado.
2. El arrendatario debe pagar un alquiler de cuatrocientos dólares mensuales ($400.00) por el local mencionado.
3. El arrendatario debe pagar los alquileres por adelantado y entregar el alquiler de un mes en depósito.
4. El arrendatario debe usar el local para oficina.
5. El presente contrato es válido por cinco años a partir de la fecha de su firma.

Y, para constancia, el arrendatario y el propietario firman el presente contrato en Panamá, a 4 de noviembre del 20—.

_____   _____
Propietario   Arrendatario

_____

_____

_____

_____

_____

_____

_____

_____

_____

En estas situaciones

What would you say in the following situation? What might the other person say?

You are a real estate agent, talking with a client who wants to rent commercial space. The space he/she is interested in is rented, but you have a similar one on the ground floor. Tell him/her that the place on the ground floor is more expensive because it is 680 square feet; it is next to a toy shop, and you doubt a better place can be found. Mention that the place has display windows and counters, but it doesn't have fitting rooms. Modifications can be made if they do not affect the structure of the building. Say that you need to investigate his/her credit, but first you need him/her to sign a form to authorize the investigation.

Casos

Act out the following scenarios with a partner.

1. An employee from the rental office of a shopping center takes care of a potential customer, who wants to rent commercial space.

2. Two business partners discuss a space for rent for their new shopping center.

Un paso más

A. You are a real estate broker. What listings would you recommend to clients who are looking for the following types of commercial space?

ALQUILER DE LOCALES COMERCIALES

Anaheim
SEA SU PROPIO JEFE
900-3600 pies^2, tienda–oficina para alquilar. Excelente local, buen alquiler y contrato. No espere más. Vea: 9300–9386 Katella Ave.
(800) 426–2971
(310) 947–1686

Bell Gardens
LOCALES COMERCIALES
Se renta, esquina de Florence y Garfield, adecuados para florería, renta de video, autopartes, carnicería, panadería o cualquier otro negocio. Alquileres empiezan desde $500. Para más informes llamar al (310) 923–2788.

Los Ángeles
ESTACIÓN DE ALQUILER
Excelente negocio para estilistas, cuidado de piel, etc. Un mes de alquiler gratis. Mes a mes. Llame en inglés a Alvina, (818) 702–0343.

Los Ángeles
LOCALES EN EXCELENTE ÁREA
Beverly Blvd. y Western. 600 p^2, mucho tráfico. (213) 654–1464

Los Ángeles
PARA TIENDA U OFICINA
$850 mensuales. 3071 W. Pico Blvd., cerca de Western y Pico Blvd.
Nuevo edificio.
(213) 737–1333
Preguntar por Norma.

1. space suitable for opening a video rental shop

2. space with at least 2500 square feet

3. space in a new building

4. space that comes with the first month's rent free

5. space suitable for a store, on a corner lot of a busy street

B. Review the *Vocabulario adicional* in this lesson and then complete the following exchanges by filling in the blanks with the Spanish equivalent of the words or phrases in parentheses.

1. —Este es un buen local para una _____ (*barber shop*) o para un _____ (*beauty parlor*).

   —Pues yo pondría aquí una _____ (*perfume store*) o una _____ (*jewelry store*).

2. —¿Adónde vas? ¿A la _____ (*meat market*) o a la _____ (*fish market*)?

   —Voy al _____ (*supermarket*) y a la _____ (*bakery*).

   —¿Puedes llevar estos vestidos a la _____ (*laundry*) también?

3. —Voy a la _____ (*hardware store*). ¿Quieres algo?

   —Si vas a la _____ (*candy store*), quiero que me compres dulces, y también compra una docena de rosas en la _____ (*flower shop*), por favor.

4. —En este centro comercial hay una _____ (*furniture store*) y dos _____ (*shoe stores*).

5. —Mi auto no funciona. Voy a llevarlo al _____ (*auto shop*).

   —Después tienes que ir a la _____ (*service station*).

🔊 *Vendiendo y comprando seguros*

Un agente visita a la Sra. Aguirre para venderle un seguro de vida.

AGENTE	—¿Tiene Ud. hijos, Sra. Aguirre?
SRA. AGUIRRE	—Sí, tengo dos hijos.
AGENTE	—Espero que haya pensado qué será de ellos cuando Ud. les falte.
SRA. AGUIRRE	—No creo que haya pensado mucho en esa eventualidad. Soy bastante joven todavía.
AGENTE	—Pero cuando Ud. sea mayor, el seguro de vida le costará más.
SRA. AGUIRRE	—Tengo 45 años. ¿Cuánto me costaría el seguro ahora?
AGENTE	—Por cada mil dólares de cobertura, pagaría una prima de un dólar y noventa centavos.
SRA. AGUIRRE	—¿La cobertura incluye la muerte por cualquier motivo?
AGENTE	—Sí, excepto por suicidio durante los dos años después de la firma de la póliza.
SRA. AGUIRRE	—Déjeme una copia de la póliza y literatura. Tan pronto como las lea lo llamaré.

El Sr. Caro compra un seguro de automóviles.

SR. CARO	—Necesito un seguro para mi coche.
AGENTE	—¿Quiere un seguro contra todo riesgo o uno que cubra solamente la responsabilidad civil?
SR. CARO	—Uno que cubra lo que exige la ley. El coche es muy viejo y no vale la pena asegurarlo contra robos o contra los daños que sufra.
AGENTE	—En este estado, una póliza que cubra la responsabilidad civil es suficiente.
SR. CARO	—¿Qué cubre la póliza más barata de ese tipo?
AGENTE	—Hasta $15.000 por daños a las personas, con un máximo de $30.000 por accidente, y $5.000 por daños a la propiedad. Esta póliza sólo cubre al conductor y a los pasajeros del otro coche.
SR. CARO	—¿Y qué pasa en caso de que mi seguro no alcance para pagar los gastos médicos?
AGENTE	—Entonces Ud. es responsable por la diferencia; por eso le recomiendo que compre una póliza con mayor cobertura, por si hay que pagar atención médica y hospitalaria.
SR. CARO	—¿Cuánto me costaría una cobertura de responsabilidad civil de $50.000 por persona?
AGENTE	—¿Quién va a manejar el coche?
SR. CARO	—Solamente yo. Bueno, mi novia lo maneja algunas veces.
AGENTE	—¿Cuántos años hace que Uds. tienen licencia de conducir?

SR. CARO	—Yo, cuatro años... y mi novia, tres.
AGENTE	—¿Han tenido Uds. algún accidente?
SR. CARO	—Yo choqué hace dos meses, pero el juez declaró culpable al otro chofer.
AGENTE	—¿Han pagado multas por violaciones de las leyes del tránsito?
SR. CARO	—Mi novia ha pagado dos por no hacer caso a las señales de parada, y yo una por pasar con la luz roja y otra por exceso de velocidad.
AGENTE	—Lo siento. No podemos venderle una póliza. Ud. tiene demasiadas violaciones y esto es un riesgo para nosotros. Ud. tendrá que llamar a la oficina que se encarga de los conductores que están en su situación para que lo aseguren.

La Sra. Llano quiere comprar un seguro para su negocio.

AGENTE	—¿Es suyo el edificio?
SRA. LLANO	—No, yo solamente soy una de las propietarias del negocio.
AGENTE	—En ese caso puede comprar un seguro que cubra los equipos, los muebles y enseres, y la mercancía de su negocio.
SRA. LLANO	—Me interesa un seguro contra robos y contra incendios.
AGENTE	—Yo le aconsejo que asegure su negocio contra todo riesgo.
SRA. LLANO	—¿Qué cubre la póliza contra todo riesgo?
AGENTE	—Tenemos un seguro comprensivo que incluye restitución de pérdidas por daños causados por robos, fuegos, motines, inundaciones y otros fenómenos naturales como nevadas, tornados, huracanes, etc.[1]
SRA. LLANO	—¿No incluye terremotos?
AGENTE	—No, señora. Ése es un seguro aparte, y nuestra compañía no lo ofrece ahora.
SRA. LLANO	—Y si un trabajador o un cliente sufre lesiones u otros daños en nuestro establecimiento, ¿está nuestra responsabilidad civil cubierta por esa póliza?
AGENTE	—Sí, señora.

🎧 Vocabulario

COGNADOS

el accidente accident	**la póliza** policy
comprensivo(a) comprehensive	**precisamente** precisely, exactly
la copia copy	**responsable** responsible
la eventualidad eventuality	**la restitución** restitution
excepto except	**el suicidio** suicide
el huracán hurricane	**el tornado** tornado
la literatura literature	**la violación** violation

---

[1]etcétera

NOMBRES

la cobertura   coverage
los enseres   fixtures
el exceso de velocidad   speeding
el fenómeno natural, la fuerza mayor   natural
  phenomenon, act of God
la firma   signing, signature
el fuego, el incendio   fire
la inundación   flood
la lesión   injury
la luz   light
el motín   riot
el motivo   cause, reason
la muerte   death
la multa   fine, ticket
la nevada   snowstorm
la prima   premium
la responsabilidad civil   liability
el robo   theft, burglary, robbery
la señal de parada   stop sign
el terremoto, el temblor   earthquake
el (la) trabajador(a)   worker
el tránsito   traffic
la vida   life

VERBOS

aconsejar   to advise
alcanzar   to reach, to be enough
asegurar   to insure
chocar   to collide, to have a collision
faltar   to be lacking
incluir   to include

ADJETIVOS

causado(a)   caused
cubierto(a)   covered
culpable   at fault, guilty
joven   young
mayor   older
rojo(a)   red
viejo(a)   old

OTRAS PALABRAS Y EXPRESIONES

algunas veces   sometimes
la atención médica y hospitalaria   medical and
  hospital care
bastante   quite
contra   against
declarar culpable   to declare at fault
en caso de que   in case (that)
hacer caso   to pay attention
hay que   one must, it is necessary to
para que, a fin de que   so that
por cualquier motivo   for any reason
¿Qué será de... ?   What will become of . . . ?
tan pronto como, en cuanto   as soon as
valer la pena   to be worth it

Vocabulario adicional

PARA HABLAR DE LOS SEGUROS

a favor de   on behalf of
el (la) asegurado(a), el (la) subscriptor(a)
  policyholder
el (la) asegurador(a)   insurer, insurance company
la indemnización   compensation, indemnification
la invalidez   disability, disablement
la probabilidad de vida   life expectancy
la reclamación   claim

la renta vitalicia   life annuity
el rescate   surrender value
el seguro de accidentes de trabajo   workers'
  compensation insurance
el seguro de grupo, el seguro colectivo   group
  insurance
el seguro de salud   health insurance
el seguro dotal   endowment insurance
la tercera persona, el tercero   third party

> ## Nota cultural
>
> Taking out insurance is not a widespread practice among Latinos. Even though property insurance and life insurance are the types of insurance most frequently bought in Latin America, much more property is uninsured than insured, and only a small percentage of Latin Americans buy life insurance. In some countries, there is a growing availability of very inexpensive life insurance policies whose benefits barely cover funeral expenses.
>
> Auto insurance is not mandatory in most countries, and consequently is not considered essential by many. Health insurance is not provided through a workplace-based system similar to that of the United States; instead, Latin Americans who can afford it purchase coverage for their families themselves. Long before there were HMOs in the United States, Spanish-speaking countries had similar organizations called **asociaciones mutualistas** that offered their members doctor's visits, prescription drugs, and hospital care for a modest monthly fee. Middle-class families generally join one of these "clinics"; the poor rely on public hospitals and clinics, which are usually free, for their health care.

¿Recuerdan ustedes?

Answer the following questions, basing your answers on the dialogues.

1. ¿Cree la Sra. Aguirre que necesita un seguro de vida? ¿Por qué o por qué no?

    _____

2. ¿Qué edad tiene la Sra. Aguirre?

    _____

3. ¿Cuánto va a pagar por el seguro si lo compra ahora?

    _____

4. ¿Qué motivo de muerte no cubre el seguro?

    _____

5. ¿Para qué quiere la Sra. Aguirre una copia de la póliza y literatura?

    _____

6. ¿Qué tipos de seguro de carros le ofrece el agente al Sr. Caro?

    _____

7. ¿Por qué no está interesado el Sr. Caro en un seguro contra todo riesgo?

    _____

8. ¿Cuánto paga la póliza que cubre la responsabilidad civil?

    _____

9. ¿Qué ocurre si el seguro no cubre el total de los gastos médicos?

    _____

10. ¿Qué le recomienda el agente al Sr. Caro?

_____

11. ¿Por qué no asegura la Sra. Llano el edificio de su negocio?

_____

12. ¿Qué riesgos cubre el seguro comprensivo?

_____

13. ¿Qué riesgo no está incluido en la póliza que le ofrece el agente?

_____

Para conversar

Interview a classmate, using the following questions. When you have finished, switch roles.

1. ¿Tiene Ud. algún seguro? ¿Cuál(es)?

_____

2. ¿Ha pensado Ud. qué será de su familia cuando Ud. les falte?

_____

3. ¿Quién paga su seguro médico?

_____

4. ¿Qué cubre su seguro de salud?

_____

5. ¿Cuánto tiempo de atención hospitalaria cubre su seguro?

_____

6. ¿Exigen las leyes de su estado que se tenga seguros contra todo riesgo?

_____

7. ¿Ha tenido Ud. un accidente de automóvil alguna vez?

_____

8. ¿Pagó su compañía de seguro todos los daños?

_____

9. ¿Maneja otra persona su coche algunas veces?

_____

10. ¿Ud. siempre para su coche cuando el semáforo (*traffic light*) está en rojo?

_____

11. ¿Ha pagado Ud. alguna multa por exceso de velocidad?

_____

12. ¿Vale la pena asegurar su auto contra robos? ¿Por qué o por qué no?

_____

Vamos a practicar

A. Combine the following sentences, using the cues given.

Modelo: ¿A quién llamo? / Él tiene un acidente. (en caso de que)
   ¿A quién llamo en caso de que él tenga un accidente?

1. ¿Qué será de ellos? / Yo les falto. (cuando)

_____

2. No pagará los daños. / El juez lo declara culpable. (hasta que: *until*)

_____

3. Lo llamaré. / Leo la póliza. (tan pronto como)

_____

4. Van a pagar la prima. / Tienen dinero. (en cuanto)

_____

5. No compraré el seguro. / Cubre los daños por inundación. (a menos que)

_____

B. Rewrite the following sentences to indicate that the events to which they refer took place in the past. Follow the model.

Modelo: Ojalá que ella <u>compre</u> el seguro.

   Ojalá que ella **haya comprado** el seguro.

1. Espero que la póliza <u>cubra</u> el total de la atención médica.

_____

2. Dudo que ella <u>asegure</u> los enseres contra inundaciones.

_____

3. No creo que le <u>pongan</u> una multa por exceso de velocidad.

_____

4. Es posible que el seguro no <u>alcance</u> para la atención hospitalaria.

_____

5. Temo que <u>choque</u> el coche nuevo.

_____

Sirva usted de intérprete

With two classmates, play the roles of Sr. Alonso, the insurance agent, and the interpreter who helps them communicate. Switch roles until each of you has played the interpreter's role.

SR. ALONSO   —Deseo asegurar mi negocio contra fuego y contra robos.

INTÉRPRETE   _____

AGENTE   "What type of business is yours?"

INTÉRPRETE   —_____

SR. ALONSO   —Yo importo vegetales.

INTÉRPRETE   _____

AGENTE   "Do you want to insure the building or the merchandise and the fixtures?"

INTÉRPRETE   —_____

SR. ALONSO   —El edificio no es mío. Deseo asegurar solamente lo que está dentro del edificio: los equipos, los muebles y enseres, y la mercancía.

INTÉRPRETE   _____

AGENTE   "Where is your business located?"

INTÉRPRETE   —_____

SR. ALONSO   —Cerca de Malibu.

INTÉRPRETE   _____

AGENTE   "In that case I think that you must buy flood insurance also."

INTÉRPRETE   —_____

SR. ALONSO   —No, no lo necesito. Mi negocio está situado en un lugar alto.

INTÉRPRETE   _____

Sirva usted de traductor

You are helping set up an office for your company in a Spanish-speaking country. While you were out to lunch, an insurance broker called to answer several questions you had about his company's services. Review the *Vocabulario adicional* in this lesson, and then translate the notes your assistant took so that you can fax them to your boss in the United States.

Llamada del Sr. Ramírez de Seguros Múltiples
lunes 28/4
Quiere que Ud. sepa lo siguiente:
—Con el seguro de vida de que Uds. hablaron, si el asegurado fallece, la beneficiaria recibirá una renta vitalicia.
—La probabilidad de vida de un hombre de 60 años es de 76 años.
—La compañía recomienda que no se asegure la vida a favor de una tercera persona.
—En diez años, el importe del rescate de esta póliza será de unos siete mil dólares.
—La póliza no cubre indemnizaciones por accidentes debidos a fuerza mayor.

_____

_____

_____

_____

_____

En estas situaciones

What would you say in the following situations? What might the other person say?

1. You are an insurance agent meeting with a customer who doesn't speak English. Ask if the client has a life insurance policy. Find out the customer's age and let him/her know that, for that age, the premium is one dollar and fifty cents for every thousand dollars of coverage. Say that, in case of accidental death, the company pays double, that the policy doesn't cover suicide during the first two years after the signing, and that you can provide a copy of the policy to be read later.

2. You are in Mexico. Buy a local automobile insurance policy. Tell the agent that you're going to be driving in Mexico for two weeks. Ask what type of car insurance is required by law in Mexico. Say that you want insurance that covers all risks. Say that you have decided to buy only the required insurance.

Casos

Act out the following scenarios with a partner.

1. An insurance agent discusses life insurance with a client.

2. An insurance agent sells car insurance to a young couple.

3. A person interested in buying insurance for his / her business talks about it with an agent.

Un paso más

You need to find a new insurance company for your employees. Review the *Vocabulario adicional* in this lesson and use it and other vocabulary to formulate a list of questions for agents of prospective providers.

1. _____

2. _____

3. _____

4. _____

5. _____

6. _____

7. _____

8. _____

9. _____

10. _____

🔊 *En el bufete de una abogada*

La Sra. Reyes tuvo un accidente y quiere poner una demanda.

SRA. REYES	—Quiero ponerle una demanda a la compañía Alfa.
ABOGADA	—¿Por qué motivo?
SRA. REYES	—Un camión de la empresa chocó mi coche por detrás.
ABOGADA	—¿Hubo heridos? ¿Quiénes iban en el coche?
SRA. REYES	—Yo iba en el coche con mi esposo. Él sufrió una herida en la frente y ahora le duele la cabeza todos los días.
ABOGADA	—¿Y a Ud. no le pasó nada?
SRA. REYES	—A mí me duele mucho el cuello ahora, y estoy muy nerviosa.
ABOGADA	—Lo mejor sería que fueran a ver a un médico especialista que les voy a recomendar. ¿Dice Ud. que el camión le pegó a su coche por detrás?
SRA. REYES	—Sí, yo había parado en un semáforo. El chofer estaba borracho.
ABOGADA	—¿Está Ud. segura?
SRA. REYES	—Sí, le hicieron la prueba del alcohol y resultó positiva.
ABOGADA	—Bien. En la demanda pediremos el pago de los daños causados al coche, los gastos médicos de Ud. y de su esposo y compensaciones por los sufrimientos de ambos.
SRA. REYES	—¿Cuánto cree que podemos obtener?
ABOGADA	—Por lo menos veinte mil dólares para cada uno.
SRA. REYES	—¿Cuáles son sus honorarios? ¿Necesito adelantarle alguna suma?
ABOGADA	—Ahora Ud. pagará sólo los gastos. Después, cuando ganemos el caso, yo recibiré el treinta por ciento de la cantidad que les sea adjudicada.
SRA. REYES	—¿Y si no ganamos?
ABOGADA	—Si no ganan, no me debe nada. ¿Puedo tratar de llegar a un arreglo con la compañía antes del juicio?
SRA. REYES	—Sí, creo que sería preferible evitar el juicio, si Ud. cree que podemos obtener un arreglo equitativo.

Ese mismo día, el Sr. Cruz habla con otro abogado porque quiere hacer testamento.

SR. CRUZ	—Doctor,[1] deseo hacer testamento. Viajo mucho y no querría que mis hijos tuvieran problemas con la herencia si me pasara algo.
ABOGADO	—Hace bien, Sr. Cruz. Si Ud. muriera intestado sus herederos tendrían muchísimos problemas.
SR. CRUZ	—Los pleitos de abintestato son largos y caros, ¿no?

---

[1]Lawyers are addressed as **doctor(a)** in most Spanish-speaking countries. In Mexico, however, the term **licenciado(a)** is used. Spanish-speaking people continue to observe these customs in the United States when talking to a Latino lawyer.

ABOGADO	—Exactamente. Bueno, ¿cuáles son sus bienes?
SR. CRUZ	—Mi casa, mi participación en un negocio de importación, algunos bonos y dinero invertido en varios fondos mutuos.
ABOGADO	—¿A quiénes desea dejar sus bienes?
SR. CRUZ	—A mis hijos, a partes iguales.
ABOGADO	—Necesita nombrar un albacea, que administrará la herencia desde el momento en que Ud. fallezca hasta que se repartan sus bienes.
SR. CRUZ	—Bien. Otra cosa: también me gustaría firmar un documento para que, si estoy muriéndome sin remedio, no me prolonguen la vida inútilmente.
ABOGADO	—Muy bien. ¿Piensa Ud. donar sus órganos cuando muera?
SR. CRUZ	—Sí.
ABOGADO	—Entonces tiene que firmar estos documentos.

 ## Vocabulario

COGNADOS

el alcohol alcohol	**el órgano** organ
la compensación compensation	**la participación** participation
el (la) especialista specialist	**positivo(a)** positive
intestado(a) intestate	**preferible** preferable

NOMBRES

el abintestato intestate case
el (la) abogado(a) lawyer
el (la) albacea executor
los bienes assets
el bufete law office
la cabeza head
el cuello neck
la demanda, el pleito lawsuit, litigation
el fondo mutuo mutual fund
la frente forehead
el (la) heredero(a) heir
la herida wound
los honorarios fees
el juicio trial
la prueba test
el semáforo traffic light
el sufrimiento suffering
la suma amount
el testamento will

VERBOS

adelantar to pay in advance
administrar to manage
donar to donate
ganar to win
nombrar to name, to appoint, to retain (*a lawyer*)
pasar to happen
pegar to hit
prolongar to prolong
repartir to divide
resultar to follow, to result
tratar (de) to try (to)

ADJETIVOS

adjudicado(a) awarded
borracho(a) drunk
equitativo(a) fair, reasonable
grave serious
invertido(a) invested
largo(a) long
mismo(a) same
nervioso(a) nervous
varios(as) several

a partes iguales   in equal parts
algo   something
hacer bien   to do the right thing
inútilmente   uselessly
¿Hubo heridos?   Was anybody hurt?
lo mejor   the best thing
llegar a un arreglo   to make a deal, to reach an
  agreement
poner una demanda, demandar   to file a lawsuit,
  to sue
por detrás   from behind
sin remedio   without hope

Vocabulario adicional

PERSONAS QUE PARTICIPAN EN UN JUICIO

el (la) abogado(a) acusador(a)   prosecutor
el (la) acusado(a), el (la) reo   defendant (in a
  criminal case)
el (la) demandado(a)   defendant (in a civil case)
el (la) fiscal   district attorney
el (la) juez(a)   judge
el jurado   jury
el (la) perito(a), el (la) experto(a)   expert witness
el (la) policía   police officer
la policía   police department
el (la) testigo   witness

ALGUNOS DELITOS

el asalto   assault
el asesinato   murder
el delito mayor, el delito grave   felony
el delito menor, el delito menos grave
  misdemeanor
la entrada ilegal   trespassing
la extorsión   extortion
el fraude   fraud
el homicidio   manslaughter
manejar bajo los efectos del alcohol   driving
  while intoxicated
el robo   theft
el soborno, la mordida (*Méx.*)   bribe
la venta (la posesión) de drogas   sale (possession)
  of drugs

LOS VEREDICTOS

culpable   guilty
inocente   not guilty

Nota cultural

Spanish-speaking countries base their legal systems on Roman law, mostly as reflected in the Napoleonic Code. The United States adheres to the Anglo-Saxon common law traditions. These legal differences may affect business relations between Latin American nations and the U.S.

One of the aspects of business law that is very different between these two legal systems pertains to product liability. In the U.S., laws are designed for the protection of the consumer; plaintiffs are often awarded large sums of money for pain and suffering resulting from negligence on the part of a company. In Mexico, for example, the law only allows for specific material losses that a plaintiff may have incurred. Another major difference is in the area of discrimination. These laws, long vital in the U.S. due to a history of racial tension, have expanded to include discrimination due to age, sex, religion, and sexual orientation. In most of Latin America these laws do not exist, although labor laws are generally much stronger in the Hispanic world than in the United States. Justice in Spanish-speaking countries is administered by judges rather than by juries.

The gap between these two philosophies of law was one of the concerns in the negotiations for the North American Free Trade Agreement (NAFTA), or, in Spanish, **Tratado de Libre Comercio de América del Norte (TLCAN)**. While business between the United States and Mexico has increased since its passage, the incompatibilities of the two legal systems continue to pose problems. Attorneys well-versed in both systems are seeing an increase in their work loads as they become important players in international commerce for companies on both sides of the border.

¿Recuerdan ustedes?

Answer the following questions, basing your answers on the dialogues.

1. ¿Para qué vino la Sra. Reyes al bufete de la abogada?

   _____

2. ¿Qué le sucedió al esposo de la Sra. Reyes?

   _____

3. ¿Le sucedió algo a la Sra. Reyes?

   _____

4. ¿Qué acababa de hacer la Sra. Reyes cuando le chocaron el coche por detrás?

   _____

5. ¿Por qué está segura la Sra. Reyes de que el chofer del camión estaba borracho?

   _____

6. ¿Qué va a pedir la abogada en la demanda?

   _____

7. ¿Cuánto recibirá la abogada de la compensación que reciban la Sra. Reyes y su esposo?

   _____

8. ¿Cuánto le deberá pagar la Sra. Reyes a la abogada si no ganan el caso?

   _____

9. ¿En qué caso puede la abogada llegar a un arreglo con la compañía Alfa, según (*according to*) la Sra. Reyes?

   _____

10. ¿Por qué no quiere el Sr. Cruz morir intestado?

    _____

11. ¿Cuáles son los bienes del Sr. Cruz?

    _____

12. ¿Qué otros documentos quiere firmar el Sr. Cruz?

    _____

Para conversar

Interview a classmate, using the following questions. When you have finished, switch roles.

1. ¿Ha puesto Ud. una demanda alguna vez?

   _____

2. ¿Ha sufrido Ud. algún accidente en su coche?

   _____

3. ¿Sufrió alguien alguna herida?

   _____

4. ¿Sufrió su coche daños importantes?

   _____

5. ¿Recibió Ud. alguna compensación por los daños, los gastos médicos y por el sufrimiento?

   _____

6. ¿Tiene Ud. testamento?

   _____

7. ¿Por qué cree Ud. que es una buena idea hacer testamento?

   _____

8. ¿A quién le piensa dejar los bienes cuando Ud. muera?

   _____

9. ¿Tiene Ud. algún documento firmado para cuando se esté muriendo o para cuando muera?

_____

Vamos a practicar

A. Rewrite the following sentences using the new cues.

Modelo: No hay nadie que pueda hacerlo.

No había nadie que **pudiera hacerlo.**

1. Ella quiere que Ud. le ponga una demanda a la compañía Alfa.

Ella quería que _____.

2. Lo mejor es que vaya a ver a un médico especialista.

Lo mejor sería que _____.

3. Teme que el camión le choque por detrás.

Temía que _____.

4. Pide que su herencia se reparta entre sus hijos.

Pidió que _____.

5. La abogada nos recomienda que nombremos un albacea.

La abogada nos recomendó que _____.

6. No creemos que quiera preparar el testamento.

No creíamos que _____.

B. Combine the two sentences into one using the conditional *si*.

Modelo: Mi hijo *es* menor de edad. / *Nombraré* un tutor (*guardian*).

Si mi hijo **fuera** menor de edad **nombraría** un tutor.

1. La abogada está en su bufete. / Voy a verla.

_____

2. Nos chocan el coche. / Ponemos una demanda.

_____

3. Tienes dos hijos. / Repartes tus bienes a partes iguales.

_____

4. Le hacen la prueba del alcohol. / Resulta positiva.

_____

5. Me pasa algo. / Mis hijos reciben todos mis bienes.

_____

6. Sufro una herida grave. / No puedo trabajar.

_____

Sirva usted de intérprete

With two classmates, play the roles of Sr. Rosado, the lawyer, and the interpreter who helps them communicate. Switch roles until each of you has played the interpreter's role.

SR. ROSADO —Vengo a verla porque quiero poner una demanda contra una compañía.

INTÉRPRETE _____

ABOGADA "Why?"

INTÉRPRETE —_____

SR. ROSADO —Un camión de esa firma chocó contra mi casa.

INTÉRPRETE _____

ABOGADA "Is your house insured?"

INTÉRPRETE —_____

SR. ROSADO —Sólo contra incendios e inundaciones.

INTÉRPRETE _____

ABOGADA "And the company doesn't want to pay the damages done to the property?"

INTÉRPRETE —_____

SR. ROSADO —Bueno, nos ofrece $6.000 por los daños a la casa y pagar los gastos médicos de mi esposa.

INTÉRPRETE _____

ABOGADA "What happened to your wife in the accident?"

INTÉRPRETE —_____

SR. ROSADO —Sufrió heridas en el cuello y en la frente. Aquí está el informe médico.

INTÉRPRETE _____

ABOGADA   "Has your wife had any problems since the accident?"

INTÉRPRETE   — _____

SR. ROSADO   —Sí, le duele la cabeza todos los días y está tan nerviosa que no puede trabajar.

INTÉRPRETE   _____

ABOGADA   "How did the accident happen?"

INTÉRPRETE   — _____

SR. ROSADO   —El chofer estaba borracho. Pasó el semáforo con la luz roja y, después de chocar con otro coche, chocó contra mi casa.

INTÉRPRETE   — _____

_____

ABOGADA   "Are you sure that the driver was drunk?"

INTÉRPRETE   — _____

SR. ROSADO   —Sí, le hicieron la prueba del alcohol y resultó positiva.

INTÉRPRETE   _____

ABOGADA   "And where was your wife?"

INTÉRPRETE   — _____

SR. ROSADO   —Ella estaba en la puerta, hablando con una vecina.

INTÉRPRETE   — _____

ABOGADA   "Very well. The case interests me."

INTÉRPRETE   — _____

Sirva usted de traductor

You and your boss are traveling in the Dominican Republic. She wants to follow a major trial involving your company that is currently going on in the United States. Review the *Vocabalario adicional* and then translate the following excerpt from a local newspaper for her.

Empieza juicio contra Juan López

NUEVA YORK –

El juicio de Juan López empezó ayer a las ocho de la mañana. El juez no aceptó la solicitud del fiscal de posponer el juicio. El primer testigo no pudo identificar al reo. Los peritos van a empezar a declarar mañana. La defensa afirmó que el acusado tendrá que ser declarado inocente a menos que la policía consiga más pruebas.

_____

_____

_____

_____

_____

_____

_____

_____

En estas situaciones

What would you say in the following situations? What might the other person say?

1. You are a lawyer talking with a client who wants to write a will. Ask about your client's spouse and children, including the children's ages. Ask what assets there are, to whom they are to be left, and who will be named executor. Explain what an executor is. Ask if he/she plans to leave anything to a school, church or other organization. Also find out if your client's spouse has a will.

2. You are a client who wants to sue a doctor. Tell the lawyer that you were hurt in a collision, were seen by the doctor, and were told that you had no problem although you complained of a headache, but did not have what seemed to be serious wounds. Your headaches have continued. A new doctor says a neck injury from the accident is causing your pain but now there is no treatment. You can expect the headaches and pain to continue, perhaps the rest of your life.

Casos

Act out the following scenarios with a partner.

1. A lawyer is taking care of a client who wants to write a will.

2. A lawyer is talking with a client who wants to sue a company.

Un paso más

You are an attorney, and a client of yours has been accused of a crime. Review the *Vocabulario adicional* in this lesson and use it and other vocabulary to prepare a description of the trial process and a list of questions you will want to ask your client.

1. _____

2. _____

3. _____

4. _____

5. _____

6. _____

7. _____

8. _____

9. _____

10. _____

Suplemento 4

Documentos de negocios

- Documentos mercantiles
- Instrumentos de crédito
- Contratos

Documentos mercantiles (*Business documents*)

EL RECIBO (*Receipt*)
Read the following receipts and answer the questions on page 289.

RECIBO DE ARRENDAMIENTO O SUBARRENDAMIENTO DE INMUEBLES

No. Reg. Fed. de Contribuyentes _____

NOMBRE _____ Javier Gómez _____
_____ (arrendador o subarrendador) _____

DOMICILIO _____ Calle Doce 32 _____

población _____ entidad federativa _____

RECIBÍ DE _____ María Monsalvo _____

DOMICILIO _____ Calle de los Reyes 343, N° 18 _____
_____ (ubicación del inmueble y no. ext. e int.) _____

Seiscientos pesos
(cantidad con letra)

LA CANTIDAD DE _____ $600

I.V.A. _____

RENTA DEL MES Y AÑO _____ **I.S.R.** _____

_____ **TOTAL** ____ $600

lugar _____ fecha ____ 10/9 ____ Firma ____ JG ____

No. ____ 45 _____ por $ ____ 82 50/

Recibí de ____ la ____ *Sra.* ____ Juana Osuna ____

la cantidad de ____ Ochenta y dos 50/00 pesos ____

por ____ la reparación de una caja registradora ____

_____

____ 4 ____ de ____ enero _____ del 20__

____ Pedro Hernández

RECIBO POR PAGO DE HONORARIOS Folio

No. Reg. Fed.
de Contribuyentes _____ No. Reg. I.M.S.S. _____ Ced. o Reg.
Correspondiente _____

NOMBRE Lic. Mariana García de León
apellido paterno, materno y nombre(s) o asociación o sociedad civil o profesional

DOMICILIO Calle de la Cuesta, 381 tel. 24-31-720

población _____ entidad federativa _____

RECIBÍ DE: Susana Reyes Hidalgo
Mil quinientos pesos
(cantidad con letra)

DOMICILIO Juárez, 38   **LA CANTIDAD DE** $1.500

I.S.R. _____

CONCEPTO Servicios legales   **I.V.A.** $150

TOTAL $1.650

lugar Puebla _____ fecha 11/9 _____ Firma *M. García de León*

1. ¿Por qué recibió dinero el Sr. Gómez de la Srta. Monsalvo?

   _____

2. ¿Cuánto paga ella de alquiler al mes?

   _____

3. ¿Qué trabajo hizo el Sr. Hernández?

   _____

4. ¿Cuánto cobró el Sr. Hernández por su trabajo?

   _____

5. ¿En qué trabaja la Sra. García de León?

   _____

EL PEDIDO (*Purchase order*)
Read the information in the purchase order and answer the questions that follow.

LIBRERÍA MINERVA Calvo Sotelo No. 560 Madrid, España		PEDIDO No.　164		
A: **Editorial Austral**		Fecha: **19 oct. 20—**		
Domicilio: **Sarmiento, 645**		Entrega: **30 días fecha**		
Buenos Aires, Argentina		Remitir por: **Avión**		

Cantidad	Descripción	Encuadernación	Precio/U.	Total
25	Borges: Ficciones	Rústica	$2.00	$50.00
10	Sarmiento: Facundo	”	1.75	17.50
5	Rodó: Ariel	“	2.50	12.50
			TOTAL	$80.00

Favor enviar **por expreso aéreo.**

Instrucciones adicionales: **Empacar correctamente**

Nota: Precio US $ según catálogo
lo. septiembre del 20 __.

Original: Proveedor

Departamento de Compras

Juan González

Jefe de Compras

encuadernación: *binding*

1. ¿Cuántos libros se pidieron?

_____

2. ¿Cómo van a enviarlos?

_____

3. ¿En qué moneda debe pagar el cliente?

_____

LA FACTURA (*Invoice*)
Read the invoices below and on page 292, and answer the questions that
follow.

MARIA DE LEZO,
núm. 26
—

SERVICIO OFICIAL
SEAT
Talleres Bengoechea
LAVADO - ENGRASE - REPARACION DE AUTOMOVILES
EXPOSICION Y VENTA - SERVICIO GRUA

Taller autorizado
núm. 05576
—
TELEFONOS
51 21 46 - 51 32 45

RENTERIA, _10_ DE _Octubre_ _____ DEL 20__
(Gulpúzcoa)

D. ___Pablo Izurieta___

REPARACION COCHE: ___Panda 1989___

CONCEPTO	IMPORTE	
	Pesetas	Cts.
MANO DE OBRA[1]	20.000	00
MATERIALES	35.000	00
ENGRASE Y CAMBIO DE ACEITE[2]		
SUMA	55.000	00
2,70 % I.G.T.E.	1.485	00
TOTAL PESETAS	56.485	00

NOTA: Para evitar demoras, la factura de la reparación de su coche va en forma extractada.
Si desea una relación detallada de los trabajos realizados, le rogamos lo solicite a nuestro Cajero.
Muchas gracias **SEAT**

TALLERES BENGOECHEA

Ibepacón-60074 M

ALBARAN DE CONTADO

CONFORME. N.º **26**

Mario del Río

---

1 **mano...** labor   2 **engrase...** lube and oil change

Karpatos S.R.L.[1] **B** N° **0003–** 00009632

Fabricación - Importación
Equipajes - Mochilas - Bolsos Deportivos

Cerrito 274 Tel. 35-1970
(1010) Capital Federal
IVA RESPONSABLE INSCRIPTO

Día	Mes	Año
18	8	01

C.U.I.T. 30-55568791-1
Ing. Brutos N° 195153-10 **FACTURA**
Caja Prev. C.N.P.S. Ind. y Com.
Inscripción N° 55568791

SEÑOR _José Castillo_ TEL. _64-43-21_

CALLE _Ocho, 71_ N° _341_

LOCALIDAD _____

IVA	No Respon. ☐	Exento ☐	Cons. Final ☒	CUIT

CONDICIONES DE VENTA: Contado ☒ Cta. Cte. ☐ REMITO N°

CANTIDAD	DETALLE	PRECIO	TOTAL
3	Mochila[2] de cuero negro $	230.00	
	I.V.A	69.00	
	TOTAL $		299.00

Imprimió: Cresingraf S.A.
C.U.I.T: 33-62540937-9
Fecha de impresión: Mayo 92

ORIGINAL

1 **Sociedad de Responsabilidad Limitada...** *Limited Liability Company*   2 *backpack*

1. ¿Por qué recibió el Sr. Izurieta la factura de Talleres Bengoechea?

_____

2. ¿Cuánto costó la mano de obra?

_____

3. ¿Cuál es el giro de Karpatos S.R.L.?

_____

4. ¿Qué compró el Sr. Castillo?

_____

5. ¿Cuánto costó cada mochila?

_____

6. ¿Cuánto pagó de impuesto el Sr. Castillo?

_____

Instrumentos de crédito (*Credit documents*)

LA LETRA DE CAMBIO (*Bill of exchange*)

The bill of exchange is the most common instrument of payment in both Spain and Latin America. It involves three parties, each of which can be either a person or a business: the *girador* (party that orders payment of a determined amount of money), the *girado* (party that will pay the amount indicated), and the *beneficiario* (person or business authorized to receive payment). In the model below, the *girador* is Pedro Delgado Infante; the *girado* is Flores y Cía.; and the *beneficiario* is *Fábrica de Muebles de Aluminio, S.A.*

The most common means of expressing the due date, or *vencimiento*, of the letter of credit are a *fecha fija* (by a certain date), *a la vista* (as soon as the bill of exchange is presented), or by a certain time after the bill of exchange is presented (for example, *a tres días vista*).

As a business document, the *letra de cambio* has been in use for many years. Before it was possible to communicate easily between one place and another, it was customary to make several copies of the document, which were called *primera de cambio, segunda de cambio,* and so on. Today it is more common to make a single copy, called *única de cambio,* as in the model.

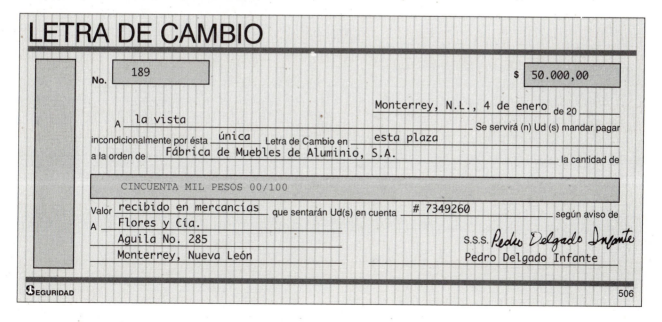

Use the *letra de cambio* on page 293 to answer the following questions.

1. ¿Quiénes son el girador, el girado y el beneficiario en la letra de cambio?

   _____

2. ¿Cuánto dinero recibirá la fábrica de muebles de aluminio?

   _____

EL PAGARÉ (*Promissory note, I.O.U.*)

Like a bill of exchange, a promissory note represents a written promise to pay a certain amount of money by a certain date. Laws in effect in Spanish-speaking countries make it easier to collect on debts guaranteed by a bill of exchange than by a promissory note.

PAGARE

PAGARE No. 185		BUENO POR $ 1000,00

Por el presente pagaré reconoceré _____ deber y _____estar_____ obligado _____ a pagar en
esta ciudad o en cualquier otra en que se _____me_____ requiera de pago a ___Orlando Martínez Vega___
o a su orden el día _____18 de noviembre de 20—_____
la cantidad de _____$1000_____

Mil pesos 00/100

Valor recibido en _____mercancías_____ a _mi_

_____ entera satisfacción. La cantidad que ampara este pagaré es parte de cantidad mayor, por la cual se otorgan otros pagarés con vencimientos posteriores y queda expresamente convenido que si no es pagado este documento precisamente a su vencimiento, se darán por vencidos anticipadamente los demás pagarés a que se refiere ésta cláusula.

Este pagaré es mercantil está regido por la Ley General de Títulos y Operaciones de Crédito en su artículo 173 parte final y artículos correlativos, por no ser pagaré domiciliado.

De no verificarse el pago de la cantidad que este pagaré expresa el día de su vencimiento abonaré, ___en efectivo___ el rédito de _10_
_____ por ciento mensual por todo el tiempo que esté insoluto, sin perjuicio al cobro más los gastos que ello se originen.

Otorgante ___Antonio García Prieto___   ___10 de febrero___ de 20
Domicilio ___Av. Salinas 35 - Tecate___   Firma ___Antonio García Prieto___

SEGURIDAD   507

1. ¿Quién debe pagar los mil pesos del pagaré?

   _____

2. ¿A quién se los debe pagar?

   _____

EL VALE (*Voucher*)
The *vale* is used to order advance payment of small amounts of money.
This is generally an advance on salary, or payment made for work not
finished.

Vale de Caja

Importe en letra

Ochenta pesos 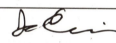 $ 80,00

Por Concepto de

*Adelanto sobre su
sueldo del mes de marzo del año
actual*

Con Cargo a

Arturo Ugarte Valles

Fecha 2/2	Firma

1. ¿Cuánto le debe entregar la caja (*petty cash*) al Sr. Ugarte?

   _____

2. ¿Del sueldo de qué mes le van a descontar el dinero al Sr. Ugarte?

   _____

Contratos

Review each contract, circling cognates as you encounter them. Try to figure out from context the meanings of the words in the lists that follow each contract, and answer the questions.

Póliza de seguro de automóviles Aseguradora Cuauhtémoc S.A.
— Gerencia Regional —
Pasaje Alamos y Jalapa No. 1008-A
Centro Cívico Comercial
Tel. 57-15-24
Mexicali, B.C.

POLIZA No. _____

La compañía mencionada, que en lo adelante se llamará "La Compañía", asegura dentro de los límites de la República Mexicana, a favor del
Asegurado: _____

Dirección: _____

_____

llamado en adelante "El Asegurado", de conformidad con las condiciones de esta póliza, y durante el plazo establecido, contra aquellos riesgos de la especificación de riesgos que más adelante aparece que sufra o cause el vehículo descrito a continuación
Marca: _____ Modelo: _____

Año: _____ Motor No. : _____

La cantidad máxima a que asciende la cobertura que se otorga mediante esta póliza, queda determinada en la especificación de riesgos siguiente :

Riesgo	Límite de responsabilidad
Vehículo asegurado	
Choque	$ _____
Fuego, robo	$ _____
Responsabilidad civil	
Daños a propiedad de terceros	$ _____
Lesiones o muerte de terceros	
Cada persona	$ _____
Cada accidente	$ _____
Gastos médicos	
Ocupantes del vehículo	
Cada persona	$ _____
Cada accidente	$ _____

Deducibles
Choques, vuelcos, rotura de cristales, 2% de la suma asegurada o $500, la mayor de las dos cantidades. Fuego, robo, alborotos populares, temblor, erupción volcánica, explosiones y derrumbes, 5% de la suma asegurada o $1.000, la mayor de las dos cantidades.

Plazo establecido para el seguro

Tiempo: _____

De: _____ / _____ / _____   Hora: _____ _____ a.m.
        día   mes   año

A: _____ / _____ / _____
Costo de la póliza

Prima: _____ Impuesto: _____ Total: _____

Conformes:

_____   _____
Agente del asegurador   Asegurado

ENGLISH

en adelante _____

otorgarse _____

responsabilidad civil _____

terceros _____

1. Si un mexicano compra esta póliza de seguro, ¿está asegurado su coche en los Estados Unidos?

_____

2. El 2% de los daños sufridos por un coche es de $560. ¿Lo paga todo la compañía? ¿Por qué o por qué no?

_____

CONTRATO INDIVIDUAL DE TRABAJO

CONTRATO INDIVIDUAL DE TRABAJO QUE CELEBRAN, POR UNA PARTE _____
_____ A QUIEN EN LO SUCESIVO SE LE DENOMINARA "EL PATRON", Y
POR LA OTRA _____ A QUIEN EN LO SUBSECUENTE SE
DENOMINARA "EL TRABAJADOR" O "EMPLEADO", AL TENOR DE LAS SIGUIENTES DECLARACIONES Y CLAUSULAS:

DECLARACIONES

I.-Declara "EL PATRON":
Estar constituido como _____ conforme a las leyes del país; nacionalidad _____
_____ ; edad _____ año _____ ; estado civil _____ Registro Federal de Contribuyentes o
Registro Patronal No. _____ con domicilio en _____

II.-Declara "EL TRABAJADOR" o "EMPLEADO":
Nacionalidad _____ ; edad _____ años; sexo _____ ; estado civil _____ ; Registro Federal de
Contribuyentes _____ ; con domicilio en _____

CLAUSULAS

1a.-El contrato se celebra por _____ siendo sólo modificable, suspendido,
rescindido o terminado conforme a la Ley Federal del Trabajo.

2a.-"EL TRABAJADOR" o "EMPLEADO" se compromete a realizar servicios personales bajo la supervisión y dependencia del "PATRON",
como _____ en el domicilio o área
_____

3a.-La jornada diaria será de _____ horas por ser jornada _____ , quedando repartida de las _____
_____ a las _____ y de _____ a _____ , y el día _____
de las _____ a _____ descansando el día _____
conforme al artículo 69 de la Ley Federal del Trabajo.

4a.-Se conviene en que el salario o sueldo que se ofrecerá a cambio de los servicios especificados en el presente es el siguiente:
Salario o sueldo fijo por _____ $ _____
Salario o sueldo fijo por hora $ _____
Salario o sueldo a destajo, conforme a la siguiente tarifa:
sometiéndose a los descuentos exigidos por la Ley del Seguro Social, la Ley Impuesto sobre la Renta, _____

El pago de éste se efectuará conforme a la ley monetaria, los días _____ de cada _____
_____ y en _____

5a.-De acuerdo al artículo 74 de la Ley Federal del Trabajo serán días de descanso obligatorio: el 1º. de enero, 5 de febrero, 21 de marzo, 1º.
de mayo, 16 de septiembre, 20 de noviembre y el 1º. de diciembre de cada 6 años, cuando corresponda a la Transmisión del Poder Ejecutivo
Federal, el 25 de diciembre y aquellos en los que se comprendan las vacaciones a las que hace mención la cláusula sexta, el trabajador
percibirá su salario o sueldo íntegro, promediándose las percepciones contenidas en los últimos días efectivamente trabajados si se calcula a
destajo.

6a.-"EL TRABAJADOR" o "EMPLEADO" tendrá derecho a 6 días de vacaciones al año de servicios prestados, que aumentará a razón de dos
días por año hasta sumar doce, por cada año posterior. Después del cuarto año éstas aumentarán en dos días, por cada cinco años de
servicio. Las vacaciones comenzarán cada año el _____

7a.-"EL TRABAJADOR" o "EMPLEADO" conviene en someterse a los chequeos médicos que el "PATRON" ordene periódicamente, en los
términos de la fracción X del artículo 134 de la Ley Federal del Trabajo en el concepto de que el médico que los practique será designado y
retribuido por "EL PATRON".

Seguridad   8601

8a.-En los casos de que "EL TRABAJADOR" o "EL EMPLEADO", hubiere de laborar por mayor tiempo al establecido en la jornada máxima legal, el "PATRON" retribuirá las primeras 9 horas a la semana con un 100% y las ulteriores a un 200% más de salario por hora, sin perjuicio de las sanciones respectivas.

9a.-En el caso de que el "TRABAJADOR" sea mayor de 14 años, pero menor de 16, el presente contrato debe ser autorizado por los padres o tutores, o en su defecto por el Sindicato al cual pertenezca, la Junta Local de Conciliación y Arbitraje, el Inspector del Trabajo o la Autoridad Política de acuerdo con el Art. 23 de la Ley Federal del Trabajo.

10a.-Las partes convienen que en caso de controversia se estará a lo establecido en el presente, y en lo que fuere omiso se entenderá a lo dispuesto por la Ley Federal del Trabajo, o el Reglamento Interior de Trabajo del cual se entrega un ejemplar al "TRABAJADOR" o "EMPLEADO", bajo la jurisdicción de la Junta de Conciliación y Arbitraje del Distrito Federal.

LUGAR PARA CLAUSULAS EXTRAORDINARIAS O ACLARACIONES

_____
_____
_____
_____
_____
_____
_____

Leído que fue por las partes el documento ante los testigos que firman e impuestos contenido y conscientes de las obligaciones que se engendran, así como las que la ley les impone lo fiman por _____
en _____ el _____ del mes de _____ del 20 _____ quedando un ejemplar en poder del "TRABAJADOR" y _____ en poder del "PATRON".

| FIRMA DEL "PATRON" | "TRABAJADOR" O "EMPLEADO" DECLARO QUE RECIBI COPIA DEL PRESENTE CONTRATO |

_____   _____

TESTIGO   TESTIGO

_____   _____

Seguridad   8601

jornada   _____

días de descanso obligatorio   _____

Transmisión del Poder Ejecutivo Federal   _____

tutor   _____

Refer to the *Contrato Individual de Trabajo* on pages 298 and 299 to answer the following questions.

1. Una de las partes (*parties*) en el Contrato Individual de Trabajo es "El Patrón". ¿Cuál es la otra parte?

   _____

2. ¿A cuántos días de vacaciones al año tendrá derecho "El trabajador"?

   _____

CONTRATO DE ARRENDAMIENTO
CON FIADOR

CONTRATO DE ARRENDAMIENTO DE _____
                                                          vivenda o local
de la casa No. _____ **de** _____

que celebran, como arrendatario _____
                                                  inquilino que declara ser mayor de edad
y como arrendador _____
                                        propietario
con domicilio _____

sujetándolo a las cláusulas siguientes:

1a. El inquilino pagará al arrendador o a quien sus derechos represente la cantidad de $ _____
por el arrendamiento mensual de la localidad mencionada arriba, que se cubrirá en moneda nacional con toda puntualidad por meses adelantados, en el despacho o domicilio del arrendador o de quien sus derechos represente, y que comenzará a contarse desde la fecha en que se firme este contrato.

2a. El término del arrendamiento será _____

3a. Si al terminar el plazo fijado en la cláusula anterior, continúa el inquilino ocupando la localidad, a partir de entonces la duración del arrendamiento será voluntario y, por lo tanto cualquiera de los contratantes lo puede dar por concluído a su arbitrio. Cuando el arrendador lo dé por terminado notificará al inquilino que desocupe dentro del plazo de _____ a contar de la fecha en que le haga la notificación; en el cual caso no pagará el inquilino sino lo que está debiendo al desocupar, lo que deberá hacer dentro del plazo señalado, para el cual efecto renuncia al de dos meses que concede el Art. 2478 del Código Civil. Si el inquilino es quien decide desocupar la localidad, lo notificará al arrendador por escrito con _____ días de anticipación, que comenzarán a contarse a partir de la fecha en que el arrendador reciba dicha notificación quedando éste facultado para anunciar desde luego el alquiler de la localidad y ponerle cédulas.

4a. Toda mensualidad será pagada íntegra, aun cuando el inquilino sólo ocupe la localidad parte del mes.

5a. Aunque el arrendador reciba las rentas en fecha distinta de la estipulada, o admita abonos por cuenta de las mismas, no se entenderá novado este Contrato, ni en cuanto a los términos, ni en cuanto a la forma de pago.

6a. La Localidad se destinará exclusivamente para _____ y si el inquilino hace otro uso de ella, ésta será motivo suficiente para obligarlo a que la desocupe, aun cuando todavía esté corriendo el plazo fijado en la cláusula 2a. de este Contrato.

7a. No podrá el inquilino, sin consentimiento del arrendador dado por escrito ceder o subarrendar la localidad o parte de la misma.

8a. Tampoco, podrá el inquilino, sin consentimiento del arrendador por escrito, hacer obras en la localidad, y todas las que hiciere, sean de la clase que fueren, quedarán en beneficio de la finca. De una manera expresa queda convenido que se reputarán como obras las que se deben quedar a beneficio de la casa, las instalaciones que el inquilino hiciera para alumbrado y calefacción eléctricos. En caso de que el inquilino falte al cumplimiento de esta cláusula, será responsable de los daños y perjuicios que se causen y deberá devolver la localidad en el estado en que la haya recibido.

9a. No podrá el inquilino retener la renta en ningún caso, ni bajo ningún título, ni judicial, ni extrajudicialmente ni por falta de composturas o reparaciones que el arrendador dejase de hacer, sino que pagará íntegramente la renta en la fecha estipulada para el cual efecto renuncia los beneficios que le conceden los Art. 2412, 2413, 2414 y 2490 del Código Civil.

10a. El inquilino recibe la localidad aseada, con sus pisos en buen estado, las puertas y las vidrieras con su herraje y todo lo demás de acuerdo con el inventario que aparece al final de este Contrato; todo lo cual devolverá al terminarse el arrendamiento, con el deterioro natural del uso, siendo por su cuenta los gastos de reparación, y se obliga a indemnizar al arrendador de cualquier deterioro posterior que apreciare en la localidad arrendada causado por su culpa o negligencia. El inquilino conservará aseados y al corriente los fregaderos, caños y excusados de la localidad, y todas las composturas que requieran durante el tiempo que la ocupe, serán de su exclusiva cuenta.

11a. Si el inquilino estableciere en la localidad alguno de los negocios enumerados en el Art. 137 de la Ley de Hacienda vigente, quedará obligado a hacer su instalación directa de agua potable y pagará por su cuenta la cuota correspondiente, ya que la Ley sólo obliga al arrendador a proporcionar el referido líquido para usos domésticos.

12a. Si en la casa a que pertenece la localidad objeto de este Contrato, hay otros arrendatarios, no podrá hacer el inquilino uso de los patios, corredores, escaleras y azoteas si no es únicamente para el tránsito para el servicio indispensable de la localidad arrendada, en este caso, se le prohibe expresamente tener animales que molesten o perjudiquen a los demás inquilinos o maltraten la finca.

13a. Firma este Contrato _____
como fiador solidario del inquilino y declara que es propietario de _____

y señala como su domicilio _____
Hace renuncia de los beneficios de orden y excusión, consignados en los Arts. 2812, 2814 y 2825 del Código Civil. Además de dichos artículos, el fiador renuncia los números 2818, 2820, 2823, 2825, 2820, 2845, 2847 y 2848 del propio ordenamiento y acepta las renuncias que en este Contrate hace el inquilino. No cesará la responsabilidad del fiador, sino hasta cuando el arrendador se dé por recibido de la localidad y de todo cuanto se le deba por virtud de este Contrato, aun cuando el arrendamiento dure más tiempo del fijado por el Art. 2478 del Código Civil por lo que, igualmente, renuncia el fiador este Art. _____

INVENTARIO

Carraduras _____ Vidrios _____
Picaportes _____ Llaves _____
Instalación completa para alumbrado eléctrico compuesta de alambre, sockets, apagadores, etc. para _____ lámparas,
Instalación de baño compuesta de _____ de _____ de 20 _____

ARRENDADOR	FIADOR	ARRENDATARIO
_____	_____	_____

arrendamiento _____

por escrito _____

íntegra _____

aseada _____

1. ¿Cuáles son las dos partes del Contrato de Arrendamiento?

   _____

2. ¿Cuál de las dos partes del contrato es el propietario de la vivienda o del local?

   _____

Repaso

LECCIONES 16–20

PRÁCTICA DE VOCABULARIO

A. Circle the word or phrase that does not belong in each group.

1. dueño   condado   propietario

2. beca   madre   padre

3. novio   casarse   ventaja

4. nivel   techo   teja

5. cocina   tipo   horno

6. entrada   lavaplatos   enganche

7. comején   termita   lugar

8. inspección   losa   baldosa

9. espacio   local   lado

10. escaparate   jardín   vidriera

11. galleticas   probadores   dulces

12. entrepaño   estante   pie

13. cobertura   huracán   terremoto

14. fenómeno natural   tornado   enseres

15. muerte   tránsito   vida

16. nevada   multa   exceso de velocidad

17. abogado   bufete   fuerza mayor

18. cabeza   semáforo   frente

19. cuello   juicio   pleito

20. testamento   heredero   prueba

21. tan pronto como   en cuanto   a fin de que

22. graduarse   terminar de estudiar   empezar a estudiar

B.   Circle the word or phrase that best completes each sentence.

1.   Ellos esperan (calificar / casarse / descartar) para un préstamo.

2.   Este condominio es nuevo. Nunca fue (desocupado / lindo / habitado).

3.   ¿La hipoteca tiene un interés (hundido / fijo / cuidado) o variable?

4.   Mi padre quiere (sugerir / aprobar / asumir) la hipoteca original.

5.   Para poner el negocio necesito (asesoramiento / aval / deuda) legal.

6.   El propietario ordenó una inspección del techo y de (cuota inicial / comején / temblor).

7.   La mayor parte de sus (incendios / vecinos / huracanes) serán ejecutivos de empresas.

8.   Necesito hablar con el corredor de (bienes / trabajadores / compañías) raíces.

9.   Siento que las (alfombras / contribuciones / ofertas) estén manchadas.

10.   Los techos son de (chimeneas / baños / tejas).

11.   La (galletica / llave / fachada) del edificio es muy bonita.

12.   El edificio no está vacío; está (cuadrado / pintado / alquilado).

13.   Nos alegramos de que el local esté cerca de la escalera (rodante / hundida / cara).

14.   Vamos a comprar dulces y (pies / entrepaños / galleticas) para los niños.

15.   Ellos no pueden (adaptarnos / autorizarnos / afectarnos) para investigar su crédito.

16.   ¿Cuánto tendría que pagar por cada mil dólares de (muerte / cobertura / lesión)?

17.   Mi coche (chocó / aconsejó / pasó) y no tengo seguro.

18.   ¡Ojalá que declaren (cubierto / joven / culpable) al otro chofer!

19.   El seguro incluye las pérdidas causadas por fenómenos naturales como (motines / robos / tornados).

20.   Él se pasó la (lesión / luz / inundación) roja y le pusieron una multa.

21.   Vamos a pedir compensación por nuestros (cuellos / bufetes / sufrimientos) y por los daños sufridos.

22.   No hizo testamento y los pleitos de abintestato son caros y (nerviosos / largos / pintados).

23. Él no quiere que le (repartan / prolonguen / resulten) la vida inútilmente.

24. Compraron una casa grande. (Resolvieron / Aconsejaron / Aprovecharon)
    que los intereses estaban bajísimos.

25. La recién graduada pedirá un préstamo (en cuenta / es decir / en caso de)
    que no le den la beca.

26. No quiero (donar / lamentar / tratar) mis órganos cuando muera.

27. El chofer del otro coche estaba (equitativo / borracho / cuadrado).

C. Match the questions in column A with the answers in column B.

A

_____   1. ¿Ud quiere asumir la hipoteca original?

_____   2. ¿El condominio está habitado?

_____   3. ¿Qué negocio piensa abrir?

_____   4. ¿De qué es la chimenea?

_____   5. ¿Tengo que pagar comisiones?

_____   6. ¿Cuánto debo dar de entrada?

_____   7. ¿Quiénes serán mis vecinos?

_____   8. ¿Dónde están situados los locales?

_____   9. ¿Cuánto mide el local?

_____ 10. ¿Adónde vas a llevar a los niños?

_____ 11. ¿Cuáles son las condiciones?

_____ 12. ¿Necesitan tener probadores?

_____ 13. ¿Para qué necesitas la calculadora?

_____ 14. ¿Por qué le impusieron una multa?

_____ 15. ¿Quiere asegurar su coche?

_____ 16. ¿Qué edad tiene Ud.?

_____ 17. ¿Quiénes son sus herederos?

_____ 18. ¿Con quién hablaron Uds.?

B

a. En un centro comercial.

b. Sí, y gastos de cierre.

c. Para sacar unas cuentas.

d. Cuatrocientos pies cuadrados.

e. No, porque ahora los intereses están
   más bajos.

f. Con el abogado.

g. Sí, los dueños viven allí.

h. El 20%.

i. Veinte años.

j. De piedra.

k. Su esposo y sus hijos.

l. A la juguetería.

m. Sí, contra robos.

n. Las de costumbre.

o. Profesionales y ejecutivos.

p. Una tienda de ropa.

q. Por exceso de velocidad.

r. Sí, y escaparates de exhibición.

Situaciones del mundo de las empresas

Review the *Notas culturales* of the past five lessons and then read the following scenarios. Find out what went wrong, and propose possible solutions in Spanish.

1. Elena wants to buy a condo by the ocean in Mexico. She needs to finance 80% of the total price. I advised her to get a loan from a Mexican bank because interests in Mexico are lower than in the U.S.

_____

_____

_____

_____

2. A friend wants to open a business in Honduras. I told him he should carefully plan how to provide health insurance to his employees since in all Spanish-speaking countries companies are required to provide health insurance to their employees.

_____

_____

_____

_____

3. My friend, Florinda Pereira, told me that in her country of origin she used to pay a monthly fee to a *clínica mutualista* that provided health care. I told her such a concept must derive from the HMO health care model of the U.S.

_____

_____

_____

_____

4. My company has recently established business relationships with Mexico. Since NAFTA is now in effect, I am confident that, should legal difficulties arise, I would be able to solve these through the U.S. justice system and solely in accordance with U.S. law.

_____

_____

_____

_____

⚡ PRÁCTICA ORAL

Listen to the following exercise on the audio program. The speaker will ask you some questions. Answer the questions, using the cues provided. The speaker will confirm the correct answer. Repeat the correct answer.

1. ¿Necesita Ud. un préstamo? (sí)

2. ¿Para qué necesita Ud. el préstamo? (abrir un negocio)

3. ¿Qué negocio piensa abrir Ud.? (tienda de ropa)

4. ¿Necesita Ud. asesoramiento? (sí, legal y económico)

5. ¿Tiene Ud. algunas deudas? (no, ninguna)

6. ¿Dónde desea Ud. poner la tienda? (centro comercial)

7. ¿Desea Ud. ponerla cerca de una dulcería? (no, juguetería)

8. ¿Necesita Ud. un local muy grande? (no)

9. ¿Necesita Ud. hacer muchos cambios en el local? (no, sólo poner entrepaños y probadores)

10. ¿Puede Ud. pagar el alquiler por adelantado? (sí)

11. ¿Podemos investigar su crédito? (sí)

12. ¿Piensa Ud. comprar una casa? (sí, también)

13. ¿Qué entrada quiere dar Ud.? (el mínimo)

14. ¿Qué tipo de casa quiere Ud.? (bonita, con jardín)

15. ¿Cómo debe ser la cocina? (eléctrica, y tener un horno de microondas)

16. ¿Desea Ud. alfombras en los baños? (no, pisos de losas de cerámica)

17. ¿Desea Ud. una casa construida en un solo nivel? (no, en varios)

18. ¿Va Ud. a asegurar la casa? (sí)

19. ¿Qué tipo de seguro desea? (contra todo riesgo)

20. ¿Desea Ud. comprar un seguro para su negocio? (sí, también)

21. ¿Qué debe cubrir el seguro? (los enseres y la mercancía)

22. ¿Contra qué quiere asegurar su negocio? (contra robos y contra incendios)

23. ¿Desea también un seguro contra huracanes? (no, contra terremotos)

24. ¿Le interesaría hacer un testamento? (sí, los pleitos de abintestato son largos)

25. ¿A quiénes desea dejarles sus bienes? (mi esposo y mis hijos)

Appendix A

Introduction to Spanish Sounds and the Alphabet

Sections marked with a CD icon are recorded on the *Introduction to Spanish Sounds* section of the Audio Program.

You will hear a series of words related to a particular sound. Repeat each word after the speaker, imitating the pronunciation as closely as you can.

🔊 The Vowels

1. The Spanish **a** has a sound similar to the English *a* in the word *father*. Repeat:

   Ana   casa   banana   mala   dama   mata

2. The Spanish **e** is pronounced like the English *e* in the word *eight*. Repeat:

   este   René   teme   deme   entre   bebe

3. The Spanish **i** is pronounced like the English *ee* in the word *see*. Repeat:

   sí   difícil   Mimí   ir   dividir   Fifí

4. The Spanish **o** is similar to the English *o* in the word *no*, but without the glide. Repeat:

   solo   poco   como   toco   con   monólogo

5. The Spanish **u** is similar to the English *ue* sound in the word *Sue*. Repeat:

   Lulú   un   su   universo   murciélago

🔊 The Consonants

1. The Spanish **p** is pronounced like the English *p* in the word *spot*. Repeat:

   pan   papá   Pepe   pila   poco   pude

2. The Spanish **c** in front of **a, o, u, l,** or **r** sounds similar to the English *k*. Repeat:

   casa   como   cuna   clima   crimen   cromo

3. The Spanish **q** is only used in the combinations **que** and **qui** in which the **u** is silent, and also has a sound similar to the English *k*. Repeat:

   que   queso   Quique   quinto   quema   quiso

4. The Spanish **t** is pronounced like the English *t* in the word *stop*. Repeat:

   toma   mata   tela   tipo   atún   Tito

5. The Spanish **d** at the beginning of an utterance or after **n** or **l** sounds somewhat similar to the English *d* in the word *David*. Repeat:

   día   dedo   duelo   anda   Aldo

   In all other positions, the **d** has a sound similar to the English *th* in the word *they*. Repeat:

   medida   todo   nada   Ana dice   Eva duda

6. The Spanish **g** also has two sounds. At the beginning of an utterance and in all other positions, except before **e** or **i**, the Spanish **g** sounds similar to the English *g* in the word *sugar*. Repeat:

   goma   gato   tengo   lago   algo   aguja

   In the combinations **gue** and **gui**, the **u** is silent. Repeat:

   Águeda   guineo   guiso   ligue   la guía

7. The Spanish **j**, and **g** before **e** or **i**, sounds similar to the English *h* in the word *home*. Repeat:

   jamás   juego   jota   Julio   gente   Genaro   gime

8. The Spanish **b** and the **v** have no difference in sound. Both are pronounced alike. At the beginning of the utterance or after **m** or **n**, they sound similar to the English *b* in the word *obey*. Repeat:

   Beto   vaga   bote   vela   también   un vaso

   Between vowels, they are pronounced with the lips barely closed. Repeat:

   sábado   yo voy   sabe   Ávalos   Eso vale

9. In most Spanish-speaking countries, the **y** and the **ll** are similar to the English *y* in the word *yet*. Repeat:

   yo   llama   yema   lleno   ya   lluvia   llega

10. The Spanish **r** (ere) is pronounced like the English *tt* in the word *gutter*. Repeat:

    cara   pero   arena   carie   Laredo   Aruba

    The Spanish **r** in an initial position and after **l**, **n**, or **s**, and **rr** (erre) in the middle of a word are pronounced with a strong trill. Repeat:

    Rita   Rosa   torre   ruina   Enrique   Israel
    perro   parra   rubio   alrededor   derrama

11. The Spanish **s** sound is represented in most of the Spanish-speaking world by the letters **s**, **z**, and **c** before **e** or **i**. The sound is very similar to the English sibilant *s* in the word *sink*. Repeat:

    sale   sitio   solo   seda   suelo
    zapato   cerveza   ciudad   cena

    In most of Spain, the **z**, and **c** before **e** or **i**, is pronounced like the English *th* in the word *think*. Repeat:

    zarzuela   cielo   docena

12. The letter **h** is silent in Spanish. Repeat:

    hilo   Hugo   ahora   Hilda   almohada   hermano

13. The Spanish **ch** is pronounced like the English *ch* in the word *chief*. Repeat:

    muchacho   chico   coche   chueco   chaparro

14. The Spanish **f** is identical in sound to the English *f*. Repeat:

    famoso   feo   difícil   fuego   foto

15. The Spanish **l** is pronounced like the English *l* in the word *lean*. Repeat:

    dolor ángel fácil sueldo salgo chaval

16. The Spanish **m** is pronounced like the English *m* in the word *mother*. Repeat:

    mamá moda multa médico mima

17. In most cases, the Spanish **n** has a sound similar to the English *n*. Repeat:

    nada norte nunca entra nene

    The sound of the Spanish **n** is often affected by the sounds that occur around it. When it appears before **b, v,** or **p**, it is pronounced like the English *m*. Repeat:

    invierno tan bueno un vaso un bebé un perro

18. The Spanish **ñ (eñe)** has a sound similar to the English *ny* in the word *canyon*. Repeat:

    muñeca leña año señorita piña señor

19. The Spanish **x** has two pronunciations, depending on its position. Between vowels, the sound is similar to the English *ks*. Repeat:

    examen boxeo éxito exigente

    Before a consonant, the Spanish **x** sounds like the English *s*. Repeat:

    expreso excusa extraño exquisito

🔘 Linking

In spoken Spanish, the various words in a phrase or sentence are not pronounced as isolated elements, but are combined. This is called *linking*.

1. The final consonant of a word is pronounced together with the initial vowel of the following word. Repeat:

    Carlos anda un ángel el otoño unos estudiantes

2. The final vowel of a word is pronounced together with the initial vowel of the following word. Repeat:

    su esposo la hermana ardua empresa la invita

3. When the final vowel of a word and the initial vowel of the following word are identical, they are pronounced slightly longer than one vowel. Repeat:

    Ana alcanza me espera mi hijo lo olvida

    The same rule applies when two identical vowels appear within a word. Repeat:

    cooperación crees leemos coordinación

4. When the final consonant of a word and the initial consonant of the following word are the same, they are pronounced as one consonant with slightly longer-than-normal duration. Repeat:

    el lado un novio Carlos salta tienes sed al leer

Rhythm

Rhythm is the variation of sound intensity that we usually associate with music. Spanish and English each regulate these variations in speech differently, because they have different patterns of syllable length. In Spanish, the length of the stressed and unstressed syllables remains almost the same, while in English, stressed syllables are considerably longer than unstressed ones. Pronounce the following Spanish words, enunciating each syllable clearly.

es-tu-dian-te	bue-no	Úr-su-la
com-po-si-ción	di-fí-cil	ki-ló-me-tro
po-li-cí-a	Pa-ra-guay	

Because the length of the Spanish syllables remains constant, the greater the number of syllables in a given word or phrase, the longer the phrase will be.

Intonation

Intonation is the rise and fall of pitch in the delivery of a phrase or a sentence. In general, Spanish pitch tends to change less than English pitch, giving the impression that the language is less emphatic.

As a rule, the intonation for normal statements in Spanish starts in a low tone, raises to a higher one on the first stressed syllable, maintains that tone until the last stressed syllable, and then goes back to the initial low tone, with still another drop at the very end.

Tu amigo viene mañana.	José come pan.
Ada está en casa.	Carlos toma café.

Syllable Formation in Spanish

General rules for dividing words into syllables are as follows.

Vowels

1. A vowel or a vowel combination can constitute a syllable.

   a-lum-no   a-bue-la   Eu-ro-pa

2. Diphthongs and triphthongs are considered single vowels and cannot be divided.

   bai-le   puen-te   Dia-na   es-tu-diáis   an-ti-guo

3. Two strong vowels (**a, e, o**) do not form a diphthong and are separated into two syllables.

   em-ple-ar   vol-te-ar   lo-a

4. A written accent on a weak vowel (**i** or **u**) breaks the diphthong, thus the vowels are separated into two syllables.

   trí-o   dú-o   Ma-rí-a

Consonants

1. A single consonant forms a syllable with the vowel that follows it.

   po-der   ma-no   mi-nu-to

   NOTE: **rr** is considered a single consonant: **pe-rro.**

312

2. When two consonants appear between two vowels, they are separated into two syllables.

    al-fa-be-to   cam-pe-ón   me-ter-se   mo-les-tia

EXCEPTION: When a consonant cluster composed of **b, c, d, f, g, p,** or **t** with **l** or **r** appears between two vowels, the cluster joins the following vowel: **so-bre, o-tros, ca-ble, te-lé-gra-fo.**

3. When three consonants appear between two vowels, only the last one goes with the following vowel.

    ins-pec-tor   trans-por-te   trans-for-mar

EXCEPTION: When there is a cluster of three consonants in the combinations described in rule 2, the first consonant joins the preceding vowel and the cluster joins the following vowel: **es-cri-bir, ex-tran-je-ro, im-plo-rar, es-tre-cho.**

Accentuation

In Spanish, all words are stressed according to specific rules. Words that do not follow the rules must have a written accent to indicate the change of stress. The basic rules for accentuation are as follows.

1. Words ending in a vowel, **n,** or **s** are stressed on the next-to-the-last syllable.

    hi-jo   **ca**-lle   **me**-sa   fa-**mo**-sos
    flo-**re**-cen   **pla**-ya   **ve**-ces

2. Words ending in a consonant, except **n** or **s,** are stressed on the last syllable.

    ma-**yor**   a-**mor**   tro-pi-**cal**   na-**riz**   re-**loj**   co-rre-**dor**

3. All words that do not follow these rules must have the written accent.

    ca-**fé**   **lá**-piz   **mú**-si-ca   sa-**lón**
    án-gel   **lí**-qui-do   fran-**cés**   **Víc**-tor
    sim-**pá**-ti-co   rin-**cón**   a-**zú**-car   **dár**-se-lo
    sa-**lió**   **dé**-bil   e-**xá**-me-nes   **dí**-me-lo

4. Pronouns and adverbs of interrogation and exclamation have a written accent to distinguish them from relative pronouns.

—¿**Qué** comes?	*"What are you eating?"*
—La pera que él dejó.	*"The pear that he left."*
—¿**Quién** está ahí?	*"Who is there?"*
—El hombre a quien tú llamaste.	*"The man whom you called."*
—¿**Dónde** está?	*"Where is he?"*
—En el lugar donde trabaja.	*"At the place where he works."*

5. Words that have the same spelling but different meanings take a written accent to differentiate one from the other.

el	*the*	él	*he, him*	te	*you*	té	*tea*
mi	*my*	mí	*me*	si	*if*	sí	*yes*
tu	*your*	tú	*you*	mas	*but*	más	*more*

The Alphabet

Letter	Name	Letter	Name	Letter	Name	Letter	Name
a	**a**	h	**hache**	ñ	**eñe**	t	**te**
b	**be**	i	**i**	o	**o**	u	**u**
c	**ce**	j	**jota**	p	**pe**	v	**ve**
d	**de**	k	**ka**	q	**cu**	w	**doble ve (uve)**
e	**e**	l	**ele**	r	**ere**	x	**equis**
f	**efe**	m	**eme**	rr	**erre**	y	**i griega**
g	**ge**	n	**ene**	s	**ese**	z	**zeta**

Appendix B

Verbs

Regular Verbs

Model -ar, -er, ir *verbs*

INFINITIVE		
amar *(to love)*	**comer** *(to eat)*	**vivir** *(to live)*

GERUND		
amando *(loving)*	**comiendo** *(eating)*	**viviendo** *(living)*

PAST PARTICIPLE		
amado *(loved)*	**comido** *(eaten)*	**vivido** *(lived)*

Simple Tenses

Indicative Mood

PRESENT

(I love)	*(I eat)*	*(I live)*
am**o**	com**o**	viv**o**
am**as**	com**es**	viv**es**
am**a**	com**e**	viv**e**
am**amos**	com**emos**	viv**imos**
am**áis**[1]	com**éis**	viv**ís**
am**an**	com**en**	viv**en**

IMPERFECT

(I used to love)	*(I used to eat)*	*(I used to live)*
am**aba**	com**ía**	viv**ía**
am**abas**	com**ías**	viv**ías**
am**aba**	com**ía**	viv**ía**
am**ábamos**	com**íamos**	viv**íamos**
am**abais**	com**íais**	viv**íais**
am**aban**	com**ían**	viv**ían**

PRETERIT

(I loved)	*(I ate)*	*(I lived)*
am**é**	com**í**	viv**í**
am**aste**	com**iste**	viv**iste**
am**ó**	com**ió**	viv**ió**
am**amos**	com**imos**	viv**imos**
am**asteis**	com**isteis**	viv**isteis**
am**aron**	com**ieron**	viv**ieron**

---

[1]**Vosotros amáis:** The **vosotros** form of the verb is used primarily in Spain. This form has not been used in this text.

(I will love)	*(I will eat)*	*(I will live)*
amaré	comeré	viviré
amarás	comerás	vivirás
amará	comerá	vivirá
amaremos	comeremos	viviremos
amaréis	comeréis	viviréis
amarán	comerán	vivirán

CONDITIONAL

(I would love)	*(I would eat)*	*(I would live)*
amaría	comería	viviría
amarías	comerías	vivirías
amaría	comería	viviría
amaríamos	comeríamos	viviríamos
amaríais	comeríais	viviríais
amarían	comerían	vivirían

Subjunctive Mood

PRESENT

([that] I [may] love)	*([that] I [may] eat)*	*([that] I [may] live)*
ame	coma	viva
ames	comas	vivas
ame	coma	viva
amemos	comamos	vivamos
améis	comáis	viváis
amen	coman	vivan

IMPERFECT (two forms: **-ra, -se**)

([that] I [might] love)	*([that] I [might] eat)*	*([that] I [might] live)*
amara(-ase)	comiera(-iese)	viviera(-iese)
amaras(-ases)	comieras(-ieses)	vivieras(-ieses)
amara(-ase)	comiera(-iese)	viviera(-iese)
amáramos (-ásemos)	comiéramos (-iésemos)	viviéramos (-iésemos)
amarais(-aseis)	comierais(-ieseis)	vivierais(-ieseis)
amaran(-asen)	comieran(-iesen)	vivieran(-iesen)

Imperative Mood (Command Forms)

(love)	*(eat)*	*(live)*
ama (tú)	come (tú)	vive (tú)
ame (Ud.)	coma (Ud.)	viva (Ud.)
amemos (nosotros)	comamos (nosotros)	vivamos (nosotros)
amad (vosotros)	comed (vosotros)	vivid (vosotros)
amen (Uds.)	coman (Uds.)	vivan (Uds.)

Compound Tenses

haber amado	**haber comido**	**haber vivido**

PERFECT PARTICIPLE

habiendo amado	**habiendo comido**	**habiendo vivido**

Indicative Mood

PRESENT PERFECT

(I have loved)	*(I have eaten)*	*(I have lived)*
he amado	he comido	he vivido
has amado	has comido	has vivido
ha amado	ha comido	ha vivido
hemos amado	hemos comido	hemos vivido
habéis amado	habéis comido	habéis vivido
han amado	han comido	han vivido

PLUPERFECT

(I had loved)	*(I had eaten)*	*(I had lived)*
había amado	había comido	había vivido
habías amado	habías comido	habías vivido
había amado	había comido	había vivido
habíamos amado	habíamos comido	habíamos vivido
habíais amado	habíais comido	habíais vivido
habían amado	habían comido	habían vivido

FUTURE PERFECT

(I will have loved)	*(I will have eaten)*	*(I will have lived)*
habré amado	habré comido	habré vivido
habrás amado	habrás comido	habrás vivido
habrá amado	habrá comido	habrá vivido
habremos amado	habremos comido	habremos vivido
habréis amado	habréis comido	habréis vivido
habrán amado	habrán comido	habrán vivido

CONDITIONAL PERFECT

(I would have loved)	*(I would have eaten)*	*(I would have lived)*
habría amado	habría comido	habría vivido
habrías amado	habrías comido	habrías vivido
habría amado	habría comido	habría vivido
habríamos amado	habríamos comido	habríamos vivido
habríais amado	habríais comido	habríais vivido
habrían amado	habrían comido	habrían vivido

Subjunctive Mood

PRESENT PERFECT

([that] I [may] have loved)	([that] I [may] have eaten)	([that] I [may] have lived)
haya amado	haya comido	haya vivido
hayas amado	hayas comido	hayas vivido
haya amado	haya comido	haya vivido
hayamos amado	hayamos comido	hayamos vivido
hayáis amado	hayáis comido	hayáis vivido
hayan amado	hayan comido	hayan vivido

PLUPERFECT

(two forms: **-ra, -se**)

([that] I [might] have loved)	([that] I [might] have eaten)	([that] I [might] have lived)
hubiera(-iese) amado	hubiera(-iese) comido	hubiera(-iese) vivido
hubieras(-ieses) amado	hubieras(-ieses) comido	hubieras(-ieses) vivido
hubiera(-iese) amado	hubiera(-iese) comido	hubiera(-iese) vivido
hubiéramos (-iésemos) amado	hubiéramos (-iésemos) comido	hubiéramos (-iésemos) vivido
hubierais(-ieseis) amado	hubierais(-ieseis) comido	hubierais(-ieseis) vivido
hubieran(-iesen) amado	hubieran(-iesen) comido	hubieran(-iesen) vivido

318

Stem-Changing Verbs

The -ar *and* -er *stem-changing verbs*

Stem-changing verbs are those that have a change in the root of the verb. Verbs that end in **-ar** and **-er** change the stressed vowel **e** to **ie**, and the stressed **o** to **ue**. These changes occur in all persons, except the first- and second-persons plural of the present indicative, present subjunctive, and command.

INFINITIVE	PRESENT INDICATIVE	IMPERATIVE	PRESENT SUBJUNCTIVE
cerrar (to close)	cierro	—	cierre
	cierras	cierra	cierres
	cierra	(Ud.) cierre	cierre
	cerramos	cerremos	cerremos
	cerráis	cerrad	cerréis
	cierran	(Uds.) cierren	cierren
perder (to lose)	pierdo	—	pierda
	pierdes	pierde	pierdas
	pierde	(Ud.) pierda	pierda
	perdemos	perdamos	perdamos
	perdéis	perded	perdáis
	pierden	(Uds.) pierdan	pierdan
contar (to count, to tell)	cuento	—	cuente
	cuentas	cuenta	cuentes
	cuenta	(Ud.) cuente	cuente
	contamos	contemos	contemos
	contáis	contad	contéis
	cuentan	(Uds.) cuenten	cuenten
volver (to return)	vuelvo	—	vuelva
	vuelves	vuelve	vuelvas
	vuelve	(Ud.) vuelva	vuelva
	volvemos	volvamos	volvamos
	volvéis	volved	volváis
	vuelven	(Uds.) vuelvan	vuelvan

Verbs that follow the same pattern include the following.

acertar   to guess right
acordarse   to remember
acostar(se)   to go to bed
almorzar   to have lunch
atravesar   to go through
cegar   to blind
cocer   to cook
colgar   to hang
comenzar   to begin
confesar   to confess
costar   to cost

demostrar   to demonstrate, to show
despertar(se)   to wake up
empezar   to begin
encender   to light, to turn on
encontrar   to find
entender   to understand
llover   to rain
mostrar   to show
mover   to move
negar   to deny

nevar   to snow
pensar   to think, to plan
probar   to prove, to taste
recordar   to remember
resolver   to decide on
rogar   to beg

sentar(se)   to sit down
soler   to be in the habit of
soñar   to dream
tender   to stretch, to unfold
torcer   to twist

The -ir *stem-changing verbs*

There are two types of stem-changing verbs that end in **-ir**: one type changes stressed **e** to **ie** in some tenses and to **i** in others, and stressed **o** to **ue** or **u**; the second type always changes stressed **e** to **i** in the irregular forms of the verb.

Type I   **e:ie**   or   **i**
       -ir:
              o:ue   or   **u**

These changes occur as follows.

Present Indicative: all persons except the first and second plural change **e** to **ie** and **o** to **ue**. *Preterit:* third person, singular and plural, changes **e** to **i** and **o** to **u**. *Present Subjunctive:* all persons change **e** to **ie** and **o** to **ue**, except the first- and second-persons plural, which change **e** to **i** and **o** to **u**. *Imperfect Subjunctive:* all persons change **e** to **i** and **o** to **u**. *Imperative:* all persons except the second-person plural change **e** to **ie** and **o** to **ue**; first-person plural changes **e** to **i** and **o** to **u**. *Present Participle:* changes **e** to **i** and **o** to **u**.

	Indicative		*Imperative*	*Subjunctive*	
INFINITIVE	PRESENT	PRETERIT		PRESENT	IMPERFECT
sentir	siento	sentí	—	sienta	sintiera(-iese)
(to feel)	sientes	sentiste	siente	sientas	sintieras
	siente	sintió	(Ud.) sienta	sienta	sintiera
PRESENT	sentimos	sentimos	sintamos	sintamos	sintiéramos
PARTICIPLE	sentís	sentisteis	sentid	sintáis	sintierais
sintiendo	sienten	sintieron	(Uds.) sientan	sientan	sintieran
dormir	duermo	dormí	—	duerma	durmiera(-iese)
(to sleep)	duermes	dormiste	duerme	duermas	durmieras
	duerme	durmió	(Ud.) duerma	duerma	durmiera
PRESENT	dormimos	dormimos	durmamos	durmamos	durmiéramos
PARTICIPLE	dormís	dormisteis	dormid	durmáis	durmierais
durmiendo	duermen	durmieron	(Uds.) duerman	duerman	durmieran

Other verbs that follow the same pattern include the following.

advertir to warn	**herir** to wound, to hurt
arrepentir(se) to repent	**mentir** to lie
consentir to consent, to pamper	**morir** to die
convertir(se) to turn into	**preferir** to prefer
discernir to discern	**referir** to refer
divertir(se) to amuse oneself	**sugerir** to suggest

Type II   -ir: e:i

The verbs in this second category are irregular in the same tenses as those of the first type. The only difference is that they only have one change: **e:i** in all irregular persons.

	Indicative		Imperative	Subjunctive	
INFINITIVE	PRESENT	PRETERIT		PRESENT	IMPERFECT
pedir	pido	pedí	—	pida	pidiera(-iese)
(to ask for,	pides	pediste	pide	pidas	pidieras
request)	pide	pidió	(Ud.) pida	pida	pidiera
PRESENT	pedimos	pedimos	pidamos	pidamos	pidiéramos
PARTICIPLE	pedís	pedisteis	pedid	pidáis	pidierais
pidiendo	piden	pidieron	(Uds.) pidan	pidan	pidieran

Verbs that follow this pattern include the following.

competir to compete	**reír(se)** to laugh
concebir to conceive	**reñir** to fight
despedir(se) to say good-bye	**repetir** to repeat
elegir to choose	**seguir** to follow
impedir to prevent	**servir** to serve
perseguir to pursue	**vestir(se)** to dress

Orthographic-Changing Verbs

Some verbs undergo a change in the spelling of the stem in certain tenses, in order to maintain the original sound of the final consonant. The most common verbs of this type are those with the consonants **g** and **c**. Remember that **g** and **c** have a soft sound in front of **e** or **i**, and have a hard sound in front of **a**, **o**, or **u**. In order to maintain the soft sound in front of **a**, **o**, and **u**, **g** and **c** change to **j** and **z**, respectively. And in order to maintain the hard sound of **g** and **c** in front of **e** and **i**, **u** is added to the **g** (**gu**) and **c** changes to **qu**.

The following important verbs undergo spelling changes in the tenses listed below.

1. Verbs ending in **-gar** change **g** to **gu** before **e** in the first person of the preterit and in all persons of the present subjunctive.

   pagar *(to pay)*
   Preterit: pag**ué**, pagaste, pagó, etc.
   Pres. Subj.: pag**ue**, pag**ue**s, pag**ue**, pag**ue**mos, pag**ué**is, pag**ue**n

   Verbs that follow the same pattern: **colgar, jugar, llegar, navegar, negar, regar, rogar.**

2. Verbs ending in **-ger** and **-gir** change **g** to **j** before **o** and **a** in the first person of the present indicative and in all persons of the present subjunctive.

   proteger *(to protect)*
   Pres. Ind.:   prote**jo**, proteges, protege, etc.
   Pres. Subj.: prote**ja**, prote**ja**s, prote**ja**, prote**ja**mos, prote**já**is, prote**ja**n

   Verbs that follow the same pattern: **coger, corregir, dirigir, elegir, escoger, exigir, recoger.**

3. Verbs ending in **-guar** change **gu** to **gü** before **e** in the first person of the preterit and in all persons of the present subjunctive.

   averiguar *(to find out)*
   Preterit: averig**üé**, averiguaste, averiguó, etc.
   Pres. Subj.: averig**üe**, averig**üe**s, averig**üe**, averig**üe**mos, averig**üé**is, averig**üe**n

   The verb **apaciguar** follows the same pattern.

4. Verbs ending in **-guir** change **gu** to **g** before **o** and **a** in the first person of the present indicative and in all persons of the present subjunctive.

   conseguir *(to get)*
   Pres. Ind.:   consi**go**, consigues, consigue, etc.
   Pres. Subj.: consi**ga**, consi**ga**s, consi**ga**, consi**ga**mos, consi**gá**is, consi**ga**n

   Verbs that follow the same pattern: **distinguir, perseguir, proseguir, seguir.**

5. Verbs ending in **-car** change **c** to **qu** before **e** in the first person of the preterit and in all persons of the present subjunctive.

   tocar *(to touch, to play [a musical instrument])*
   Preterit: to**qué**, tocaste, tocó, etc.
   Pres. Subj.: to**que**, to**que**s, to**que**, to**que**mos, to**qué**is, to**que**n

   Verbs that follow the same pattern: **atacar, buscar, comunicar, explicar, indicar, pescar, sacar.**

6. Verbs ending in **-cer** and **-cir** preceded by a consonant change **c** to **z** before **o** and **a** in the first person of the present indicative and in all persons of the present subjunctive.

torcer *(to twist)*
Pres. Ind.: tuerzo, tuerces, tuerce, etc.
Pres. Subj.: tuerza, tuerzas, tuerza, torzamos, torzáis, tuerzan

Verbs that follow the same pattern: **convencer, esparcir, vencer**.

7. Verbs ending in **-cer** and **-cir** preceded by a vowel change **c** to **zc** before **o** and **a** in the first person of the present indicative and in all persons of the present subjunctive.

conocer *(to know, to be acquainted with)*
Pres. Ind.: conozco, conoces, conoce, etc.
Pres. Subj.: conozca, conozcas, conozca, conozcamos, conozcáis, conozcan.

Verbs that follow the same pattern: **agradecer, aparecer, carecer, entristecer, establecer, lucir, nacer, obedecer, ofrecer, padecer, parecer, pertenecer, reconocer, relucir**.

8. Verbs ending in **-zar** change **z** to **c** before **e** in the first person of the preterit and in all persons of the present subjunctive.

rezar *(to pray)*
Preterit: recé, rezaste, rezó, etc.
Pres. Subj.: rece, reces, rece, recemos, recéis, recen

Verbs that follow the same pattern: **abrazar, alcanzar, almorzar, comenzar, cruzar, empezar, forzar, gozar**.

9. Verbs ending in **-eer** change the unstressed **i** to **y** between vowels in the third-person singular and plural of the preterit, in all persons of the imperfect subjunctive, and in the present participle.

creer *(to believe)*
Preterit: creí, creíste, creyó, creímos, creísteis, creyeron
Imp. Subj.: creyera, creyeras, creyera, creyéramos, creyerais, creyeran
Pres. Part.: creyendo

Leer and **poseer** follow the same pattern.

10. Verbs ending in **-uir** change the unstressed **i** to **y** between vowels (except **-quir**, which has the silent **u**) in the following tenses and persons.

huir *(to escape, to flee)*
Pres. Part.: huyendo
Past Part.: huido
Pres. Ind.: huyo, huyes, huye, huimos, huís, huyen
Preterit: huí, huiste, huyó, huimos, huisteis, huyeron
Imperative: huye, huya, huyamos, huid, huyan
Pres. Subj.: huya, huyas, huya, huyamos, huyáis, huyan
Imp. Subj.: huyera(ese), huyeras, huyera, huyéramos, huyerais, huyeran

Verbs that follow the same pattern: **atribuir, concluir, constituir, construir, contribuir, destituir, destruir, disminuir, distribuir, excluir, incluir, influir, instruir, restituir, sustituir**.

11. Verbs ending in **-eír** lose one **e** in the third-person singular and plural of the preterit, in all persons of the imperfect subjunctive, and in the present participle.

reír(se) *(to laugh)*
Preterit: reí, reíste, rió, reímos, reísteis, rieron
Imp. Subj.: riera(ese), rieras, riera, rierais, rieran
Pres. Part.: riendo

Freír and **sonreír** follow the same pattern.

12. Verbs ending in **-iar** add a written accent to the **i**, except in the first person plural of the present indicative and subjunctive.

fiar(se) *(to trust)*
Pres. Ind.: fío, fías, fía, fiamos, fiáis, fían
Pres. Subj.: fíe, fíes, fíe, fiemos, fiéis, fíen

Verbs that follow the same pattern: **ampliar, criar, desviar, enfriar, enviar, esquiar, guiar, telegrafiar, vaciar, variar.**

13. Verbs ending in **-uar** (except **-guar**) add a written accent to the **u**, except in the first- and second-persons plural of the present indicative and subjunctive.

actuar *(to act)*
Pres. Ind.: actúo, actúas, actúa, actuamos, actuáis, actúan
Pres. Subj.: actúe, actúes, actúe, actuemos, actuéis, actúen

Verbs that follow the same pattern: **acentuar, continuar, efectuar, exceptuar, graduar, habituar, insinuar, situar.**

14. Verbs ending in **-ñir** remove the **i** of the diphthongs **ie** and **ió** in the third-person singular and plural of the preterit and in all persons of the imperfect subjunctive. They also change the **e** of the stem to **i** in the same persons.

teñir *(to dye)*
Preterit: teñí, teñiste, **tiñó**, teñimos, teñisteis, **tiñeron**
Imp. Subj.: tiñera(ese), tiñeras, tiñera, tiñéramos, tiñerais, tiñeran

Verbs that follow the same pattern: **ceñir, constreñir, desteñir, estreñir, reñir.**

Some Common Irregular Verbs

Only those tenses with irregular forms are given below.

adquirir *(to acquire)*
Pres. Ind.: adquiero, adquieres, adquiere, adquirimos, adquirís, adquieren
Pres. Subj.: adquiera, adquieras, adquiera, adquiramos, adquiráis, adquieran
Imperative: adquiere, adquiera, adquiramos, adquirid, adquieran

andar *(to walk)*
Preterit: anduve, anduviste, anduvo, anduvimos, anduvisteis, anduvieron
Imp. Subj.: anduviera (anduviese), anduvieras, anduviera, anduviéramos, anduvierais, anduvieran

avergonzarse *(to be ashamed, to be embarrassed)*
Pres. Ind.: me avergüenzo, te avergüenzas, se avergüenza, nos avergonzamos, os avergonzáis, se avergüenzan

Pres. Subj.:	me avergüence, te avergüences, se avergüence, nos avergoncemos, os avergoncéis, se avergüencen
Imperative:	avergüénzate, avergüéncense, avergoncémonos, avergonzaos, avergüézense

caber *(to fit, to have enough room)*

Pres. Ind.:	quepo, cabes, cabe, cabemos, cabéis, caben
Preterit:	cupe, cupiste, cupo, cupimos, cupisteis, cupieron
Future:	cabré, cabrás, cabrá, cabremos, cabréis, cabrán
Conditional:	cabría, cabrías, cabría, cabríamos, cabríais, cabrían
Imperative:	cabe, quepa, quepamos, cabed, quepan
Pres. Subj.:	quepa, quepas, quepa, quepamos, quepáis, quepan
Imp. Subj.:	cupiera (cupiese), cupieras, cupiera, cupiéramos, cupierais, cupieran

caer *(to fall)*

Pres. Ind.:	caigo, caes, cae, caemos, caéis, caen
Preterit:	caí, caíste, cayó, caímos, caísteis, cayeron
Imperative:	cae, caiga, caigamos, caed, caigan
Pres. Subj.:	caiga, caigas, caiga, caigamos, caigáis, caigan
Imp. Subj.:	cayera (cayese), cayeras, cayera, cayéramos, cayerais, cayeran
Past Part.:	caído

conducir *(to guide, to drive)*

Pres. Ind.:	conduzco, conduces, conduce, conducimos, conducís, conducen
Preterit:	conduje, condujiste, condujo, condujimos, condujisteis, condujeron
Imperative:	conduce, conduzca, conduzcamos, conducid, conduzcan
Pres. Subj.:	conduzca, conduzcas, conduzca, conduzcamos, conduzcáis, conduzcan
Imp. Subj.:	condujera (condujese), condujeras, condujera, condujéramos, condujerais, condujeran

(All verbs ending in **-ducir** follow this pattern.)

convenir *(to agree)* See **venir**.

dar *(to give)*

Pres. Ind.:	doy, das, da, damos, dais, dan
Preterit:	di, diste, dio, dimos, disteis, dieron
Imperative:	da, dé, demos, dad, den
Pres. Subj.:	dé, des, dé, demos, deis, den
Imp. Subj.:	diera (diese), dieras, diera, diéramos, dierais, dieran

decir *(to say, to tell)*

Pres. Ind.:	digo, dices, dice, decimos, decís, dicen
Preterit:	dije, dijiste, dijo, dijimos, dijisteis, dijeron
Future:	diré, dirás, dirá, diremos, diréis, dirán
Conditional:	diría, dirías, diría, diríamos, diríais, dirían
Imperative:	di, diga, digamos, decid, digan
Pres. Subj.:	diga, digas, diga, digamos, digáis, digan
Imp. Subj.:	dijera (dijese), dijeras, dijera, dijéramos, dijerais, dijeran
Pres. Part.:	diciendo
Past Part.:	dicho

detener *(to stop, to hold, to arrest)* See **tener**.

entretener *(to entertain, to amuse)* See **tener**.

errar (*to err, to miss*)
Pres. Ind.:   yerro, yerras, yerra, erramos, erráis, yerran
Imperative: yerra, yerre, erremos, errad, yerren
Pres. Subj.:   yerre, yerres, yerre, erremos, erréis, yerren

estar (*to be*)
Pres. Inc.:   estoy, estás, está, estamos, estáis, están
Preterit: estuve, estuviste, estuvo, estuvimos, estuvisteis, estuvieron
Imperative: está, esté, estemos, estad, estén
Pres. Subj.:   esté, estés, esté, estemos, estéis, estén
Imp. Subj.:   estuviera (estuviese), estuvieras, estuviera, estuviéramos, estuvieras,
               estuvieran

haber (*to have*)
Pres. Ind.:   he, has, ha, hemos, habéis, han
Preterit: hube, hubiste, hubo, hubimos, hubisteis, hubieron
Future: habré, habrás, habrá, habremos, habréis, habrán
Conditional: habría, habrías, habría, habríamos, habríais, habrían
Imperative: he, haya, hayamos, habed, hayan
Pres. Subj.:   haya, hayas, haya, hayamos, hayáis, hayan
Imp. Subj.:   hubiera (hubiese), hubieras, hubiera, hubiéramos, hubieras, hu-
               bieran

hacer (*to do, to make*)
Pres. Ind.:   hago, haces, hace, hacemos, hacéis, hacen
Preterit: hice, hiciste, hizo, hicimos, hicisteis, hicieron
Future: haré, harás, hará, haremos, haréis, harán
Conditional: haría, harías, haría, haríamos, haríais, harían
Imperative: haz, haga, hagamos, haced, hagan
Pres. Subj.:   haga, hagas, haga, hagamos, hagáis, hagan
Imp. Subj.:   hiciera (hiciese), hicieras, hiciera, hiciéramos, hicierais, hicieran
Past Part: hecho

imponer (*to impose, to deposit*) See **poner**.

introducir (*to introduce, to insert, to gain access*) See **conducir**.

ir (*to go*)
Pres. Ind.:   voy, vas, va, vamos, vais, van
Imp. Ind.:   iba, ibas, iba, íbamos, ibais, iban
Preterit: fui, fuiste, fue, fuimos, fuisteis, fueron
Imperative: ve, vaya, vayamos, id, vayan
Pres. Subj.:   vaya, vayas, vaya, vayamos, vayáis, vayan
Imp. Subj.:   fuera (fuese), fueras, fuera, fuéramos, fuerais, fueran

jugar (*to play*)
Pres. Ind.:   juego, juegas, juega, jugamos, jugáis, juegan
Imperative: juega, juegue, juguemos, jugad, jueguen
Pres. Subj.:   juegue, juegues, juegue, juguemos, juguéis, jueguen

obtener (*to obtain*) See **tener**.

oír (*to hear*)
Pres. Ind.:   oigo, oyes, oye, oímos, oís, oyen
Preterit: oí, oíste, oyó, oímos, oísteis, oyeron
Imperative: oye, oiga, oigamos, oid, oigan
Pres. Subj.:   oiga, oigas, oiga, oigamos, oigáis, oigan
Imp. Subj.:   oyera (oyese), oyeras, oyera, oyéramos, oyerais, oyeran

Pres. Part.:	oyendo
Past Part.:	oído

oler (*to smell*)

Pres. Ind.:	huelo, hueles, huele, olemos, oléis, huelan
Imperative:	huele, huela, olamos, oled, huelan
Pres. Subj.:	huela, huelas, huela, olamos, oláis, huelan

poder (*to be able*)

Pres. Ind.:	puedo, puedes, puede, podemos, podéis, pueden
Preterit:	pude, pudiste, pudo, pudimos, pudisteis, pudieron
Future:	podré, podrás, podrá, podremos, podréis, podrán
Conditional:	podría, podrías, podría, podríamos, podríais, podrían
Imperative:	puede, pueda, podamos, poded, puedan
Pres. Subj.:	pueda, puedas, pueda, podamos, podáis, puedan
Imp. Subj.:	pudiera (pudiese), pudieras, pudiera, pudiéramos, pudierais, pudieran
Pres. Part.:	pudiendo

poner (*to place, to put*)

Pres. Ind.:	pongo, pones, pone, ponemos, ponéis, ponen
Preterit:	puse, pusiste, puso, pusimos, pusisteis, pusieron
Future:	pondré, pondrás, pondrá, pondremos, pondréis, pondrán
Conditional:	pondría, pondrías, pondría, pondríamos, pondríais, pondrían
Imperative:	pon, ponga, pongamos, poned, pongan
Pres. Subj.:	ponga, pongas, ponga, pongamos, pongáis, pongan
Imp. Subj.:	pusiera (pusiese), pusieras, pusiera, pusiéramos, pusierais, pusieran
Past Part.:	puesto

querer (*to want, to wish, to like*)

Pres. Ind.:	quiero, quieres, quiere, queremos, queréis, quieren
Preterit:	quise, quisiste, quiso, quisimos, quisisteis, quisieron
Future:	querré, querrás, querrá, querremos, querréis, querrán
Conditional:	querría, querrías, querría, querríamos, querríais, querrían
Imperative:	quiere, quiera, queramos, quered, quieran
Pres. Subj.:	quiera, quieras, quiera, queramos, queráis, quieran
Imp. Subj.:	quisiera (quisiese), quisieras, quisiera, quisiéramos, quisierais, quisieran

resolver (*to decide on*)

Past Part.: resuelto

saber (*to know*)

Pres. Ind.:	sé, sabes, sabe, sabemos, sabéis, saben
Preterit:	supe, supiste, supo, supimos, supisteis, supieron
Future:	sabré, sabrás, sabrá, sabremos, sabréis, sabrán
Conditional:	sabría, sabrías, sabría, sabríamos, sabríais, sabrían
Imperative:	sabe, sepa, sepamos, sabed, sepan
Pres. Subj.:	sepa, sepas, sepa, sepamos, sepáis, sepan
Imp. Subj.:	supiera (supiese), supieras, supiera, supiéramos, supierais, supieran

salir (*to leave, to go out*)

Pres. Ind.:	salgo, sales, sale, salimos, salís, salen
Future:	saldré, saldrás, saldrá, saldremos, saldréis, saldrán
Conditional:	saldría, saldrías, saldría, saldríamos, saldríais, saldrían
Imperative:	sal, salga, salgamos, salid, salgan
Pres. Subj.:	salga, salgas, salga, salgamos, salgáis, salgan

ser (*to be*)

Pres. Ind.:	soy, eres, es, somos, sois, son
Imp. Ind.:	era, eras, era, éramos, erais, eran
Preterit:	fui, fuiste, fue, fuimos, fuisteis, fueron
Imperative:	sé, sea, seamos, sed, sean
Pres. Subj.:	sea, seas, sea, seamos, seáis, sean
Imp. Subj.:	fuera (fuese), fueras, fuera, fuéramos, fuerais, fueran

suponer (*to assume*) See **poner**.

tener (*to have*)

Pres. Ind.:	tengo, tienes, tiene, tenemos, tenéis, tienen
Preterit:	tuve, tuviste, tuvo, tuvimos, tuvisteis, tuvieron
Future:	tendré, tendrás, tendrá, tendremos, tendréis, tendrán
Conditional:	tendría, tendrías, tendría, tendríamos, tendríais, tendrían
Imperative:	ten, tenga, tengamos, tened, tengan
Pres. Subj.:	tenga, tengas, tenga, tengamos, tengáis, tengan
Imp. Subj.:	tuviera (tuviese), tuvieras, tuviera, tuviéramos, tuvierais, tuvieran

traducir (*to translate*) See **conducir**.

traer (*to bring*)

Pres. Ind.:	traigo, traes, trae, traemos, traéis, traen
Preterit:	traje, trajiste, trajo, trajimos, trajisteis, trajeron
Imperative:	trae, traiga, traigamos, traed, traigan
Pres. Subj.:	traiga, traigas, traiga, traigamos, traigáis, traigan
Imp. Subj.:	trajera (trajese), trajeras, trajera, trajéramos, trajerais, trajeran
Pres. Part.:	trayendo
Past Part.:	traído

valer (*to be worth*)

Pres. Ind.:	valgo, vales, vale, valemos, valéis, valen
Future:	valdré, valdrás, valdrá, valdremos, valdréis, valdrán
Conditional:	valdría, valdrías, valdría, valdríamos, valdríais, valdrían
Imperative:	vale, valga, valgamos, valed, valgan
Pres. Subj.:	valga, valgas, valga, valgamos, valgáis, valgan

venir (*to come*)

Pres. Ind.:	vengo, vienes, viene, venimos, venís, vienen
Preterit:	vine, viniste, vino, vinimos, vinisteis, vinieron
Future:	vendré, vendrás, vendrá, vendremos, vendréis, vendrán
Conditional:	vendría, vendrías, vendría, vendríamos, vendríais, vendrían
Imperative:	ven, venga, vengamos, venid, vengan
Pres. Subj.:	venga, vengas, venga, vengamos, vengáis, vengan
Imp. Subj.:	viniera (viniese), vinieras, viniera, viniéramos, vinierais, vinieran
Pres. Part.:	viniendo

ver (*to see*)

Pres. Ind.:	veo, ves, ve, vemos, veis, ven
Imp. Ind.:	veía, veías, veía, veíamos, veíais, veían
Preterit:	vi, viste, vio, vimos, visteis, vieron
Imperative:	ve, vea, veamos, ved, vean
Pres. Subj.:	vea, veas, vea, veamos, veáis, vean
Imp. Subj.:	viera (viese), vieras, viera, viéramos, vierais, vieran
Past. Part.:	visto

volver (*to return*)

Past Part.:	vuelto

Appendix C

English Translations of Dialogues

Lección preliminar

Brief Conversations

A. "Good morning, Mr. Martínez. How are you?"
"Very well, thank you, Miss Vega. And you?"
"Fine, thank you."

B. "Good afternoon, ma'am."
"Good afternoon, sir. Please come in and have a seat.
How may we help you?"

C. "Good night, miss, and thank you very much. I'll see you tomorrow."
"You're welcome, we're at your service. Good-bye."

D. "With whom do you wish to speak?"
"With the purchasing manager."
"I'm sorry, but the line is busy."
"I'll call later, then."

E. "Morales Advertising Agency, good morning."
"Good morning, miss. (May I speak) with Mr. Romero, please.
I'm the manager of Alfa Enterprises."
"One moment, please."

F. "Name and surname?"
"José Luis Torres Fuentes."
"Address?"
"Number 10 Palma Street."
"Telephone number?"
"828–0612."
"Are you married, single . . . ?"
"I'm divorced."

Lección 1
The Business Trip

Mrs. López, a buyer from Leatherworks Company of New York, travels to Monterrey, Mexico.

On the phone:

CLERK:	Aeroméxico, good morning. What can I do for you? (How may I help you?)
MRS. LÓPEZ:	Good morning. I want to reserve a ticket for tomorrow's three-twenty afternoon flight to Monterrey.
CLERK:	A round-trip ticket or one-way only?
MRS. LÓPEZ:	Round trip.
CLERK:	When do you wish to return?
MRS. LÓPEZ:	(On) Thursday, on the last afternoon flight.
CLERK:	Fine. Non-smoking section?
MRS. LÓPEZ:	Yes, please; I don't smoke.

CLERK:	Do you want a window seat or an aisle seat?
MRS. LÓPEZ:	(A) window (seat), please.
CLERK:	Fine, row eight, seat F.

At the Aeroméxico counter:

MRS. LÓPEZ:	(At) what time will they announce the flight to Monterrey?
CLERK:	Twenty minutes before departure, at gate number twenty-four.

On the plane:

MRS. LÓPEZ:	Miss, I need a pillow and a blanket, please.
FLIGHT ATTENDANT:	Right away. Do you want a newspaper or a magazine?
MRS. LÓPEZ:	A Mexican newspaper, please.
FLIGHT ATTENDANT:	Of course.
MRS. LÓPEZ:	And please, what time is it?
FLIGHT ATTENDANT:	It's 6:05. We arrive in Monterrey at 8:30.

On the loud speaker:

Attention, all passengers! Please fill out the customs forms now to avoid delays at the airport.

Lección 2

At the Airport of Monterrey, Mexico

Upon arrival, Mrs. López speaks to an airline employee.

MRS. LÓPEZ:	Excuse me, sir, where is customs?
EMPLOYEE:	On the ground floor, to the right. You must take the stairs down.

At customs:

EMPLOYEE:	Are you a Mexican citizen?
MRS. LÓPEZ:	No, I'm a foreigner.
EMPLOYEE:	The line on the left, please.
MRS. LÓPEZ:	(*At the customs office counter*) Shall I open my baggage?
INSPECTOR:	Yes, please. (Do you have) anything to declare?
MRS. LÓPEZ:	Yes, a laptop computer, a video camera, and a camera.
INSPECTOR:	Are they for your personal use?
MRS. LÓPEZ:	Yes, sir.
INSPECTOR:	(Any) alcoholic drinks, cigarettes, drugs (medicine)?
MRS. LÓPEZ:	No, sir.
INSPECTOR:	Then you don't have to pay any duty.

At the exit from the customs office:

EMPLOYEE:	Claim checks, please. (*He looks at the claim checks.*) Two packages?
MRS. LÓPEZ:	Yes, the big suitcase, and the small carry-on bag.
EMPLOYEE:	Fine. Welcome to Mexico.

Mrs. López calls a porter passing by.

MRS. LÓPEZ:	First, to the currency exchange office, then to the taxi stop.

At the currency exchange office:

MRS. LÓPEZ:	What's the exchange rate?
CLERK:	It's at 10.15 pesos to the dollar.
MRS. LÓPEZ:	The dollar goes up or down almost every day now, right?
CLERK:	Yes, ma'am, the exchange rate is not stable.
MRS. LÓPEZ:	Well, I want to exchange two hundred dollars. Do you accept traveler's checks?
CLERK:	Yes, ma'am. You must sign the checks here and write today's date.
MRS. LÓPEZ:	Do you need to see my passport?
CLERK:	Yes, please.

The porter takes Mrs. López's luggage to the taxi stop. Mrs. López takes a taxi.

Lección 3

At the hotel

Mrs. López phones the Calinda Roma Hotel to reserve a room.

EMPLOYEE:	Calinda Roma Hotel, good morning.
MRS. LÓPEZ:	Good morning. I want to reserve a room for four days, starting today.
EMPLOYEE:	For how many people?
MRS. LÓPEZ:	For one person. How much is it?
EMPLOYEE:	$345 (pesos) per day, plus tax. What time are you arriving at the hotel?
MRS. LÓPEZ:	Around ten-thirty tonight.
EMPLOYEE:	Well, in order to ensure your reservation, I need the information from your credit card.
MRS. LÓPEZ:	My name is Sonia López and my credit card is a VISA, number 4723–5561–1096–8289.
EMPLOYEE:	Valid until when?
MRS. LÓPEZ:	The expiration date is June, 2002.
EMPLOYEE:	What is your address, ma'am?
MRS. LÓPEZ:	789 124th Street, Apt. 11, New York.
EMPLOYEE:	Very well, that's all.
MRS. LÓPEZ:	Please, how far is the hotel from the airport?
EMPLOYEE:	About 8 kilometers.

Upon arrival, at the reception desk:

MRS. LÓPEZ:	Good evening, I'm Mrs. López, from the United States.
EMPLOYEE:	Welcome to Monterrey, Mrs. López! Your room is ready. Now you must fill out the guest card, please.
MRS. LÓPEZ:	On which floor is my room?
EMPLOYEE:	On the fourth floor.
MRS. LÓPEZ:	It doesn't face the street, right? It's very noisy around here.
EMPLOYEE:	Yes, we're located downtown, but yours is an interior room. (*He calls to Antonio, the bellhop.*) Antonio, to room 434.

The bellhop takes Mrs. López's suitcases and the room key.

BELLHOP:	This way, ma'am. (*Both walk toward the elevator.*)

In the room:

BELLHOP: Do you need anything else, ma'am?
MRS. LÓPEZ: Nothing else, thanks.

A little while later Mrs. López calls the front desk.

EMPLOYEE: Front desk.
MRS. LÓPEZ: I'm Mrs. López . . .
EMPLOYEE: Who?
MRS. LÓPEZ: I'm Mrs. López, and I am in room 434. The air conditioning isn't working properly.
EMPLOYEE: The bellhop is on his way to move your baggage to another room. We are sorry for the inconvenience.

Lección 4
Meals

The next day, in the morning, Mrs. López goes to the hotel coffee shop to have breakfast.

WAITRESS: Good morning, ma'am. How many?
MRS. LÓPEZ: Just me.
WAITRESS: This way, please.
MRS. LÓPEZ: What is the typical Mexican breakfast?
WAITRESS: Eggs, beans, tortillas . . . Here's the menu. Coffee?
MRS. LÓPEZ: Is Mexican coffee strong?
WAITRESS: It is stronger than American coffee, but not as strong as Italian expresso.
MRS. LÓPEZ: Do you have decaffeinated coffee?
WAITRESS: Yes, but it is instant coffee.
MRS. LÓPEZ: Then I am having *café con leche.*
WAITRESS: Very well, and to eat?
MRS. LÓPEZ: (*She reads the menu.*) What are the *huevos rancheros* like?
WAITRESS: They come with tomato sauce and peppers.
MRS. LÓPEZ: Isn't there any toast or another type of bread? I'm very hungry!
WAITRESS: Yes, ma'am, but here, tortillas are more popular than bread.

At a restaurant, at lunch time:

WAITER: Do you want anything to drink before lunch?
MRS. LÓPEZ: No, not now. What is the house specialty?
WAITER: Seafood and fish.
MRS. LÓPEZ: Is the sole fresh?
WAITER: All of the fish is fresh: the sole, the red snapper, the grouper, the sea bass . . .
MRS. LÓPEZ: Which is better?
WAITER: They are all good, ma'am. As good as the sole or better.
MRS. LÓPEZ: What's the *huachinango*?
WAITER: It's what's called *pargo* in other countries, and red snapper in the United States.
MRS. LÓPEZ: What does it come with?
WAITER: With rice and salad or vegetables.
MRS. LÓPEZ: Then, grilled red snapper with vegetables and rice.
WAITER: Anything to drink?
MRS. LÓPEZ: A glass of white wine, Marqués de Riscal.

When Mrs. López finishes eating, she calls the waiter.

WAITER: Coffee, dessert?

MRS. LÓPEZ: No, thank you. I'm in a hurry. I have to be at the Delta Mall at three.

WAITER: You have time, ma'am; from here to the mall it takes less than fifteen minutes.

Mrs. López pays the bill and leaves the tip on the table.

Lección 5
Buying to Import to the United States

On the phone:

RECEPTIONIST: Leather Goods of Nuevo León, good morning.

MRS. LÓPEZ: Good morning, miss. I'm Sonia López, a buyer from Leatherworks Company, a chain of retail stores from the United States.

RECEPTIONIST: What can we do for you, Mrs. López?

MRS. LÓPEZ: I need to speak with the wholesale sales manager.

RECEPTIONIST: One moment, please. I'm going to call his office. (*Through the intercom*) Julia, Mrs. López, a buyer for an American firm, wants to speak with Mr. Fernández. (*She listens for a moment.*) I'm sorry, Mrs. López, but the sales manager is busy. He's with (attending to) another client.

MRS. LÓPEZ: I want to make an appointment to speak with him today, if possible. I prefer to go in the afternoon.

RECEPTIONIST: Yes, that's fine. He's available at three. Do you have the address?

MRS. LÓPEZ: Yes, miss. Thank you very much, and I'll see you later.

At 3:05 in the afternoon, in Mr. Fernández's office:

MRS. LÓPEZ: I'm interested in buying leather articles for my firm in the United States.

MR. FERNÁNDEZ: Then, first you must see the great variety of items that we manufacture. Let's go to the showroom.

In the showroom:

MR. FERNÁNDEZ: Well, here we have men's and women's clothing. The accessories are in the back.

MRS. LÓPEZ: Don't you have articles of better quality?

MR. FERNÁNDEZ: Yes, ma'am. If you prefer to see more expensive items, let's go to the other showroom.

MRS. LÓPEZ: (*In the other showroom*) Here you do have what I'm looking for.

MR. FERNÁNDEZ: Yes, all these items are manufactured with top-quality leather.

MRS. LÓPEZ: Are the designs original?

MR. FERNÁNDEZ: Yes, they are the firm's exclusive creations.

MRS. LÓPEZ: Are the prices marked for retail sales?

MR. FERNÁNDEZ: Yes, ma'am. We give up to 50 per cent discounts on wholesale orders, depending on the quantity purchased and the production cost of each item.

MRS. LÓPEZ:	Fine. I'm going to select several items. I'm writing down the styles I prefer. Later, we'll discuss prices and conditions.
MR. FERNÁNDEZ:	I understand, ma'am. We are at your disposal.
MRS. LÓPEZ:	The first order is going to be small. We want to see what demand your products have in the U.S. market.

Lección 6
Selling to Export from the United States

Mr. Johnson, a traveling salesman for Flagler Auto Parts, from Miami, visits Mr. Rodríguez, manager of NUEVOS SERVICENTROS, S. A., a chain of car repair shops from Caracas, Venezuela.

MR. JOHNSON:	We are trying to enter the Venezuelan market, and we have good deals for you.
MR. RODRÍGUEZ:	You sell mufflers and exhaust pipes, right?
MR. JOHNSON:	Yes, sir. Besides, we sell spare parts to repair the cars' brakes and suspension systems.
MR. RODRÍGUEZ:	Really, we are satisfied with our local suppliers, but we can do business. It all depends on the quality and price of your merchandise.
MR. JOHNSON:	We only sell parts that are well-known brands, and I'm sure that no one can compete with our prices.
MR. RODRÍGUEZ:	Fine, I'm interested in the Monroe lines of mufflers, exhaust pipes, and shock absorbers.
MR. JOHNSON:	You don't use Gabriel shock absorbers? Why?
MR. RODRÍGUEZ:	Because that line is not well known here and hardly any customer orders it. We don't want to have unnecessary merchandise in stock.
MR. JOHNSON:	Well, those shock absorbers are top quality, and they have very competitive prices.
MR. RODRÍGUEZ:	Yes, but we always use the spare parts that our customers indicate to us (ask us for).
MR. JOHNSON:	Fine, here's our price list. These are the prices for consumers. Repair shops receive discounts according to the volume of the purchase and the mode of payment.
MR. RODRÍGUEZ:	Are these free-on-board prices or cost, insurance, and freight?
MR. JOHNSON:	These are the prices of our parts in our Caracas warehouses. Of course, you pay the shipping costs (from our warehouse to your shops).
MR. RODRÍGUEZ:	What discount will you give us for orders of a thousand units or more?
MR. JOHNSON:	For orders of that size we give a discount of between 25 and 40 per cent off the list price.
MR. RODRÍGUEZ:	What are the terms of payment?
MR. JOHNSON:	The usual terms in the market: 2/30 n/90. Do you have bank credit?
MR. RODRÍGUEZ:	Yes, in Venezuela and the United States.
MR. JOHNSON:	Do you import directly from the factories?
MR. RODRÍGUEZ:	Yes, sometimes. The parts cost less at the factory, but the savings don't compensate for the difficulties importing them.

MR. JOHNSON:	Are you going to order anything now?
MR. RODRÍGUEZ:	I think your prices are good, but I need to compare them with those of our current suppliers.
MR. JOHNSON:	I understand. When shall I come back to visit you? Is Thursday okay?
MR. RODRÍGUEZ:	Let's see . . . I won't be here on Thursday, nor on Friday; you may come next Monday.

Lección 7

Communication Systems

Mrs. Sánchez, a buyer from Gaviña and Sons Company from California, is in Colombia buying coffee. Now she calls the hotel operator to ask for information about the means of communication available at the hotel.

On the phone:

MRS. SÁNCHEZ:	Miss, I need to call the United States. What do I do to call from my room?
OPERATOR:	First, you dial 9, then the (country) code for the U.S., and, finally, the area code and telephone number that you want to call.
MRS. SÁNCHEZ:	How much does the hotel charge for long-distance calls?
OPERATOR:	Fifteen hundred pesos, ma'am.
MRS. SÁNCHEZ:	And for local calls?
OPERATOR:	Nothing, ma'am. Local service is free.
MRS. SÁNCHEZ:	Very good. Another thing, where is the nearest post office? I need to send some letters.
OPERATOR:	Three blocks from here, but you may drop them in the mailbox that's on the office counter. The hotel also offers you fax services and access to the Internet.
MRS. SÁNCHEZ:	Great. I need to send a fax to my office.

In the post office:

MRS. SÁNCHEZ:	Please, do you know how long it takes for a package to be delivered (to arrive at its destination in) to Vernon, California?
CLERK:	If you send it by airmail, it will arrive (for you) in three days.
MRS. SÁNCHEZ:	About the size and weight of packages, are there any regulations?
CLERK:	What does the package contain?
MRS. SÁNCHEZ:	Coffee samples, without commercial value, several catalogues, and advertising brochures.
CLERK:	If you send the printed material in a separate package, you save money because the tariff for printed material is much lower.
MRS. SÁNCHEZ:	How much should the packages of printed material measure and weigh?
CLERK:	The dimensions must not exceed 30 centimeters in length, 20 in width, and 10 in depth. Moreover, the package must not weight more than five kilograms, more or less eleven pounds.

MRS. SÁNCHEZ:	Another question, may I send packages of merchandise with commercial value by mail?
CLERK:	Yes, up to 20 kilograms in weight.
MRS. SÁNCHEZ:	I need to send a much bigger package. Do you know any international package delivery agencies?
CLERK:	It's forbidden for us to recommend private services, but there is one that's not far from here.
MRS. SÁNCHEZ:	Anyway, do you know the address?
CLERK:	No, I don't know it, but you can look it up in the phone book or ask the phone operator for information.
MRS. SÁNCHEZ:	Thanks, and one more question. Where may I cash a check, I mean, an international money order?
CLERK:	At the third window, on the left.
MRS. SÁNCHEZ:	Oh, yes, I see it. Where it says "Money Orders and Telegrams," right?
CLERK:	Yes, ma'am.

Lección 8

Passenger Transportation

Mrs. Soto, the owner of an arts and crafts store in Los Angeles, California, is in Guadalajara on a business trip. In order to go from one place to another in the city, and in order to go to nearby towns, she uses various means of transportation. On the sidewalk, in front of the hotel, she greets the first passer-by she meets and asks him for information.

MRS. SOTO:	Excuse me, sir. What bus should I take to go to Tlaquepaque?
PASSER-BY:	None from here. You must walk two blocks to Avenida de la Paz, cross the street, and take the route 15 bus, at the stop at the corner.

On the bus, she asks questions of another passenger.

MRS. SOTO:	This bus goes to Tlaquepaque, doesn't it?
PASSENGER:	No, ma'am. You must transfer to route 42.
MRS. SOTO:	Where must I transfer?
PASSENGER:	At Plaza de la Bandera. I'll let you know.
MRS. SOTO:	Whom do I ask for the transfer?
PASSENGER:	You have to ask the driver for it when you get off.
MRS. SOTO:	And where do I take the other bus?
PASSENGER:	Walk a half a block to the Boulevard Tlaquepaque and from there take the route 42 bus.

When Mrs. Soto wants to return, the buses are very full. When her feet start hurting from standing while waiting, she decides to take a taxi, but before taking it, she asks the taxi driver how much the trip will cost her.

MRS. SOTO:	Please, how much is it to Guadalajara?
TAXI DRIVER:	To what part of the city?
MRS. SOTO:	To downtown, to the Hotel Presidente at 170 Avenida Juárez.
TAXI DRIVER:	From here the meter will read (indicate) $90 (pesos), more or less.
MRS. SOTO:	Very good, let's go.

Upon arrival in the city, Mrs. Soto decides to rent a car to drive herself.

MRS. SOTO:	I want to rent a compact car for three days.
EMPLOYEE:	Do you know how to drive standard-shift cars?
MRS. SOTO:	Yes, but I don't like them. I prefer an automatic.
EMPLOYEE:	I'm sorry. We don't have any small automatic cars available.
MRS. SOTO:	How much will a medium size cost me?
EMPLOYEE:	That one with four doors will cost you $350 (pesos) a day plus insurance and I.V.A., and that two-door one I can give you for $300.
MRS. SOTO:	What's I.V.A.?
EMPLOYEE:	It is a value-added tax (VAT).
MRS. SOTO:	Oh! Do I have to buy insurance? Doesn't my insurance from the U.S. cover me?
EMPLOYEE:	No, ma'am. You need to buy local insurance.
MRS. SOTO:	But I can drive with my California license, right?
EMPLOYEE:	Yes, if you are here as a tourist or on a business trip, you can drive with your foreign license.
MRS. SOTO:	Do you need to see it?
EMPLOYEE:	Yes, please; can you show it to me? Also, I need your credit card.

Lección 9
The Transportation of Merchandise

Mr. Paz finds out the freight cost for the various means of transportation available.

At the railroad station:

MR. PAZ:	I need to send a shipment of handcrafted products to Los Angeles, California, and I want to know about your tariffs.
EMPLOYEE:	What type of handicrafts do you want to transport?
MR. PAZ:	Pottery, blown glass and leather items, and wool, cotton and other fabrics.
EMPLOYEE:	Pottery and blown glass are very fragile, so the tariff is very high: $32.50 (pesos) per kilogram of weight. The rest costs $825 per cubic meter of volume.
MR. PAZ:	Do you transport the merchandise to Los Angeles?
EMPLOYEE:	No, sir. We carry it up to the border, and there the merchandise is transfered to the American railroads.
MR. PAZ:	I suppose that this transfer increases the risk of breakage and damages, and makes the insurance more expensive.
EMPLOYEE:	Yes, a little. But less than what you save in freight charges. Besides, if the packing is done well, damages to the merchandise are scarce.
MR. PAZ:	Do I have to deal with the American railways?
EMPLOYEE:	No, sir. We take responsibility for the transportation of the merchandise from here to Los Angeles, and we take care of the customs procedures at the border.

Mr. Paz calls the office of Correas Trucks.

EMPLOYEE:	Camiones Correas. Help Mexico by using national transports. Good morning.
MR. PAZ:	Good morning. You transport merchandise to the U.S., right?

337

EMPLOYEE:	Yes, sir. What can I do for you?
MR. PAZ:	I need to transport a shipment of handicrafts from a factory here to Los Angeles. What are your tariffs?
EMPLOYEE:	Is it a question of a large amount of merchandise?
MR. PAZ:	Yes, but I think that everything will fit in one big truck. Are yours big?
EMPLOYEE:	Yes, but if everything doesn't fit, we can leave you a container in the factory. They will load it, and we take charge of delivering it to your commercial establishment in Los Angeles.
MR. PAZ:	Do you unload the merchandise at our warehouse?
EMPLOYEE:	No, sir. The loading and unloading are the customer's responsibility.
MR. PAZ:	What documents must I give you?
EMPLOYEE:	Look, my boss is not here now. Call later or, better, come here and speak with him directly.
MR. PAZ:	(That's) okay. I'll call later.

At the air express company:

MR. PAZ:	I need to send to Los Angeles blown-glass items that are very fragile.
EMPLOYEE:	Very good, sir. We send and deliver packages throughout the world.
MR. PAZ:	What is the tariff for this type of item?
EMPLOYEE:	Well, from here to Los Angeles, $57.75 (pesos) a kilogram or a cubic decimeter, depending on the relationship between weight and volume.
MR. PAZ:	It is almost double the land transportation cost.
EMPLOYEE:	Yes, but you save time, and the items go directly from here to Los Angeles.
MR. PAZ:	I am wondering if the time saved compensates for the increase in cost.
EMPLOYEE:	That depends upon the urgency you have in receiving the merchandise.
MR. PAZ:	Yes, yes. Well, I'll have to think about it. Thank you.

Lección 10
Hiring personnel

Mrs. Artiles, personnel director of Pérez and Brother Company in Puerto Rico, hires personnel for her office.

On the phone:

EMPLOYEE:	ABC Agency, at your service.
MRS. ARTILES:	Is this the employment agency?
EMPLOYEE:	Yes, ma'am. May I help you?
MRS. ARTILES:	I need an experienced office clerk with good references.
EMPLOYEE:	I have two candidates: one who worked in a factory office for two years and one who is presently working for a bank.
MRS. ARTILES:	Fine, I'll expect them tomorrow at nine. My address is 54 Hostos Street. They should ask for Mrs. Artiles.

The first interview:

RECEPTIONIST:	Mrs. Artiles, the office worker from the employment agency has arrived.

338

MRS. ARTILES:	If she already filled out the employment application, tell her to come in. (*To the candidate*) Good morning.
APPLICANT:	Good morning, Mrs. Artiles. My name is María Rodríguez.
MRS. ARTILES:	Glad to meet you, Miss Rodríguez. (*She reads the application.*) So you have experience in all kinds of office work?
APPLICANT:	Yes ma'am. I know how to work with the Windows and Macintosh operating systems. I have experience using several word-processing programs and database management programs for retailers and wholesalers. In addition, I am bilingual.
MRS. ARTILES:	Do you know how to use Excel and Access for data entry?
APPLICANT:	Yes, ma'am, in the factory where I worked until last month, I used several, including the ones you mentioned.
MRS. ARTILES:	Why did you resign from your job?
APPLICANT:	Because I asked for a raise and they didn't give it to me.
MRS. ARTILES:	When was that?
APPLICANT:	On the thirtieth of last month, but I didn't go to the employment office until Monday.
MRS. ARTILES:	Okay. The salary we offer is $450 a week. The daily work schedule is from eight in the morning until four-thirty in the afternoon. At twelve, you have thirty minutes for lunch.
APPLICANT:	What are the fringe benefits?
MRS. ARTILES:	We offer health insurance and a retirement plan to our employees.
APPLICANT:	What does the retirement plan consist of?
MRS. ARTILES:	It's a Keogh plan in which we put an amount equivalent to 8% of your salary, and you contribute an equal amount that we deduct from your salary.
APPLICANT:	The health plan, does it offer options?
MRS. ARTILES:	Yes, you may choose between a local HMO and another plan that is much more expensive.
APPLICANT:	Okay. Another question. How long are vacations?
MRS. ARTILES:	Two weeks a year.
APPLICANT:	Please, do you have a job description?
MRS. ARTILES:	Yes, Miss. The receptionist is going to give you a package with all the material you must read before signing the contract, if we decide to hire you.
APPLICANT:	When am I going to have an answer about that?
MRS. ARTILES:	Tomorrow afternoon.

Lección 11

The Company's Accounting System (I)

As soon as the second candidate leaves Mrs. Artiles's office, the secretary calls her on the intercom.

SECRETARY:	Mrs. Artiles, Mr. Villalba is waiting for you.
MRS. ARTILES:	How long has he been waiting?
SECRETARY:	He's been here a few minutes.
MRS. ARTILES:	Fine. Have him come in. Thank you.
SECRETARY:	Right away. (*To Mr. Villalba*) Mrs. Artiles is waiting for you in her office.

MR. VILLALBA:	Good morning, Mrs. Artiles. My name is Jorge Villalba and I represent the firm Allied Business Consultants.
MRS. ARTILES:	Good morning and excuse the delay. I wasn't able to finish the previous interview sooner and then I had to make a phone call.
MR. VILLALBA:	No problem. (It doesn't matter.) Please, tell me what your problem is.
MRS. ARTILES:	I would like to modernize the accounting system of my business.
MR. VILLALBA:	Who keeps the company's books?
MRS. ARTILES:	The office employees do the journal entries and the entries in the general ledger.
MR. VILLALBA:	Do they also prepare financial statements?
MRS. ARTILES:	No, up to now we had an arrangement with an accountant who periodically prepared the trial balances, the balance sheets, and the profit and loss statements.
MR. VILLALBA:	Fine, explain to me the difficulties you're having with your present accounting system.
MRS. ARTILES:	The problem is that the business grew a great deal last year and now we are experiencing delays and costly mistakes in the reports to the customers.
MR. VILLALBA:	And what do you want to do now, reorganize your accounting office or entrust the company's accounting to a firm of accountants?
MRS. ARTILES:	Well, as I told the person with whom I spoke on the phone, I didn't want to make a final decision without consulting with you first.
MR. VILLALBA:	You did the right thing. And, in that case, I need to determine (what) your needs (are). Are all the books here?
MRS. ARTILES:	Yes, I asked the accountant for them and he brought them yesterday. (*To her assistant, on the intercom*) Eva, don't prepare the payroll today. Bring (in) the books and work with Mr. Villalba, please.

Mrs. Artiles served Mr. Villalba a cup of coffee and they continued to talk.

Lección 12
The Company's Accounting System (II)

Mr. Villalba is at Pérez and Brother (Co.) again. Today he gives an account of the work he has done.

MR. VILLALBA:	Mrs. Artiles, I didn't come yesterday because I was still working on the report. By the way, Mrs. Pérez's help was more valuable than I expected.
MRS. ARTILES:	Very good. What does the report consist of?
MR. VILLALBA:	Well, you need to automate your company's accounting.
MRS. ARTILES:	How?
MR. VILLALBA:	Through the use of computers.
MRS. ARTILES:	How does the system work?
MR. VILLALBA:	First, you need to take an inventory of all available merchandise and key it into the computer. Then you record all orders as they come in and the computer (will) automatically reduce the sale (the item from the inventory).

MRS. ARTILES:	How is that possible?
MR. VILLALBA:	Easily. Each cash register will be (is) connected to the computer. Then each time a sale is made the computer will read (reads) the U.P.C. on the label with the scanner and will record (records) the sale.
MRS. ARTILES:	How are the financial statements prepared?
MR. VILLALBA:	The computer will prepare (prepares) them automatically. You "feed" the computer with data like the rent, the amount of the payroll, electricity, telephone, taxes, banking expenses, etc., and the machine makes the necessary computation.
MRS. ARTILES:	And how is the payroll prepared?
MR. VILLALBA:	It is enough (It will suffice) to connect the employee time clock to the computer. This will record attendance, make deductions for absences, and deductions referring to retirement, taxes, social security, etc.
MRS. ARTILES:	Can we do all of that with the computers we have in service now?
MR. VILLALBA:	I'm afraid not. You're going to need more sophisticated computer hardware and several work stations. Plus, you're going to need some programs specially designed for accounting, payroll, etc.
MRS. ARTILES:	Are you going to recommend to us the equipment and programs we need?
MR. VILLALBA:	Yes, ma'am. Here is a list and an estimate of the cost (investment).
MRS. ARTILES:	(*Reading the list*) We need two other computer programs? Didn't Mrs. Pérez tell you that we already had a word-processing program?
MR. VILLALBA:	Yes, ma'am, but it's very rudimentary and it's already obsolete. With this new program you are going to be able, among other things, to automate the collection of debts and to send to your clients and your suppliers personalized circulars, in other words, circulars that (will) seem like personal letters.
MRS. ARTILES:	And what can we do with the spreadsheet program?
MR. VILLALBA:	With that program your computers will prepare the spreadsheets for the financial statements.
MRS. ARTILES:	Fine, now we're going to talk about the investment and operational costs of the new system. I already said to you that I didn't want to spend a lot.
MR. VILLALBA:	I assure you that your savings in operational costs are going to compensate for the cost of the investment.
MRS. ARTILES:	Yes, I already know that we are spending too much.

Lección 13

Income Tax

Mrs. Rivas and her accountant prepare her tax return.

Income:

ACCOUNTANT:	What is your full name, ma'am?
MRS. RIVAS:	María Inés Rivas.

ACCOUNTANT:	You are the head of the household, right ma'am?
MRS. RIVAS:	Yes, I'm a widow and I have two children who live with me.
ACCOUNTANT:	Your children, are they minors?
MRS. RIVAS:	My daughter is an adult, but she was studying at the university until she graduated a month ago.
ACCOUNTANT:	In that case you can list her as a dependent. Does your son work?
MRS. RIVAS:	He has a part-time job at the university where he studies.
ACCOUNTANT:	That doesn't count. Do you receive a salary or are you self-employed?
MRS. RIVAS:	I'm a partner in a business. I receive a salary and, in addition, part of the profits at the end of the year, if there are any.
ACCOUNTANT:	Did you bring your wage and tax statement (W-2 Form)?
MRS. RIVAS:	Yes, here it is.
ACCOUNTANT:	Do you receive any pensions?
MRS. RIVAS:	Yes, since my husband died I have been receiving a pension from the company where he worked.
ACCOUNTANT:	Fine, did you bring the document that supports the statement of benefits received in that regard?
MRS. RIVAS:	Yes, here it is.
ACCOUNTANT:	Do you receive revenues, commissions, or interest on your bank accounts?
MRS. RIVAS:	Here are the interests on my savings account and on a fixed-rate certificate of deposit.
ACCOUNTANT:	Do you have any bonds, stocks . . . ?
MRS. RIVAS:	I own municipal bonds, but they are tax exempt.
ACCOUNTANT:	Any other income? Did you receive any gifts, prizes, donations, bequests, inheritances?
MRS. RIVAS:	No, none of that.
ACCOUNTANT:	Did you obtain any profits from the sale of your house or from any other personal property or real estate?
MRS. RIVAS:	Well, I made $600 on the sale of furniture and other used articles.
ACCOUNTANT:	If you sold them for less than what they cost you, you don't have to pay taxes.
MRS. RIVAS:	I didn't know that, and I don't know how much some of the pieces of furniture that I sold cost. Imagine, they belong to a grandmother I never met.

Deductions:

ACCOUNTANT:	Now, we're going to talk about deductions.
MRS. RIVAS:	I can deduct the interest from the mortgage on my house, right?
ACCOUNTANT:	Yes, as well as the interest on loans on the difference between the value of your home and what you owe on the mortgage.
MRS. RIVAS:	Can I deduct medical expenses?
ACCOUNTANT:	Yes, if they exceed 7½% of your adjusted gross income.
MRS. RIVAS:	And contributions to the church and charitable institutions?
ACCOUNTANT:	Yes, since you use Form 1040, you can deduct them, but you need the receipts for donations greater than $250. Canceled checks are not sufficient proof.

MRS. RIVAS:	What else can I deduct?
ACCOUNTANT:	The money you deposited in the Keogh, but not in your individual retirement account because you earn more than $35,000.
MRS. RIVAS:	What's a Keogh?
ACCOUNTANT:	It's a retirement account into which both the employee and the employer deposit money.
MRS. RIVAS:	Can I deduct anything else?
ACCOUNTANT:	Yes, what you are going to pay me for doing your taxes!
MRS. RIVAS:	Okay, I'll be back tomorrow. What time does the office open?
ACCOUNTANT:	At nine.

Lección 14

At the Advertising Agency

Mr. Sosa, co-owner of the Quisqueya Bazaar, visits an advertising agency.

MR. SOSA:	My partner and I are interested in advertising our business.
AGENT:	What's your line of business?
MR. SOSA:	We are importers and distributors of men's and women's clothing, but now we have added a new line: children's clothing.
AGENT:	Do you want to advertise all your imports or just this new line?
MR. SOSA:	Only the children's clothing. Adult clothing sells very well.
AGENT:	Your garments, are they manufactured exclusively for you?
MR. SOSA:	Yes, sir. We have a contract with a factory that manufactures items designed by us, and that carry our brand.
AGENT:	Do you have the brand registered? (Is your brand a registered trademark)?
MR. SOSA:	Well, we already filed the application at the Patent and Trademark Office, but we have not received an answer yet.
AGENT:	How long ago did you introduce your new line in the market?
MR. SOSA:	More than six months ago, but we haven't had (much) luck, in spite of the fact that our children's clothes are of the highest quality.
AGENT:	What is the present sales volume?
MR. SOSA:	Well, our sales vary notably with the season. (During) last summer, sales never surpassed $100,000 a month.
AGENT:	Which clothing items do you distribute?
MR. SOSA:	Jackets for men and women, which are sold only during the winter, and dresses and handbags which have a market year round.
AGENT:	The factory that manufactures for you, does it have the means available to be able to fill (serve) large orders?
MR. SOSA:	Yes, sir. This is a typical manufacturing industry, and labor is inexpensive in the Dominican Republic.
AGENT:	Well, my advice is to begin to improve the appearance of your products and to emphasize their special features.
MR. SOSA:	Our products are top quality, but there is a lot of competition. I have never seen so many new brands in the market.
AGENT:	What are the labels of your products like?

MR. SOSA:	They are labels (made) of fabric with the brand, the country of origin, and other specifications required by law.
AGENT:	Okay. It's necessary to change them; you have to add a logo and a slogan to them. In addition, each article should be presented wrapped in transparent plastic.
MR. SOSA:	I had only thought about placing ads in the local newspapers and magazines.
AGENT:	Sir, as you have already seen, quality by itself does not sell. Quality, presentation, and advertising are needed.
MR. SOSA:	I had also thought about organizing a promotional campaign in several stores preceded by ads in newspapers and magazines and on the radio.
AGENT:	And on television?
MR. SOSA:	Television advertising is very expensive.
AGENT:	It's expensive, but effective. We can design for you a massive campaign, with many cost options.
MR. SOSA:	I think that's a great idea.

Lección 15

Opening Accounts

Mr. Santana speaks with an official (employee) from Banco Popular in Hialeah, Florida, because he wants to open a checking account.

MR. SANTANA:	Good morning. I would like to open a checking account.
CLERK:	Sit down, please. Do you have any other type of account in this bank?
MR. SANTANA:	No, my account is at the West Palm Beach Trust Bank, where I used to live, but I moved to this neighborhood yesterday.
CLERK:	Would you like to open an individual or a joint account?
MR. SANTANA:	An individual account, but I would like to include my children as beneficiaries.
CLERK:	Fine. Then please fill out this form and sign these two cards. How much are you going to deposit?
MR. SANTANA:	I'm going to deposit $500 in cash now and tomorrow, after closing my account at the other bank, I will deposit a cashier's check for the balance of my account there.
CLERK:	You know that we pay interest on the balance of checking accounts, don't you?
MR. SANTANA:	Yes, I know. But you also charge forty cents for each check drawn.
CLERK:	Yes, sir. And also for printing the checks.
MR. SANTANA:	I would like to see the different designs for personalized checks.
CLERK:	I'll show them to you right away. You'll have your checks two weeks after you choose them.

Mrs. Díaz is at the same bank to open a savings account.

MRS. DÍAZ:	My bank went bankrupt, and I need to open a savings account.
CLERK:	Did you have your account at the Center Bank, which went bankrupt?
MRS. DÍAZ:	Yes, but I didn't lose anything.

CLERK:	Of course. Accounts of up to $100,000 are insured by the federal government. Okay. What type of account do you want to open?
MRS. DÍAZ:	A joint account in my name and in my daughter's.
CLERK:	You must fill out these forms, and then you and your daughter will have to sign these cards.
MRS. DÍAZ:	My daughter will come to sign them later. Please, what interest are you paying on money market accounts?
CLERK:	Three and a quarter percent and seven percent on term certificates of deposit.
MRS. DÍAZ:	I wouldn't want to have all my money tied up.
CLERK:	Then you will need to open two accounts.

Lección 16
Applying for Loans

José, a student from Puerto Rico, needs to be given a loan in order to be able to pay for his schooling.

JOSÉ:	I need a loan to pay tuition and other school expenses.
EMPLOYEE:	Where do you study?
JOSÉ:	I'm studying business administration at the University of Arizona, but this year they didn't give me a scholarship.
EMPLOYEE:	How much do your parents make?
JOSÉ:	My father died last year. My mother earns quite a bit, more than $80,000 a year.
EMPLOYEE:	I'm sorry, but you don't qualify for this type of loan.
JOSÉ:	Well, my mother wants me to study here, in Puerto Rico, and she will not give me money to go to Arizona.
EMPLOYEE:	I advise you to speak with your mother to try to solve the problem.

Elena, a young lady who recently graduated, asks for a loan to start a business.

ELENA:	I need a loan to start a small business.
BANK OFFICER:	Do you know the rules of the Small Business Administration?
ELENA:	Yes, and I have also obtained legal, economic, and financial advice. I hope to qualify for the loan.
BANK OFFICER:	What kind of business are you planning to start?
ELENA:	A children's clothing store.
BANK OFFICER:	How much money do you need?
ELENA:	Fifty thousand dollars.
BANK OFFICER:	Will your establishment need many employees?
ELENA:	No, for now only two.

Elena and her boyfriend, Carlos, decide to buy a house because they're going to get married.

CARLOS:	We need to apply for a $40,000 mortgage to buy a condominium.
BANK OFFICER:	Is it a new condominium or was it already occupied?
CARLOS:	It was already occupied. The owners are living there now.
BANK OFFICER:	Do you want to assume the original mortgage?
ELENA:	No, interests are lower now than what they were when the owners bought it.

BANK OFFICER:	Are you interested in a fixed interest rate or a variable rate?
CARLOS:	Fixed, at thirty years. We want to take advantage of the fact that interest rates are extremely low.
BANK OFFICER:	What are your incomes?
CARLOS:	I work for the county offices and earn $28,000 a year. She earns $26,000, working in a clothing store.

Three months later, Elena asks for a personal loan.

ELENA:	I have come to ask for a personal loan. I need $2,000 in order to pay some debts.
BANK OFFICER:	Do you own a house?
ELENA:	Yes, my husband and I have a condominium.
BANK OFFICER:	Then I suggest that you ask for a home equity loan.
ELENA:	What advantages are there with that type of loan?
BANK OFFICER:	For you it has two advantages: you will pay less interest and you can deduct the interest paid from your federal (income) taxes.
ELENA:	The problem is that we bought the condominium only three months ago.
BANK OFFICER:	Then we have to rule out that option. Fill out this form and we will tell you if you qualify for a personal loan.
ELENA:	Do I need collateral or another type of guarantee?
BANK OFFICER:	That depends on what you earn.

Lección 17

Buying a House

Mrs. Bernal, a real estate agent, speaks with Mrs. Abreu, who is interested in buying a house.

MRS. ABREU:	I'm interested in this house announced in today's paper.
MRS. BERNAL:	Do you want me to take you to see it?
MRS. ABREU:	Yes, I saw it from the outside and I liked it very much, but I'm afraid it's too expensive for me.
MRS. BERNAL:	The owner is asking $320,000 for it. He says he's not willing to come down, but if you like it, why don't you make him an offer?
MRS. ABREU:	In order to buy it, I have to sell my house. Can you be in charge of the sale?
MRS. BERNAL:	Yes, ma'am. How much are you thinking to ask for your house?
MRS. ABREU:	According to the appraiser, the property is worth about $220,000 and I still owe about $86,000.
MRS. BERNAL:	Fine. I advise you to ask $225,000 so that you can negotiate the price you want.
MRS. ABREU:	That sounds like a good idea to me. How much would expenses related to the sale of my house be?
MRS. BERNAL:	If you sell it for $220,000, our commission will be $13,200 and the closing costs will be $1,200, including legal costs and the transfer of the deed.
MRS. ABREU:	Then I will end up with a profit of a little more than $119,000. Fine, when can I see the other house?
MRS. BERNAL:	I'm sorry I can't go with you right now, but I can take you this afternoon.

At the house:

MRS. BERNAL:	As you see, the house is located in a very elegant neighborhood. The majority of your neighbors will be business executives and professionals.
MRS. ABREU:	The facade is very pretty and the garden is well cared for.
MRS. BERNAL:	I'm glad you like it. The house is built on several levels. The living room and the dining room are sunken.
MRS. ABREU:	I like the stone fireplace in the family room very much.
MRS. BERNAL:	This house was custom built, without sacrificing quality for savings.
MRS. ABREU:	Yes, the carpets are top quality and the kitchen and bathroom have ceramic tile floors, right?
MRS. BERNAL:	Yes, the only linoleum in the house is the laundry room floor.
MRS. ABREU:	It's a pity that the drapes in the dining room are stained. How is the roof?
MRS. BERNAL:	These tile roofs last a very long time but, in any case, the owner recently requested a roof and termite inspection.
MRS. ABREU:	It was recently painted, right?
MRS. BERNAL:	Yes, and they also remodeled the kitchen. Now it has an electric stove and two ovens: a conventional one and a microwave.
MRS. ABREU:	The dishwasher is also brand new, isn't it?
MRS. BERNAL:	Yes, ma'am.

Two days later, in Mrs. Bernal's office:

MRS. ABREU:	Fine, I want to buy the house. What down payment would I need to give to buy it?
MRS. BERNAL:	The bank usually requires a minimum of 20%. If the owner accepts your offer of $310,000 then the down payment would be $62,000. You would have to apply for a loan of almost $250,000 if you don't want to give a larger down payment.
MRS. ABREU:	I already consulted my bank and I qualify for a loan of up to $265,000. How much would I have to pay monthly if the mortgage is $200,000?
MRS. BERNAL:	Let's see . . . At nine and three quarter percent, for thirty years . . . it would be $1,718.31, plus the expenses of insurance and taxes.
MRS. ABREU:	I hope they'll accept the offer.

Lección 18

Renting commercial space

Roberto and Anita rent space for their business.

ROBERTO:	We have come about the ad for business spaces in the shopping center on Eighth Street.
REAL ESTATE AGENT:	Have you seen the spaces already? Which one are you interested in?
ROBERTO:	We are interested in number 27 on the ground floor.
REAL ESTATE AGENT:	That one is already rented. Would 127 interest you? It's on the (second) floor, right above the one you want.

ROBERTO:	I don't think it will suit us. Don't you have another one on the ground floor?
REAL ESTATE AGENT:	Number 18 is vacant, but it's much bigger and more expensive.
ANITA:	What are the measurements of that space?
REAL ESTATE AGENT:	Twenty by thirty, that is to say, 600 square feet.
ANITA:	How much are you asking for rent?
REAL ESTATE AGENT:	Three dollars and twenty-five cents a square foot, with a minimum lease period of three years.
ROBERTO:	Anita, please lend me your calculator.
REAL ESTATE AGENT:	Don't bother to add it up; it's $1,950 a month.
ANITA:	(*To Roberto*) What do you think?
ROBERTO:	Anita, remember that we don't want to pay more than $1,500 in rent.
ANITA:	Yes, but I doubt we'll find a better place for the store.
ROBERTO:	(*To the real estate agent*) Can we go see it?
REAL ESTATE AGENT:	Yes, of course. I'll go get the key.

At the shopping center:

ROBERTO:	Which one is number 18?
ANITA:	It's that one over there, to the right. What a good location! Right near one of the escalator exits.
REAL ESTATE AGENT:	Yes, and on this side they're going to open a toy store and on the other, a cookie store. Those are two places that all children want to visit.
ROBERTO:	I doubt that the proximity will be good for us. There are many parents who avoid those stores when they bring their children.
ANITA:	Yes, but remember that most presents for children are toys, clothes, and sweets. This way they'll find it all in one place.
ROBERTO:	Maybe you're right.

Back at the office:

ROBERTO:	We'll take the space. What are the conditions?
REAL ESTATE AGENT:	The usual terms: three months' deposit and all payments in advance.
ROBERTO:	When can we sign the contract?
REAL ESTATE AGENT:	You must first fill out this form. We need your authorization for us to investigate your credit.
ANITA:	We can adapt the space to our needs, right?
REAL ESTATE AGENT:	Yes, of course, if they don't affect the structure of the building.
ANITA:	We only need fitting rooms, display windows, and some shelves.

Lección 19
Selling and Buying Insurance

An agent visits Mrs. Aguirre to sell her life insurance.

AGENT:	Do you have children, Mrs. Aguirre?
MRS. AGUIRRE:	Yes, I have two children.
AGENT:	I hope you have thought about what will become of them when you are gone.
MRS. AGUIRRE:	I don't think I have thought much about the future. I'm still pretty young.
AGENT:	But when you're older, life insurance will cost you more.
MRS. AGUIRRE:	I'm 45 years old. How much would the insurance cost me now?
AGENT:	For each one thousand dollars of coverage, you would pay a premium of one dollar and ninety cents.
MRS. AGUIRRE:	Does the coverage include death by any cause?
AGENT:	Yes, except suicide during the two years after signing the policy.
MRS. AGUIRRE:	Leave me a copy of the policy and some literature. As soon as I read them, I'll call you.

Mr. Caro buys automobile insurance.

MR. CARO:	I need insurance for my car.
AGENT:	Do you want comprehensive coverage or one that covers only liability?
MR. CARO:	One that covers what the law requires. The car is very old and it's not worth insuring for theft or for any damages it may suffer.
AGENT:	In this state, a liability policy is enough.
MR. CARO:	What does the cheapest policy of that type cover?
AGENT:	Up to $15,000 for personal injury, with a maximum of $30,000 per accident, and $5,000 for property damage. This policy only covers the driver and passengers of the other car.
MR. CARO:	And what happens in the event that my insurance isn't enough to pay their medical expenses?
AGENT:	Then you are responsible for the difference: that's why I recommend that you buy a policy with greater coverage, in case it is necessary to pay for medical and hospital care.
MR. CARO:	How much would it cost me for a $50,000 coverage per person for medical and hospital care?
AGENT:	Who is going to drive the car?
MR. CARO:	Just me. Well, my girlfriend drives it sometimes.
AGENT:	How long have you (both) had driver's licenses?
MR. CARO:	I, four years . . . and my girlfriend, three.
AGENT:	Have you ever had any accidents?
MR. CARO:	I was in a collision two months ago, but the police declared the other driver at fault.
AGENT:	Have you paid any tickets for traffic violations?
MR. CARO:	My girlfriend has paid two for running stop signs, and I received one for going through a red light and another one for speeding.
AGENT:	I'm sorry. We cannot insure you. You have had too many traffic violations, and it's too risky for us. You'll have to call the office that's responsible for drivers in your situation so that they'll insure you.

Mrs. Llano wants to insure her business.

349

AGENT:	Is the building yours?
MRS. LLANO:	No, I am just one of the owners of the business.
AGENT:	In that case you may buy insurance to cover your business's equipment, furniture and fixtures, and the merchandise.
MRS. LLANO:	I am interested in an insurance policy that covers burglary and fire.
AGENT:	I recommend that you insure your business against all risk.
MRS. LLANO:	What is covered by the all risk policy?
AGENT:	We have a comprehensive policy which includes restitution of any loss due to burglary, fire, riots, floods, and other natural phenomena such as snowstorms, tornadoes, hurricanes, etc.
MRS. LLANO:	Doesn't it include earthquake coverage?
AGENT:	No, ma'am. That is a separate policy, and our company is not offering it now.
MRS. LLANO:	And if a worker or a client is injured or suffers any damage in our place of business, is our liability covered by this policy?
AGENT:	Yes, ma'am.

Lección 20

At a Lawyer's Office

Mrs. Reyes had an accident and wants to file a lawsuit.

MRS. REYES:	I would like to sue the Alfa Company.
LAWYER:	For what reason?
MRS. REYES:	A company truck hit my car from behind.
LAWYER:	Was anybody hurt? Who was with you in the car?
MRS. REYES:	I was in the car with my husband. He injured his forehead and now his head hurts every day.
LAWYER:	And nothing happened to you?
MRS. REYES:	My neck hurts a lot now, and I'm very nervous.
LAWYER:	The best thing would be for you to go see a specialist that I'm going to recommend to you. You say the truck hit you from behind?
MRS. REYES:	Yes, I had stopped at a traffic light. The driver was drunk.
LAWYER:	Are you sure?
MRS. REYES:	Yes, they gave him a sobriety test and the results were positive.
LAWYER:	Fine. In the suit we will ask for the payment of the car's damages, yours and your husband's medical expenses, and compensations for suffering for both of you.
MRS. REYES:	How much do you think we can get?
LAWYER:	At least $20,000 each.
MRS. REYES:	How much are your fees? Do I need to give you a retainer?
LAWYER:	Now you'll only pay expenses. Later, after we win the case, I'll receive 30% of the amount awarded to you.
MRS. REYES:	And if we don't win?
LAWYER:	Then you owe me nothing. May I try to make an arrangement with the company before the trial?
MRS. REYES:	Yes, I think it would be preferable to avoid the trial, if you think that we can get an equitable settlement.

That same day, Mr. Cruz talks with a lawyer because he wants to make a will.

350

MR. CRUZ:	Sir (*literally*, Doctor), I would like to make a will. I travel a great deal and I wouldn't want my children to have problems with the inheritance if anything were to happen to me.
LAWYER:	You're doing the right thing, Mr. Cruz. If you were to die intestate, your heirs would have many problems.
MR. CRUZ:	Intestate lawsuits are lengthy and expensive, aren't they?
LAWYER:	Exactly. Very well, what are your assets?
MR. CRUZ:	My house, my partnership in an import business, my car, some bonds, and cash invested in several mutual funds.
LAWYER:	To whom do you wish to leave your assets?
MR. CRUZ:	To my children equally (in equal parts).
LAWYER:	You need to name an executor who will manage the inheritance from the time you die until your assets are divided.
MR. CRUZ:	Fine. Another thing: I would also like to sign a document so that, if I'm terminally ill and about to die, they don't uselessly prolong my life.
LAWYER:	Very good. Do you think you want to donate your organs when you die?
MR. CRUZ:	Yes.
LAWYER:	Then you need to sign these documents.

Appendix D

Weights and Measures

Length

la pulgada = inch
el pie = foot
la yarda = yard
la milla = mile
1 pulgada = 2.54 centímetros
1 pie = 30.48 centímetros
1 yarda = 0.9144 metro
1 milla = 1.609 kilómetros
1 centímetro (cm) = .3937 pulgadas (less than $^1/_2$ inch)
1 metro (m) = 39.37 pulgadas (1 yard, 3 inches)
1 kilómetro (km) (1.000 metros) = .6214 millas ($^5/_8$ mile)

Weight

la onza = ounce
la libra = pound
la tonelada = ton
1 onza = 28.35 gramos
1 libra = 0.454 kilogramo
1 tonelada = 0.907 tonelada métrica
1 gramo (g) = .03527 onzas
100 gramos = 3.527 onzas (less than $^1/_4$ pound)
1 kilogramo (kg) (1.000 gramos) = 2.2 libras

Liquid Measure

la pinta = pint
el cuarto (de galón) = quart
el galón = gallon
1 pinta = 0.473 litro
1 cuarto = 0.946 litro
1 galón = 3.785 litros
1 litro (l) = 1.0567 cuartos (de galón) (slightly more than a quart)

Surface

el acre = acre
1 hectárea = 2.471 acres

Temperature

°C = Celsius or Centigrade; °F = Fahrenheit
0° C = 32° F (freezing point of water)
37° C = 98.6° F (normal body temperature)
100° C = 212° F (boiling point of water)
Conversión de grados Fahrenheit a grados Centígrados
$°C = {}^5/_9 (°F -32)$
Conversión de grados Centígrados a grados Fahrenheit
$°F = {}^9/_5 (°C) + 32$

Appendix E

Answer Key to *Vamos a practicar* Sections

Lección preliminar

A. 1. Banco industrial: tres, tres, ocho, cero, uno, seis, cuatro

2. Aerolíneas Argentinas: dos, cinco, siete, ocho, cuatro, nueve, tres

3. Hotel El Porteño: siete: cuatro, uno, cuatro, dos, dos, ocho

4. Alquiler de computadoras: seis, tres, siete, cero, cero, cinco, tres

5. Agencia de Personal Temporal "Dicho y Hecho": cuatro, seis, cinco, nueve, dos, seis, siete

6. Agencia de Publicidad Otero: nueve, tres, uno, cero, cuatro, siete, seis

B. 1. Sandoval: ese, a, ene, de, o, ve, a, ele

2. Fuentes: efe, u, e, ene, te, e, ese

3. Varela: ve, a, ere, e, ele, a

4. Ugarte: u, ge, a, ere, te, e

5. Barrios: be, a, erre, erre, i, o, ese

6. Zubizarreta: zeta, u, be, i, zeta, a, erre, erre, e, te, a

C. 1. el / los apellidos 2. la / las direcciones 3. la / las señoras 4. el / los señores 5. el / los nombres 6. la / las conversaciones 7. la / las calles 8. el / los números

D. 1. eres / soy / Es / soy 2. Es / es / Es / es 3. eres / soy / son / es / es / es

Lección 1

A. [Answers will vary. Verb forms: 1. Ella anuncia . . . / Ella no anuncia…
2. Yo viajo… / Yo no viajo… 3. Tú deseas… / Tú no deseas… 4. Usted evita … / Usted no evita 5. El empleado fuma… / El empleado no fuma…
6. La señora López llega… / La Señora López no llega… 7. Nosotros(as) necesitamos… / Nosotros(as) no necesitamos… 8. Ustedes llenan… / Ustedes no llenan… 9. Él y yo reservamos… / Él y yo no reservamos… 10. Los auxiliares de vuelo regresan… / Los auxiliares de vuelo no regresan…

B. 1. ¿En qué puedo servirle? / ¿Desea reservar asientos? 2. ¿De ventanilla o de pasillo? 3. ¿Sección de fumar? 4. ¿A qué hora anuncian el vuelo? 5. ¿Por qué puerta? 6. ¿A qué hora salimos / llegamos? 7. ¿Desea un periódico o una revista? 8. ¿Son ustedes de Bogotá?

C. 1. Vuelo ochocientos siete, las nueve y quince (cuarto) de la mañana

   2. Vuelo novecientos cuarenta y tres, las diez de la mañana

   3. Vuelo seiscientos doce: las doce menos quince (cuarto) de la mañana.

   4. Vuelo quinientos noventa y cuatro, la una y treinta (media) de la tarde

   5. Vuelo cuatrocientos catorce, la una menos veinte de la tarde

   6. Vuelo mil cuarenta y dos, las tres menos diez de la tarde

D. 1. buenas 2. última 3. todos 4. argentinas 5. norteamericanos 6. breve

Lección 2

A. 1. mis 2. nuestras 3. su 4. su 5. sus

B. 1. abro las maletas de la Sra. López 2. creemos que debe (debemos) cambiar los dólares hoy 3. debes rellenar la declaración de aduana 4. firman los cheques de viajero 5. suben todos los días

C. 1. Elena no ve a Carlos. 2. Elena no ve su maleta grande. 3. Estela necesita a María. 4. Esteban necesita su pasaporte. 5. Ellos no aceptan cheques de viajero.

Lección 3

A. 1. el ruido del ascensor (elevador) 2. Señor, al Hotel Calinda Roma, por favor. 3. el ascensor (elevador) del hotel 4. Ella llega al aeropuerto a las diez. 5. Él llama al botones. 6. la habitación del Sr. Sosa

B. 1. Yo voy a dar la dirección. 2. ¿Tú vas a estar en a tu hotel favorito? 3. Ella no va a dar la fecha de su tarjeta de crédito a ir. 4. Nosotros vamos hacia allá. 5. Ellos van a trasladar el equipaje. 6. Él va a llamar al maletero.

C. 1. soy 2. está 3. están 4. eres 5. está 6. está 7. es 8. somos 9. están

Lección 4

A. 1. tengo que estar en el hotel a las cinco 2. venimos con la comida 3. tienes café, pero no tienes leche 4. venimos a la hora del almuerzo

B. 1. Yo tengo que venir por la mañana. 2. Tú y yo tenemos que tomar menos café. 3. Pedro y Jorge tienen que terminar mañana. 4. Nosotras tenemos que dejar una buena propina.

C. 1. El pargo es (está) más fresco que el lenguado. 2. El café típico es menos fuerte que el café expreso. 3. Los mariscos son (están) tan buenos como el pescado. 4. El lenguado es (está) mejor que la corbina.

Lección 5

A. 1. Yo estoy comprando artículos de cuero para mi firma. 2. La Srta. Julia está hablando por el intercomunicador. 3. Esa fábrica está produciendo gran variedad de artículos. 4. Nosotros estamos dando descuentos hasta del cincuenta por ciento. 5. ¿Qué estás haciendo tú? 6. Ellos no están discutiendo el precio.

B. 1. —¿Cuándo quiere Ud. venir a la fábrica, Srta. Álvarez? / —Quiero ir ahora, si es posible; tengo prisa. 2. —¿No tiene Ud. otras prendas de vestir? / —Sí, pero son más caras. 3. —Los gerentes quieren discutir los precios y (las) condiciones de la orden. / —Comprendemos.

Lección 6

A. 1. pueden 2. vuelvo 3. descuentan 4. puedo 5. volvemos

B. 1. No importamos ninguna pieza directamente de los Estados Unidos. (Note: **Ninguna** has no plural form.) 2. En este taller no hay nunca ningún mecánico disponible. 3. Alguien compra algo siempre. 4. Tampoco damos descuentos en las piezas de repuesto.

C. 1. Nadie puede competir con nosotros en precio y calidad. 2. Para nosotros, un cliente satisfecho es un buen negocio. 3. Voy a ordenar (pedir) los silenciadores hoy. 4. Ud. puede hablar con el (la) gerente o conmigo.

D. 1. Estamos importándolos de Francia. 2. La vamos a visitar todos los lunes. 3. Podemos repararlo en este taller. 4. Las puedo ordenar ahora. 5. No las tenemos que importar; las podemos comprar en el mercado local.

Lección 7

A. 1. pido 2. mides 3. dice 4. consigue 5. sirven

B. 1. Yo sé dónde hay un buzón. 2. Yo no conozco a la operadora. 3. Yo hago los bultos. 4. Yo traigo los catálogos. 5. Yo ofrezco mis servicios a la agencia.

C. 1. Él les manda cartas a sus hijos. 2. Él nos manda un giro postal. 3. Él me manda un folleto de propaganda. 4. Él te manda un paquete de impresos. 5. Él le manda mercancías (a Ud.). 6. Él les manda la dirección del hotel (a Uds.)

D. 1. sabe 2. sé / conozco 3. conozco

Lección 8

A. 1. Esta pasajera quiere una transferencia. 2. Estos(as) taxistas manejan hasta Guadalajara. 3. Aquel taxi va a la parada de la Calle Jiménez. 4. Ése es el empleado que habla español. 5. Aquélla es la cámara de vídeo que quiero alquilar. 6. Ésos son los pueblos adonde voy.

B.	1. preguntar / preguntar 2. pide / pide 3. pide / pide 4. pregunta / pregunta 5. piden / pedimos

C.	1. La Sra. López se la pide. 2. Antonio se (te) lo puede decir. 3. El empleado se la pide. 4. La Sra. López se la hace. 5. Los pasajeros me las piden. 6. Se los enviamos a nuestros hijos. 7. Se las dejo a los vecinos.

Lección 9

A.	1. Esa carga es mía. 2. ¿Cómo viene el tuyo? 3. Aquellos contenedores son tuyos. 4. Esos precios son altos pero los nuestros son muy bajos. 5. Cargamos la mercancía en nuestro establecimiento y la descargamos en el suyo. 6. Ésta es mi mercancía, ¿dónde está la suya? 7. ¿El mío no funciona. 8. Mis tarifas son más altas que las suyas.

B.	1. No lo compensen por los daños a la mercancía. 2. Transbórdenla en la frontera. 3. Transpórtenlos por ferrocarril. 4. No se responsabilicen de la carga. 5. No los descarguen ahora. 6. Ayúdelo con los trámites de aduana. 7. No se la entreguen ahora. 8. No me la deje hoy. 9. Pregúntenoslo. 10. Auméntesela.

Lección 10

A.	1. La Sra. Artiles contrató a la candidata. 2. La oficinista almorzó en la cafetería. 3. La Srta. Rodríguez renunció a su empleo. 4. El aumento fue pequeño. 5. Tú fuiste a llenar la solicitud de retiro. 6. Yo le di el folleto al candidato.

B.	1. por 2. por 3. para 4. por 5. para 6. Por 7. por 8. por 9. para 10. por

Lección 11

A.	1. ¿Cuánto tiempo hace que aprendemos español? / Hace (*period of time*) que aprendemos español. 2. ¿Cuánto tiempo hace que Ud. está aquí? / Hace (*period of time*) que yo estoy aquí. 3. ¿Cuánto tiempo hace que tienes tu carro (coche) automóvil? / Hace (*period of time*) que tengo mi automóvil. 4. ¿Cuánto tiempo hace que yo trabajo aquí? / Hace (*period of time*) que Ud. trabaja (tú trabajas) aquí.

B.	1. Tuve una entrevista con el contador. 2. Estuve en su oficina. 3. No pude explicarle las dificultades que tenemos. 4. Hice los asientos de diario y los pases al mayor. 5. El contador vino con los libros. 6. ¿Qué dijo el Sr. Villalba? 7. ¿Quién trajo el libro diario? 8. ¿Por qué no quiso cambiar el sistema de contabilidad? 9. Ella le sirvió una taza de café. 10. Uds. siguieron conversando.

C.	1. Sí, tráelos. / No, no los traigas. 2. Sí, díselo. / No, no se lo digas. 3. Sí, hazlos. / No, no los hagas. 4. Sí, ponlos en mi escritorio / No, no los pongas en mi escritorio. 5. Sí, sírvemelo ahora / No, no me lo sirvas ahora. 6. Sí, explícamelos. / No, no me los expliques. 7. Sí, consúltalo con el jefe. / No, no lo consultes con el jefe. 8. Sí, sal de mi oficina. / No, no salgas de mi oficina. 9. Sí, encárgasela. / No, no se la encargues.

Lección 12

A. 1. estaba / vino

2. Eran / llegó

3. salía (estaba saliendo) / llamó / dijo / esperaba (estaba esperando)

4. dijo / necesitaba

5. dijo / iba

6. pudo / dijo / podía

7. compró / dijo / necesitaba

B. 1. La Sra. Pérez vive en la calle Riverside, 456.

2. Vamos a verla (La vamos a ver) a la hora del almuerzo.

3. Voy a estar en la puerta a esa hora.

4. Vamos a hablar con la Sra. Artiles en el hotel.

Lección 13

A. 1. conoció 2. sabía / conocía / supe 3. quería / quiso 4. Sabía 5. quería / quiso

B. 1. Qué 2. Cuál 3. Cuál 4. Qué 5. Cuáles 6. Qué

C. 1. Nosotros conocimos al contador hace dos meses. / Hace dos meses que nosotros conocimos al contador.

2. Mi hermano se murió hace dos semanas. / Hace dos semanas que mi hermano se murió.

3. Yo conseguí un buen empleo hace tres días. / Hace tres días que yo conseguí un buen empleo.

4. La Sra. Roque depositó el dinero hace diez minutos. / Hace diez minutos que la Sra. Roque depositó el dinero.

5. Aurora y Rosario vieron a Pedro hace dos días. / Hace dos días que Aurora y Rosario vieron a Pedro.

Lección 14

A. 1. anunciadas 2. anunciada 3. anunciados 4. anunciado 5. diseñada
6. diseñado 7. diseñadas 8. diseñados 9. escrito 10. escritas
11. escritos 12. escrita

B. 1. han anunciado 2. habíamos importado 3. han sobrepasado 4. ha tenido 5. había dicho 6. he pedido 7. había visto 8. había puesto

Lección 15

A. 1. El Sr. Santana abrirá una cuenta corriente.

2. Yo me mudaré para este barrio.

3. Mis hijos llenarán y firmarán las tarjetas.

4. Después cerraremos la cuenta en el otro banco.

5. Tú tendrás tus cheques en dos semanas.

6. Ud. no podrá ganar un interés del ocho por ciento.

7. ¿Quién vendrá con el dinero?

8. No les convendrá tener todo el dinero inmovilizado.

9. Ella hará los modelos.

10. Les diremos la verdad.

B. 1. Ella dijo que llenaría la planilla hoy mismo.

2. Yo dije que volvería mañana por la tarde.

3. Tú dijiste que no te convendría tener todo tu dinero inmovilizado.

4. Nosotras dijimos que iríamos a otro banco.

5. Uds. dijeron que María no podría firmar hoy.

6. Ana y Silvia dijeron que nos gustaría ver los modelos.

C. 1. En / A / A / de   2. a (de) / en / en / a / a / de

Lección 16

A. 1. él pida un préstamo para pagar la matrícula

2. estudie administración de negocios

3. (yo) estudie aquí

4. Elena ponga una tienda de ropa para niños

5. el banco me preste $5.000

6. (tú) tomes $50.000 en hipoteca sobre tu casa

7. asuman la hipoteca original

B.   1. Los intereses están bajísimos.

2. Ella está interesadísima en asumir la hipoteca.

3. Es un trabajo originalísimo.

4. La tienda necesita muchísimos empleados.

5. Mis ingresos son pequeñísimos.

6. No puedo resolver tantísimos problemas.

Lección 17

A.   1. la alfombra esté manchada

2. el techo tenga comején

3. rebajes el precio de la casa

4. esta casa tenga termitas

5. el corredor de bienes raíces vaya a ver el condominio

6. el dueño ordene una inspección del techo

7. Uds. pongan hornos convencionales en las cocinas

8. estas tejas duren muchísimo

9. esa compañía sacrifique la calidad al ahorro

10. se quede con un beneficio de $500

B.   1. recientemente   2. Probablemente   3. mensualmente   4. lenta / cuidadosamente   5. solamente (sólo)

Lección 18

1. la proximidad de una juguetería nos convenga

2. muchos padres eviten las tiendas de galleticas y dulces

3. ella no quiera pagar más de mil dólares de alquiler mensual

4. necesite afectar la estructura del local

5. espacio que se adapte a nuestras necesidades

6. nos autorice a investigar su crédito

7. mida 800 pies cuadrados

8. le interese alquilar un espacio más grande

9. quiera poner una juguetería

10. puedas ir a hacer el depósito hoy

Lección 19

A. 1. ¿Qué será de ellos cuando yo les falte?

2. No pagará los daños hasta que el juez lo declare culpable.

3. Lo llamaré tan pronto como lea la póliza.

4. Van a pagar la prima en cuanto tengan dinero.

5. No compraré el seguro a menos que cubra los daños por inundación.

B. Verb forms: 1. haya cubierto 2. haya asegurado 3. hayan puesto 4. haya alcanzado 5. haya chocado

Lección 20

A. 1. Ud. le pusiera una demanda a la compañía Alfa

2. fuera a ver a un médico especialista

3. el camión le chocara por detrás

4. su herencia se repartiera entre sus hijos

5. nombráramos un albacea

6. quisiera preparar el testamento

B. 1. Si la abogada estuviera en su bufete iría a verla.

2. Si nos chocaran el coche pondríamos una demanda.

3. Si tuvieras dos hijos repartirías tus bienes a partes iguales.

4. Si le hicieran la prueba del alcohol resultaría positiva.

5. Si me pasara algo mis hijos recibirían todos mis bienes.

6. Si sufriera una herida grave no podría trabajar.

Spanish-English Vocabulary

The Spanish-English and English-Spanish vocabularies contain all active and passive vocabulary that appears in the manual. Active vocabulary includes words and expressions appearing in the **Vocabulario** lists. These items are followed by a number indicating the lesson in which each word is introduced in the dialogues. Passive vocabulary consists of words and expressions included in the **Vocabulario adicional** lists and those that are given an English gloss in readings, exercises, activities, and authentic documents.

The following abbreviations are used in the vocabularies:

adj.	adjective	*L.A.*	Latin America
adv.	adverb	*m.*	masculine noun
col.	colloquial	*Méx.*	Mexico
f.	feminine noun	*pl.*	plural noun
form.	formal	*sing.*	singular noun
inf.	infinitive		

A

a to, 1; at, 1
— **favor de** on behalf of
— **la derecha (izquierda)** to the right (left), 2
— **la hora del almuerzo** at lunch time, 4
— **la llegada** upon arrival, 2
— **la semana** weekly, 10
— **las** (+ *time*) at (+ *time*), 1
— **medio tiempo** part-time
— **nombre mío** in my name
— **partes iguales** in equal parts, 20
— **partir de** starting, 3
— **partir del día** as of (+ *date*), 3
— **pesar de (que)** in spite of (the fact that), 14
— **plazo fijo** fixed rate, 13; fixed term (deposit), 13
¿— **qué hora?** at what time?, 1
¿— **qué distancia?** how far?, 3
— **su cargo** at your expense
— **sus órdenes** at your service, 10
— **tiempo completo** full-time
— **toda plana** full-page
— **todo el mundo** the world over
— **tres cuadras de** three blocks from, 7
— **veces** sometimes, 6
— **ver** let's see, 6
abintestato (*m.*) intestate case, 20
abogado(a) lawyer (*m., f.*), 20
— **acusador(a)** prosecutor
abrecartas (*m.*) letter opener
abrir to open, 2

— **un negocio** to set up a business, 16
abrocharse el cinturón de seguridad to fasten one's seat belt
abuela (*f.*) grandmother, 13
acceso (*m.*) access, 7
accesorio (*m.*) accessory, 5
accidente (*m.*) accident, 19
acción (*f.*) stock, 13; share, 13
aceite (*m.*) oil
acelerador (*m.*) accelerator
aceptar to accept, 2
acera (*f.*) sidewalk, 8
acerca de about, 7
aconsejar to advise, 16
acordarse (o:ue) to remember, 18
acreditado(a) well-established, 6
acreditar to accredit, 13; to give official authorization, 13; to credit
acreedor(a) (*m., f.*) creditor
activo (*m.*) assets
actual current, 6; present, 6
actualmente presently, 10
acumulador (*m.*) battery
acusado(a) (*m., f.*) defendant (*in a criminal case*)
acuse de recibo (*m.*) return receipt
adaptar to adapt, 18
adelantar to pay in advance, 20
adicional additional
adiós good-bye, P
adjetivo (*m.*) adjective
adjudicado(a) awarded, 20
adjunto (*m.*) enclosure; (*adj.*) attached
administración (*f.*) administration
— **de empresas (negocios)** business administration, 16

— de Pequeños Negocios
Small Business Administration, 16
— Federal de Hipotecas Federal Housing Authority (FHA), 17
administrador(a) (*m., f.*) administrator, manager
administrar to manage, 20
aduana (*f.*) customs, 1
aéreo(a) air, 9
aerolínea (*f.*) airline, 2
aeropuerto (*m.*) airport, 1
afectar to affect, 18
agencia (*f.*) agency, 7
— de publicidad advertising agency, P
agente (*m., f.*) agent, 14
— viajero(a) (*m., f.*) traveling salesperson
agrado (*m.*) pleasure
agregar to add, 14
agua caliente (fría) (*f.* but **el agua**) hot (cold) water
aguacate (*m.*) avocado
ahora now, 1
— mismo right now, 17
ahorita now, 1; in a while, 1
ahorrar to save, 7
ahorro (*m.*) savings, 6
aire (*m.*) air
— acondicionado air conditioning, 3
ají (*m.*) chile (bell pepper), 4
ajuste (*m.*) adjustment; reconciliation
al to the
— año yearly, 10
— detal retail, 5
— detalle retail, 5
— día daily, 8
— día siguiente the next day, 4
— fondo in the back, 5
— gusto (any style, to order, to taste)
— horno baked
— llegar upon arrival, 8
— mayoreo wholesale
— mes monthly, 17
— poco rato a while later, 3
— por mayor wholesale, 5
— por menor retail, 5
— respecto about that, 10; about the matter, 10
— ritmo de according to
— vapor steamed

albacea (*m., f.*) executor, 20
alberca (*f.*) swimming pool (*Mexico*)
alcanzar to reach, 19; to be enough, 19
alcohol (*m.*) alcohol, 20
alcohólico(a) alcoholic, 2
alfarería (*f.*) pottery (*i.e.*, the craft), 9; pottery shop, 9
alfombra (*f.*) carpet, 17
alegrarse to be happy, 17; to be glad, 17
algo something, 5
¿— que declarar? anything to declare?, 2
¿— más? anything else?, 3
algodón (*m.*) cotton, 9
algún(alguno-a) any, 7
alguna vez ever
algunas veces sometimes, 19
alimentar to feed, 12
alimentos frescos (*m. pl.*) fresh foods, 5
almacén (*m.*) warehouse, 6
grandes almacenes (m. *pl.*) department store
almeja (*f.*) clam
almohada (*f.*) pillow, 1
almorzar (o:ue) to have lunch, 10
almuerzo (*m.*) lunch, 4
alquilado(a) rented, 18
alquilar to rent, 8; to lease, 13
alquiler (*m.*) rent, 12
altavoz (*m.*) loudspeaker, 1
alto(a) high, 9
alto (*m.*) height, 7; depth (*of a container*), 7
altoparlante (*m.*) loudspeaker, 1
allá there, 3; over there, 3
allí there, 16
ambos(as) both, 3
americano(a) American, 4
amortiguador (*m.*) shock absorber
ancho (*m.*) width, 7
anexo (*m.*) enclosure
animales vivos (*m. pl.*) live animals, 5
anotar to write down, to note, to jot down, 5
antefirma (*f.*) sender's company name
anterior previous, 11; former, 11
antes (de) before, 1
— de decidir before deciding
anticipo (*m.*) advance payment

anual   yearly, 10
anunciar   to announce, 1
anuncio (*m.*)   ad, 14
año (*m.*)   year, 10
apagar la luz   to turn off the light
aparecer   to appear, 13
apariencia (*f.*)   appearance, 14
apartado postal (*m.*)   post office box
apartamento (*m.*)   apartment, 3
aparte   separately, 7; in addition to, 7
apellido (*m.*)   last name, P;
   surname, P
   — materno   mother's last name, 5
   — paterno   father's last name, 5
apenas   scarcely, 9; hardly, 9
apio (*m.*)   celery
aprobación (*f.*)   approval
aprobar (o:ue)   to approve, 16
aprovechar   to take advantage, 16
aquél (*m.*)   that (over there), 18
aquí tiene...   here's . . . , 4
aranceles (*m. pl.*)   (customs) duty, 2
árboles frutales (*m. pl.*)   fruit trees
archivador (*m.*)   file, filing cabinet
   (*España*)
archivar   to file
área (*f.* but **el área**)   area, 7
arrancar   to start
arreglo (*m.*)   arrangement, 11
arrendamiento (*m.*)   lease
arrendar   to rent, to lease, 13
arrendatario(a) (*m., f.*)   lessee
arroz (*m.*)   rice, 4
artesanía (*f.*)   artcraft, 8;
   handicraft, 8
artículo (*m.*)   article, 5; item, 5
asado(a)   grilled, 4; broiled, 4;
   roasted, 4
asalto (*m.*)   assault
ascensor (*m.*)   elevator, 3
asegurado(a) (*adj.*)   insured, 15;
   (*m., f.*)   policyholder
asegurador(a)   insurer (*m., f.*);
   insurance company
asegurar   to ensure, 3; to insure, 19
**asesinato del primer (segundo)
   grado** (*m.*)   first (second) degree
   murder
asesor(a) de inversiones (*m., f.*)
   investment officer
asesoramiento (*m.*)   advice, 16;
   consulting, 16
así   this way
   — que   so, 10

asiduidad (*f.*)   frequency (*of business
   orders*)
asiento (*m.*)   seat, 1; entry
   — de diario   journal entry, 11
   — de pasillo   aisle seat, 1
   — de ventanilla   window seat, 1
asistencia (*f.*)   attendance, 12
asistente (*m., f.*)   assistant, 11
asociación (*f.*)   association
aspirante (*m., f.*)   applicant
asumir   to assume, 16
asunto (*m.*)   reference line; subject
atención (*f.*)   attention, 1
   — médica y hospitalaria   medical and hospital care, 19
atender (e:ie)   to assist, 5; to attend,
   5; to wait on, 5
aterrizaje (*m.*)   (plane) landing
atún (*m.*)   tuna
aumentar   to increase, 9
aumento (*m.*)   increase, 9; raise, 9
aunque   although, 17
ausencia (*f.*)   absence, 12
autobús (*m.*)   bus, 8
automáticamente   automatically, 12
automático(a)   automatic, 8
automatizar   to automate, 12
automóvil (*m.*)   car, 6, 8
autopista (*f.*)   expressway; freeway
autorizar   to authorize, 18
auxiliar de vuelo (*m., f.*)   flight
   attendant, 1
aval (*m.*)   collateral, 16
avenida (*f.*)   avenue, 8
avería (*f.*)   damage (merchandise
   during transport), 9
averiguar   to find out, 9
avión (*m.*)   plane
avisar   to inform, 8; to give notice, 8
ayer   yesterday, 11
ayuda (*f.*)   help, 12; assistance, 12
ayudante (*m., f.*)   assistant, 11
ayudar   to help, 9

B

bacalao (*m.*)   cod
bajar   to go down, 2
bajarse   to get off, 8
bajo(a)   low, 16
balance (*m.*)   balance
   — de comprobación   trial
   balance, 11

— **general** balance sheet, 11
balboa (*m.*) currency of Panama
baldosa (*f.*) tile, 17
bancario(a) (*adj.*) bank, banking, 6
banco (*m.*) bank, 10
banda elástica (*f.*) rubber band
banquero(a) (*m., f.*) banker
banqueta (*f.*) sidewalk (*Méx.*), 8
baño (*m.*) bathroom, 17; toilet
barato(a) inexpensive, 5; cheap, 5
barbería (*f.*) barber shop
barco (*m.*) ship; boat
barrio (*m.*) neighborhood, 15
bastante quite, 19
batería (*f.*) battery
baúl (*m.*) trunk
bazar (*m.*) baazar, store, 14
beber to drink, 4
bebida (*f.*) drink, 2
beca (*f.*) scholarship, 16
beneficiario(a) (*m., f.*) beneficiary,
15; person or business authorized to
receive payment (bill of exchange)
beneficio adicional (*m.*) fringe
benefit, 10
berro (*m.*) watercress
bien fine, P; well, P
— **cocido(a)** well done
— **cocinado(a)** well done
bienes (*m. pl.*) assets, 20
— **inmuebles** real estate, 13
— **muebles** personal property, 13
— **raíces** real estate, 13
bienvenido(a) welcome, 2
bife (*m.*) steak (*Arg.*)
biftec (*m.*) steak
bilingüe bilingual, 10
billete (*m.*) ticket, 1
— **de banco** bill; bank note
— **de ida** one-way ticket, 1
— **de ida y vuelta** round-trip
ticket, 1
— **falso** counterfeit bill
bistec (*m.*) steak
blanquillo (*m.*) egg (*Méx.*), 4
bocina (*f.*) horn, klaxon
bolígrafo (*m.*) ballpoint pen
bolívar (*m.*) currency of Venezuela
boliviano (*m.*) currency of Bolivia
bolso(a) (*m., f.*) handbag, 2;
carry-on bag, 2
bomba de agua (*f.*) water pump
bonito(a) beautiful, 17
bono (*m.*) bond, 13

borracho(a) drunk, 20
botones (*m.*) bellhop, 3
boulevard (*m.*) boulevard, 8
brécol (*m.*) broccoli
breve brief, P
bróculi (*m.*) broccoli
bruto(a) gross
buen(o) (a) good
buenas noches good evening, P;
good night, P
buenas tardes good afternoon, P
buenos días good morning, P;
good day, P
bufete (*m.*) office, 20
bujía (*f.*) spark plug
bulto (*m.*) package, 2; bundle, 2
buque (*m.*) ship; boat
buró (*m.*) desk
buscar to look for, 7
buzón (*m.*) mail box, 7

C

caballero (*m.*) gentleman
caber to fit, 9
cabeza (*f.*) head, 20
— **de familia** (*m., f.*) head of
household (of the family), 13
cada each, 5
cadena (*f.*) chain, 6
café (*m.*) coffee, 4
— **con leche** café au lait, 4
— **expreso** espresso, 4; strong
black coffee, 4
— **solo** espresso, 4; strong black
coffee, 4
cafetería (*f.*) cafeteria, 4
caja (*f.*) box; petty cash
— **de bolas** ball bearings
— **registradora** cash register, 12
cajero(a) (*m., f.*) teller
cajero automático (*m.*) automatic
teller machine
cajuela (*f.*) trunk (*Méx.*)
cajetilla (*f.*) pack, package
calamar (*m.*) squid
calculador(a) (*m., f.*) calculator, 18
— **de bolsillo** pocket calculator
calderilla (*f.*) small change
calefacción (*f.*) heating, 17
calidad (*f.*) quality, 5
calificación (*f.*) qualification
calificar to qualify, 16
calle (*f.*) street, P

cámara (*f.*): **— de vídeo** video camera, 2

— fotográfica (photographic) camera, 2

camarero(a) (*m., f.*) waiter, 4; waitress, 4

camarón (*m.*) shrimp

cambiar to change, 2; to exchange, 2

cambio (*m.*) change

— de aceite oil change

— mecánico standard shift, 8

caminar to walk, 8

camión (*m.*) bus (*Méx.*), 8; truck, 9

camioneta (*f.*) van

campaña de promoción (*f.*) promotion campaign, 14

cancelado(a) canceled, 13

candidato(a) (*m., f.*) candidate, 10; applicant, 10

cangrejo (*m.*) crab

cantidad (*f.*) quantity, 5

capacidad (*f.*) means, 14

capital (*m.*) capital

característica (*f.*) feature, 14

carga (*f.*) shipment, 9; load, 9

cargamento (*m.*) shipment, 9; load, 9

cargar to charge, 7; to load, 9

cargo (*m.*) title, 5

caridad (*f.*) charity, 13

carne (*f.*) meat

— asada steak (*Méx.*)

— de res beef

carnicería (*f.*) meat market

caro(a) expensive, 5

carrera (*f.*) studies, 13; schooling, 13; career, 13

carretera (*f.*) highway

carro (*m.*) car, 6, 8

carrocería (*f.*) body (*of an automobile*)

carta (*f.*) letter, 7

— certificada registered (certified) letter

— circular circular

— de negocios business letter

— de recomendación letter of recommendation

cartel (*m.*) poster

cartera (*f.*) handbag, 14; purse, 14

cartero(a) (*m., f.*) mail carrier

casa (*f.*) firm, 1; company, 1; business, 1; house, 4

— de cambio currency exchange office, 2

— matriz main office

casado(a) married, P

casarse to get married, 16

casetera (*f.*) VCR

casilla de correo (*f.*) post office box

caso (*m.*) case, 11

causado(a) caused, 19

cena (*f.*) dinner; supper, 4

centavo (*m.*) cent

centímetro (*m.*) centimeter, 7

centro (*m.*) center

— comercial shopping center, 4; mall, 4

— de la ciudad downtown, 3; center of the city, 3

cerca (de) near, 17

cercano(a) near, 7; close by, 7

cerrar (e:ie) to close, 15

certificado de depósito certificate of deposit (C.D.), 13

césped (*m.*) lawn; grass

chasis (*m.*) chassis

cheque (*m.*) check, 2

— al portador check to the bearer

— de caja cashier's check, 15

— sin fondos bounced check; overdrawn check

chequear to check

chequera (*f.*) checkbook

chícharos (*m. pl.*) peas

chile (*m.*) chile (bell pepper), 4

chimenea (*f.*) fireplace, 17

chinche (*f.*) thumbtack

chocar to collide, 19; to have a collision, 19

chofer (*m., f.*) chauffeur, 8; driver, 8

cigarrillo (*m.*) cigarette, 2

cinturón de seguridad (*m.*) seat belt

circulación (*f.*) circulation, 14

circular (*f.*) circular, 12

cita (*f.*) appointment, 5

ciudadano(a) (*m., f.*) citizen, 2

clase (*f.*) class

cláusula (*f.*) clause

clave (*f.*) code, 7

claxon (*m.*) horn, klaxon

cliente (*m., f.*) client, 5; customer, 5, 6

cobertura (*f.*) coverage, 19

cobija (*f.*) blanket (*Méx.*), 1

cobrar to charge, 7

— o devolver (C.OD.) collect on delivery (C.O.D.)

— un cheque   to cash a check
cobro (*m.*)   collection (*of debts*), 12
cocina (*f.*)   kitchen, 17; stove, 17
coche (*m.*)   car, 6, 8
código (*m.*) code, 7
coger   to take, 8
cojinetes (m. pl.)   roller bearings
colocar   to place
colón (*m.*)   currency of Costa Rica
   and El Salvador
comedor (*m.*)   dining room, 17
comején (*m.*)   termite, 17
comenzar (e:ie)   to begin, 14
comer   to eat, 4
comercial   commercial, 7
comida (*f.*)   lunch, 4; meal, 13;
   food, 13
comisión (*f.*)   commission, 13
cómo no   certainly, 1; of course, 1
¿cómo?   how?
   ¿— está Ud.?   how are you?, P
   ¿— son?   what are (they) like?, 4
compacto(a)   compact, 8
compañía (*f.*)   company, 9
comparar   to compare, 6
compatible   compatible
compensación (*f.*)   compensation,
   20
compensar   to compensate, 6
competencia (*f.*)   competition, 14
competir (e:i)   to compete, 6
competitivo(a)   competitive, 6
completar   to fill out (a form), 1
completo(a)   complete, full, 13
composición de textos (*f.*)   word
   processing, 10
compra (*f.*)   buying, 6; purchase, 13
comprador(a) (*m., f.*)   buyer, 1
comprar   to buy, 5
compraventa (*f.*)   purchase and sale
   agreement
comprender   to understand, 5
comprensivo(a)   comprehensive, 19
comprobante (*m.*)   claim check, 2;
   (written) proof or verification, 2;
   (written) proof or receipt, 13
   — del sueldo y de los descuentos
   wage and tax statement (W-2), 13
computación (*f.*)   computation, 12
computador(a) (*m., f.*)   computer, 2
— portátil   laptop computer, 2
comunicación (*f.*)   communication,
   7
con   with

¿— quién?   with whom?, 11
¿— quién quiere(s) hablar?
with whom would you like to
speak?, P
   — (su) permiso   excuse me, 6
   — tal que   provided that, 18
conceder un crédito   to extend
   credit
concepto (*m.*)   concept, 12
conciliar   reconcile
condado (*m.*)   county, 16
condición (*f.*)   condition, 5
   — de costumbre en la plaza
   usual terms in the market, 6
   — de pago   term of payment
condominio (*m.*)   condominium, 16
conducir   to drive, 8
condueño(a) (*m., f.*)   co-owner, 14
conectar   to connect, 12
confeccionar   to make, 14; to
   prepare, 14; to put together, 14
confirmar   to confirm
conjunto(a)   joint
conmigo   with me, 6; to meet for
   the first time, 13
conocer   to know, 7
conocido(a)   known, 6
conseguir (e:i)   to obtain, 13; to
   get, 13
consejo (*m.*)   advice, 14
consignatario(a) (*m., f.*)   consignee
consistir (en)   to consist (of), 10
constancia (*f.*)   proof
construido(a)   built, 17
   — a la orden   custom built, 17
consulta (*f.*)   consultation
consultar   to consult, 11
consumidor(a) (*m., f.*)   consumer, 6
contabilidad (*f.*)   accounting, 11
contable   accounting, 11
contador(a) (*m., f.*)   accountant, 11
   — público(a) titulado(a)
   Certified Public Accountant (C.P.A.)
contar (o:ue)   to count, 13
   — con   to have available, 7
contenedor (*m.*)   container, 9
contener   to contain, 7
contestación pagada (*f.*)   prepaid
   response
contra   against, 19
contratar   to hire, 10; to employ, 10
contrato (*m.*)   contract, 10
contribución (*f.*)   contribution, 13;
   (real estate) tax, 17

contribuir to contribute, 10
contribuyente (*m.*, *f.*) taxpayer
conveniente convenient, 13
convenir to suit, 18; to be good for, 18
  — en to agree on
  —le a uno to be to one's advantage, 15
conversación (*f.*) conversation, P
copa (*f.*) glass, 4
copia (*f.*) copy, 19
corbina (*f.*) sea bass, 4
cordero (*m.*) lamb
córdoba (*m.*) currency of Nicaragua
corredor(a) de bienes raíces (*m.*, *f.*) real estate agent, 17
correo (*m.*) post office, 7
  — aéreo air mail, 7
  — electrónico electronic mail (e-Mail), 7
correr con to be in charge of, 9
correspondencia (*f.*) mail; correspondence
  — comercial business correspondence
cosa (*f.*) thing, 7
costar (o:ue) to cost, 6
coste (*m.*) cost, 5
costo (*m.*) cost, 5
  —, seguro y flete (C.S.F.) cost, insurance, and freight (C.I.F.)
costoso(a) costly, 11
creación (*f.*) creation, 5
crecer to grow, 11
crédito (*m.*) credit, 3
creer to believe, 6; to think, 6
crudo(a) rare
cruzar to cross, 8
cuadra (*f.*) block, 7
cuadrado(a) square, 18
cuadrar to reconcile
cual (*m.*, *f.*) which, what
¿cuál? which?, 3; what?, 3
cualquier(a) any
cuando when, 4
¿cuándo? when?, 1, 3
¿cuánto(a)? how much?, 3
¿cuántos(as)? how many?, 3
cuarto (*m.*) room, 3
  — de lavar laundry room, 17
  — principal master bedroom
cuarto(a) fourth, 3
cúbico(a) cubic, 9

cubierto(a) covered, 19
cubrir to cover, 8
cuello (*m.*) neck, 20
cuenta (*f.*) bill, 4; account, 15
  — a cobrar account receivable
  — a pagar account payable
  — acreedora credit account
  — conjunta joint account, 15
  — corriente checking account, 15
  — de ahorros savings account, 13
  — de cheques checking account (*Méx.*), 15
  — del mercado de dinero money market account, 15
  — deudora debit account
  — individual de retiro individual retirement account (I.R.A.), 13
cuero (*m.*) leather, 5
cuerpo (de la carta) (*m.*) body (of a letter)
cuidado(a) cared for, 17; kept, 17
cuidadosamente carefully
culpable at fault, 19; guilty, 19
cuota inicial (*f.*) down payment, 17

D

dama (*f.*) lady
daño (*m.*) damage, 9
dar to give, 3
  — a la calle to overlook the street, 3
datos (*m. pl.*) information, 3; data, 3
de of, 1; from, 1
  — acuerdo (con) in accordance (with), 5
  — costumbre usual
  — la izquierda (derecha) to the left (right), 2
  — nada you're welcome, P
  — nuevo again, 12
  — primera (calidad) top quality, 5
  — todos modos anyway, 7; in any case, 7
  — un lugar a otro from one place to another, 8
  — uso used, 13
debajo (de) underneath
debe (*m.*) debit
deber must, 2; should, 2; to have to, 2; to owe, 13
debido(a) due
debitar to debit

decidir to decide, 8
decímetro (*m.*) decimeter, 9
decir to say, 7; to tell, 7
declaración (*f.*): — **de aduana**
customs form, 1
— **de impuestos** tax return, 13
declarar to declare; to depose
— **culpable** to declare at fault, 19
—**se** to declare oneself, 15
—**se en quiebra** to declare
bankruptcy, 15
deducción (*f.*) deduction, 13
— **general** standard deduction
deducible deductible
deducir to deduct, 13
defensa (*f.*) (car) bumper
dejar to leave (behind), 4
— **de ser** to be no longer
se lo puedo—en . . . I can give it
to you for . . ., 8
delito (*m.*) crime
— **mayor (grave)** felony
— **menor (menos grave)**
misdemeanor
demanda (*f.*) lawsuit, 20
demandado(a) (*m., f.*) defendant
(*in a civil case*)
demandar to file a lawsuit, 20; to
sue, 20
demasiado too much, 12; too, 17
demora (*f.*) delay, 1
demorar to take (*time*), 4; to last (*a
length of time*), 4
demostración (*f.*) show
departamento (*m.*) apartment
depender (de) to depend (on), 6
dependiente (*m., f.*) dependent, 13
depositante (*m., f.*) depositor
depositar to deposit, 13
depositario(a) depositary; receiver
depósito (*m.*) deposit
derecho(a) right
siga derecho go straight ahead
derechos (*m. pl.*) (customs) duty, 2
desayuno (*m.*) breakfast, 4
descafeinado(a) decaffeinated, 4
descarga (*f.*) unloading, 9
descargar to unload, 9
descartar to rule out, 16
descontar (o:ue) to give a discount
of, 6;
**descripción del contenido de
trabajo** (*f.*) job description, 10

descuento (*m.*) discount, 5;
deduction, 12; reduction, 12
desde from, 6
— **luego** of course, 6
— **que** since, 13
desear to wish, 1; to want, 1
desempeñar to hold; to carry out
desempleo (*m.*) unemployment
desocupado(a) vacant, 18; empty, 18
desocupar la habitación to check
out; to vacate a room
despedida (*f.*) farewell; closing
despegue (*m.*) takeoff
después later, 2
destinatario(a) (*m., f.*) addressee, 7;
recipient
destino (*m.*) destination
detallista (*m., f.*) retailer, 10
deuda (*f.*) debt, 16
deudor(a) (*m., f.*) debtor
devolver (o:ue) to return
día (*m.*) day
— **de semana (de trabajo)**
weekday; workday
— **hábil (laborable)** weekday;
workday
dibujo (*m.*) drawing; design
diferencia (*f.*) difference, 13
dificultad (*f.*) difficulty, 6, 11
digo I mean, 7
dinero (*m.*) money, 7
— **en efectivo** cash
dirección (*f.*) address, P
— **anterior** previous address
directamente directly, 6, 9
directorio telefónico (*m.*) phone
book, 7
disco (de programación) (*m.*)
computer disk(ette)
— **duro** hard drive
— **flexible** floppy disk drive
discutir to discuss, 5
diseñado(a) designed, 12
diseñar to design, 14
diseño (*m.*) design, 5
disminución (*f.*) decrease
disponerse to set (in place)
disponible available, 5
disposición (*f.*) regulation, 16
disquete (*m.*) computer disk(ette)
distinto(a) different, 9
distribuir to distribute, 14
dividendo (*m.*) dividend

divorciado(a) divorced, P
doblar to turn
doble . . . turn . . .
doble (*m.*) double, 9; twice, 9
documento (*m.*) document, 9
— **mercantil** business document
dólar (*m.*) dollar, 2; currency of Puerto Rico and the United States
doler (o:ue) to hurt, 8; to feel pain, 8
domicilio (*m.*) address, P
donación (*f.*) donation, 13
donar to donate, 20
donde where, 7
¿dónde? where?, 2
droga (*f.*) drug
ducha (*f.*) shower
dudar to doubt, 18
dueño(a) (*m., f.*) owner, 16
dulce (*m.*) sweet, 18; confection, 18
dulcería (*f.*) candy store
durante during, 14
durar to last, 17

E

económico(a) economic(al), 16
echar to drop, 7
edad (*f.*) age
edición (*f.*) edition; issue
edificio (*m.*) building, 18
efectivo (*m.*) cash, 15
efectivo(a) effective, 14
efectuarse to take place
egreso (*m.*) expenditure
ejemplar (*m.*) copy; sample
electricidad (*f.*) electricity, 12
eléctrico(a) electric, 17
electrodoméstico (*m.*) appliance
elegante elegant, 17
elevador (*m.*) elevator, 3
embalaje (*m.*) packing, packaging, 9
emergencia (*f.*) emergency
empezar (e:ie) to begin, 14
empleado(a) (*m., f.*) employee, 7; clerk, 7
— **de cuello blanco** white-collar worker
empleador(a) (*m., f.*) employer, 13
emplear to hire, 10; to employ, 10
empleo (*m.*) employment, 10; job
empresa (*f.*) enterprise, 11; company, 11
en in, 1; on, 1; at, 1

— **blanco y negro** in black and white
— **caso de que** in case, 19
— **colores** in color
— **cuanto** as soon as, 19
— **cuanto a** in regard to, 7
— **exceso (de)** in excess (of)
— **existencia** in stock, 6
— **fondo (depósito)** (in) deposit, 18
— **mi nombre** in my name
¿— qué puedo (podemos) servirle? how may I (we) help you?, P
— **realidad** indeed, 6
— **seguida** right away, 1
— **seguida va para allá** he's on his way there, 3
encabezamiento (*m.*) heading
encargar to entrust, 11
encargarse (de) to take charge (of), 9; to see after, 9
encontrar (o:ue) to meet, 8
encuesta (*f.*) poll; survey
enchufe (*m.*) electrical outlet; socket
enganche (*m.*) down payment (*Méx.*), 17
engrase (*m.*) lubrication, lube and oil change
ensalada (*f.*) salad, 4
enseñar to show, 8
enseres (*m. pl.*) fixtures, 19
entender (e:ie) to understand, 5
entonces then, 4
entrada (*f.*) arrival, 12; entry, 12; down payment, 17
— **ilegal** trespassing
entre between, 6
entrega especial (*f.*) special delivery
entregar to deliver, 9
entrepaño (*m.*) shelf, 18
entrevista (*f.*) interview, 10
enviar to send, 7
envuelto(a) wrapped, 14
equipaje (*m.*) baggage, 2
equipo (*m.*) equipment, 12
— **de computación** computer hardware, 12
— **electrónico** electronic device
equitativo(a) fair, 20; reasonable, 20
equivalente equivalent, 10
error (*m.*) error, 11

es decir   that is to say, 12; 18 in other words, 12

escala de impuestos (*f.*)   tax rate table

escalera (*f.*)   stairs, 2

— **mecánica**   escalator, 18

— **rodante**   escalator, 18

escáner (*m.*)   scanner, 12

escanógrafo (*m.*)   scanner, 12

escaparate (*m.*)   shop window, 18; display window, 18

escoger   to choose, 10

escribir   to write, 2

escritorio (*m.*)   desk

escritura (*f.*)   deed, 17

escuchar   to listen, 5

eso es todo   that's all, 3

espacio (*m.*)   commercial space, 18

especialidad (*f.*)   specialty, 4

especialista (*m., f.*)   specialist, 20

esperar   to wait (for), 6; to expect, 10; to hope, 16

esposo(a) (*m., f.*)   husband, 13; wife, 13

esquina (*f.*)   corner, 8

la—de...   the corner of . . ., the intersection of . . .

— **superior derecha (izquierda)** upper right (left) corner

estable   stable, 2

establecimiento (*m.*)   establishment, 9; shop, 9

— **comercial**   business

estación (*f.*)   station, 9; season, 14

— **de servicio**   service station

estacionamiento (*m.*)   parking; parking lot

estacionar   to park

estado (*m.*)   state, 17

— **civil**   marital status

— **de cuenta**   statement of account

— **de pérdidas y ganancias** profit and loss statement, 11

— **financiero**   financial statement, 11

Estados Unidos (*m. pl.*)   United States, 4

estampilla (*f.*)   (postage) stamp

estante (*m.*)   shelf, 18

estar   to be, 3

— **a (su) disposición**   to be at (your) disposal, 5

— **bien si...**   (to be) all right if . . . , 5

— **dispuesto(a) a**   to be willing to, 17

— **seguro(a)**   to be certain, 6

este(a)   this, 5

estofado(a)   stewed

estos(as)   these, 5

estructura (*f.*)   structure, 18

estuco (*m.*)   stucco

estudiante (*m., f.*)   student, 16

estudiar   to study, 13

etiqueta (*f.*)   label, 12

evaluar   to evaluate, 11; to assess, 11

evasión fiscal (*m.*)   tax evasion

eventualidad (*f.*)   eventuality, 19

evitar   to avoid, 1

exactamente   exactly, 18

exceder   to exceed, 7

excepto   except, 19

exceso de velocidad (*m.*) speeding, 19

exclusión (*f.*)   exclusion

exclusivamente   exclusively, 14

exclusivo(a)   exclusive, 5

excusado (*m.*)   bathroom (toilet) (*Méx.*)

exención (*f.*)   exemption

exigir   to require, 14; to demand, 14

éxito (*m.*)   success

experiencia (*f.*)   experience, 10

experto(a) (*m., f.*)   expert witness

explicar   to explain, 11

exportación (*f.*)   export, 6

exportar   to export, 6

expresión (*f.*)   expression

expreso(a)   express, 9

extender un cheque   to write a check

exterior (*m.*)   exterior

extorsión (*f.*)   extortion

extranjero(a) (*m., f.*)   foreigner, 2

F

fabricación (*f.*)   manufacture, 5

fabricado(a)   manufactured, 5

fachada (*f.*)   facade, 17

fácilmente   easily, 12

facsímil(e) (*m.*)   facsimile, 7; fax, 7

faltar   to be lacking, 19

fallecer to die, 13
familiares (*m. pl., f. pl.*) relatives, 5
farmacia (*f.*) drugstore
farol (*m.*) light
favor de (+ *inf.*) please (do something), 1
fax (*m.*) facsimile, 7; fax, 7
fecha (*f.*) date, 2
— **de cierre** closing date
— **de vencimiento** expiration date, 3; due date
— **fija** by a certain date
federal federal, 15
fenómeno natural (*m.*) natural phenomenon, 19; act of God, 19
ferretería (*f.*) hardware store
ferrocarril (*m.*) railroad, 9; train, 9
fibra (*f.*) fiber, 9
ficha (*f.*) token
figurarse to imagine, 13
fijo(a) fixed, 16
fila (*f.*) row, 1; line, 2
filmar to film
filme (*m.*) film
fin (*m.*) end, 13
— **de semana** weekend
final final, 11
financiamiento (*m.*) financing, 11
financiero(a) financial, 11
firma (*f.*) firm, 1; company, 1; business, 1; signing, 19; signature, 19
firmar to sign, 2
fiscal (*m., f.*) district attorney
flete (*m.*) freight, 9
florería (*f.*) flower shop
folio (*m.*) folio (page) (*i.e., in accounting books*)
folleto (*m.*) booklet, 7
fondo mutuo (*m.*) mutual fund, 20
fondos (*m. pl.*) funds; deposits
forma (*f.*) form, 13
— **de pago** (*f.*) means of payment, 6
fotocopiadora (*f.*) photocopier
frágil fragile, 9
franco a bordo free on board (F.O.B.)
franqueo (*m.*) postage
fraude (*m.*) fraud
frazada (*f.*) blanket, 1
freno (*m.*) brake, 6
frente (*f.*) forehead, 20
— **a** in front of, 8

fresco(a) fresh, 4
frijol (*m.*) bean, 4
frito(a) fried
frontera (*f.*) border, 9; frontier, 9
fuego (*m.*) fire, 19
fuerte strong, 4
fuerza mayor (*f.*) natural phenomenon, 19; act of God, 19
fumar to smoke, 1
funcionar to work, 3
futuro (*m.*) future

G

gabinete (*m.*) cabinet
galleta (*f.*) cookie, 18
galletica (*f.*) cookie, 18
galletita (*f.*) cookie, 18
gamba (*f.*) shrimp (*España*)
ganancia (*f.*) profit, 11; earnings, 11
ganar to earn, 13; to win, 20
garaje (*m.*) garage, 17
garantía (*f.*) guarantee, 16
gasolina (*f.*) gasoline
— **sin plomo** unleaded gasoline
gasolinera (*f.*) service station
gastar to spend, 12
gastos (*m. pl.*) expenses; costs
— **de cierre** closing costs, 17
— **de representación** entertainment expenses
— **generales** overhead expenses
— **varios** sundry expenses
generación (*f.*) generation
genérico(a) generic
géneros (m. pl.) goods
gerente (*m., f.*) administrator, P; director, P; manager, P
— **general** (*m., f.*) general manager, P
gestión (*f.*) work or actions someone has to do or has done, 12
girado(a) drawn, 15; party that will pay the amount indicated (bill of exchange)
girador(a) (*m., f.*) party that orders payment of a determined amount (bill of exchange)
girar un cheque to write a check
giro (*m.*) line of business, 14
— **postal** money order, 7
— **telegráfico** moneygram, 7
gobierno (*m.*) government, 15

goma (*f.*) tire; rubber band (*Puerto Rico*)

grabadora de vídeo (*f.*) VCR

gracias thank you, P

 muchas — thank you very much, P

graduarse to graduate, 13

gráfico (*m.*) graphic

grande big, 2; large, 2

grandes almacenes (*m. pl.*) department store

grapa (*f.*) staple

grapadora (*f.*) stapler

gratis free of charge, 7

grave serious, 20

grúa (*f.*) tow truck

guachinango (*m.*) red snapper (*Méx.*), 4

guajolote (*m.*) turkey (*Méx.*)

guanajo (*m.*) turkey (*Cuba*)

guantero(a) (*m.*, *f.*) glove compartment

guaraní (*m.*) currency of Paraguay

guardabarros (*m.*) fender

guardafangos (*m.*) fender

guía (*f.*) consignment note (trucking)

 — de teléfonos phone book, 7

guiar to drive, 8

guisado(a) stewed

guisantes (*m.*) peas

gustar to please, 8; *pl.* to like, 8

H

haber (*m.*) credit

habitación (*f.*) room, 3

habitado(a) occupied (*i.e.*, *a house*), 16

hablar to speak, 5; to talk, 5

hacer to do, 5

 — bien to do the right thing, 20

 — caso to pay attention, 19

 — falta to need, 14

 — resaltar to emphasize, 14

 — un pedido to place an order, 6

hacia to, 3; toward, 3

hasta until, 3; up to, 17

 — llegar a up to, until one hits

 — mañana see you tomorrow, P

hay there is, 3; there are, 3

 — de todo there are all kinds of things, 4

hecho(a) a la orden custom built, 17

heredero(a) (*m.*, *f.*) heir, 20

herencia (*f.*) inheritance, 13

herida (*f.*) wound, 20

hermano (hno.) (*m.*) brother, 10

hervido(a) boiled

hijo(a) (*m.*, *f.*) son, 7; daughter, 7

hijos (*m. pl.*) children, 13

hipermercado (*m.*) supermarket

hipoteca (*f.*) mortgage, 13

hizo bien you did the right thing, 11

hoja de análisis (*f.*) spread sheet, 12

hoja de cálculo (*f.*) spread sheet, 12

hombre (*m.*) man, 5

homicidio (*m.*) manslaughter

honorario (*m.*) fee, 20

horario (*m.*) schedule, 10

horneado(a) baked

horno (*m.*) oven, 17

hotel (*m.*) hotel, 3

hoy today, 2

 — mismo this very day, 5

¿hubo heridos? was anybody hurt?, 20

huésped (*m.*, *f.*) guest, 3

huevo (*m.*) egg, 4

hundido(a) sunken, 17

huracán (*m.*) hurricane, 19

I

idea (*f.*) idea, 14

identificación (*f.*) identification; I.D.

idioma (*m.*) language

iglesia (*f.*) church, 13

igual (que) equal to, 10; the same as, 10

iguala (*f.*) arrangement (*Cuba*), 11

importado(a) imported

importador(a) (*m.*, *f.*) importer, 14

importar to import, 5; to matter, 11

importe (*m.*) amount, 12; price, 12

impresión (*f.*) printing, 15

impreso (*m.*) printed matter, 7

impresor(a) (*m.*, *f.*) printer

imprimir to print

impuesto (*m.*) (customs) duty, 2; tax, 3

 — a la propiedad property tax

 — al valor agregado (I.V.A.) value-added tax (VAT), 8

 — estatal (del estado) state tax

 — sobre la venta sales tax

incendio (*m.*) fire, 19
incluido(a) included, 10; including, 10
incluir to include, 19
inconveniente (*m.*) inconvenience, 3
indemnización (*f.*) compensation; indemnification
indicación (*f.*) specification, 14
indicar to indicate, 6
individual individual, 15
industria (*f.*) industry, 14
información (*f.*) information, 8
informe (*m.*) report, 11
informes (*m. pl.*) information, 8
ingeniero(a) (*m., f.*) engineer
inglés (*m.*) English (langauge)
ingreso (*m.*) income, 13
   — bruto gross income
   — bruto ajustado adjusted gross income, 13
   — neto adjusted net income
   — sujeto a impuestos taxable income
inicial initial
inmovilizado(a) tied up, 15; locked, 15
inmuebles (*m. pl.*) real estate, 13; buildings
innecesario unnecessary, 6
inocente not guilty
inodoro (*m.*) toilet
inquilino(a) (*m., f.*) renter
insolvencia (*f.*) bankruptcy, 15; insolvency, 15
insolvente insolvent
inspección (*f.*) inspection, 17
inspeccionar to inspect
inspector(a) (*m., f.*) inspector, 2
instalado(a) installed, 14; available, 14
instantáneo(a) instant, 4
institución (*f.*) institution, 13
instrumentos de crédito (m. pl.) credit documents
intercomunicador (*m.*) intercom, 5
interés (*m.*) interest, 13
   — compuesto compound interest
interesado(a) interested, 5
interesar to interest, 18
interior interior, 3
internacional international, 7
Internet (*f.*) Internet, 7

intérprete (*m., f.*) interpreter
intestado(a) intestate, 20
introducción de datos (*f.*) data entry, 10
introducir to introduce, 14
inundación (*f.*) flood, 19
inútilmente uselessly, 20
invalidez (*f.*) disability; disablement
inventario (*m.*) inventory, 12
inversión (*f.*) investment, 12
invertido(a) invested, 20
invertir (e:ie) to invest
investigar to investigate, 18
invierno (*m.*) winter, 14
invitación (*f.*) invitation, 13
ir to go, 3
   — a (*+ inf.*) to be going (to do something), 5
   — por su cuenta to be paid by you, 6
itinerario (*m.*) itinerary

J

jabón (*m.*) soap
jardín (*m.*) garden, 17
jefe(a) (*m., f.*) boss, 5
   — de compras purchasing manager, P
   — de familia head of household
   — de ventas sales manager, 5
jornal (*m.*) daily wage(s)
joven young, 19
joyería (*f.*) jewelry store
jubilación (*f.*) retirement, 10
jueves (*m.*) Thursday
juez (*m., f.*) judge
juguetería (*f.*) toy shop, 18
juicio (*m.*) trial, 20
junta (*f.*) meeting (*Méx.*), 5
jurado (*m.*) jury

K

kilo (*m.*) kilogram, 7
kilogramo (*m.*) kilogram, 7
kilómetro (*m.*) kilometer, 3

L

lado (*m.*) side, 18
ladrillo (*m.*) brick

lamentar   to be sorry for, 3; to regret, 3
lámpara (*f.*)   lamp
lana (*f.*)   wool, 9
langosta (*f.*)   lobster
lápiz (*m.*)   pencil
largo (*m.*)   length, 7
largo(a)   long, 20
larga distancia (*f.*)   long distance, 7
lavabo (*m.*)   bathroom sink
lavadora (*f.*)   washing machine
— de platos   dishwasher, 17
lavandería (*f.*)   laundry
lavaplatos (*m.*)   dishwasher, 17
leche (*f.*)   milk, 4
lechuga (*f.*)   lettuce
leer   to read, 4
legado (*m.*)   bequest, 13
legal   legal, 16
lejos (de)   far (from), 7
lema (*m.*)   slogan, 14
lempira (*m.*)   currency of Honduras
lenguado (*m.*)   sole, 4
lesión (*f.*)   injury, 19
letra de cambio (*f.*)   bill of exchange
letra de molde (*f.*)   print; printing
ley (*f.*)   law, 14
libra (*f.*)   pound, 7
libre de derechos (impuestos)
   duty-free
— a bordo (L.A.B.)   free on board (F.O.B.)
libro (*m.*)   book, 11
— de actas   minute book
— de caja   cash book
— de ventas   sales book
— diario   journal, 11
— mayor   general ledger, 11
licencia (*f.*)   license, 8
liga (*f.*)   rubber band (*Méx., Cuba*)
limpiaparabrisas (*m.*)   windshield wiper
limpio(a)   clean
lindo(a)   beautiful, 17
línea (*f.*)   line, P
linóleo (*m.*)   linoleum, 17
liquidar   to liquidate; to pay off
liquidez (*f.*)   liquidity
líquido (*m.*)   liquid
— de frenos   brake fluid
— de la transmisión   transmission fluid
lista (*f.*)   list, 6
listo(a)   ready, 3

literatura (*f.*)   literature, 19
llamada (*f.*)   call, 7
llamar   to call, 2
   me llamo...   my name is . . . , 3
llanta (*f.*)   tire
llave (*f.*)   key, 3
llegar (a)   to arrive (in), 1
— a un arreglo   to make a deal, 20; to reach an agreement, 20
llenar   to fill out (*a form*)
lleno(a)   full, 8
llevar   to take (someone or something someplace), 2; to carry, 9
— la contabilidad   to keep the books, 11
lo   it
— mejor   the best thing, 20
— que   that, which, 5
— siento   I'm sorry, P
— único   the only thing, 17
local (*adj.*)   local, 6; commercial space, 18
logo(grama) (*m.*)   logo, 14
los de   those, 6
los (las) demás   the rest, 9; the others, 9
los (las) nuestros(as)   ours, 6
losa (*f.*)   tile, 17
lubricación (*f.*)   lubrication
luego   then, 12
lugar (*m.*)   place, 18
lunes (*m.*)   Monday
luz (*f.*)   light, 19

M

madera (*f.*)   wood
madre (*f.*)   mother, 16
¡magnífico!   great!, 7; magnificent!, 7
maleta (*f.*)   suitcase, 2
maletero(a) (*m., f.*)   car trunk; porter, 2; skycap, 2
maletín de mano (*m.*)   handbag, 2; carry-on bag, 2
malo(a)   bad
manchado(a)   stained, 17
mandar   to send, 7
manejar   to drive, 8; to operate
— bajo los efectos del alcohol   driving while intoxicated
mano de obra (*f.*)   labor, 14
manta (*f.*)   blanket, 1
mantenimiento adecuado (*m.*)   adequate maintenance

manufacturero(a) manufacturing, 14

mañana (*m.*) tomorrow, 1; (*f.*) morning

máquina (*f.*) car (*Cuba*), 8; machine, 12

— **contestadora** (*f.*) answering machine

— **copiadora** (*f.*) copying machine

— **de escribir** (*f.*) typewriter

maquinaria (*f.*) hardware

marca (*f.*) brand, 6, 14

— **de fábrica** manufacturer's trade mark

— **registrada** registered brand, 14; trade mark, 14

marcado(a) marked, 5

marcar to dial, 7; to mark, 8; to indicate, 8

marisco (*m.*) seafood, 4; shellfish, 4

más plus, 3; further

— **o menos** more or less, 3

— **tarde** later, 9

masivo(a) massive, 14

matasellos (*m.*) postmark

materia prima (*f.*) raw material

material (*m.*) material, 10

matrícula (*f.*) registration, 16; registration fees, 16

mayor older, 19

— **de edad** of age, 13

la — parte the majority, 17; most, 17

mayoría (*f.*) majority, 18

mayorista (*m., f.*) wholesaler, 10

mediano(a) medium, 8

mediante through, by means of, 12

medicamento (*m.*) medicine, 2; drug, 2

medicina (*f.*) medicine, 2; drug, 2

médico(a) medical, 13

medida (*f.*) measure, 7; measurement, 7; dimension, 7

medio(a) half

medio tiempo part-time, 13

medios (*m. pl.*) means, 7; system, 7

— **de transporte** means of transportation, 3

— **publicitarios** advertising media

medir (e:i) to measure, 7

mejor better, 4

mejorar to improve, 14

membrete (*m.*) letter head, 7

memorando (*m.*) memorandum, memo

memoria (*f.*) memory

mencionar to mention, 10

menor less, 7

— **de edad** minor, 13

menos de less than, 4

mensaje (*m.*) message

mensual monthly

mensualmente monthly, 17

menú (*m.*) menu, 4

menudeo (*m.*) retail, 5

menudo (*m.*) small change (*Cuba*)

mercadería (*f.*) merchandise, 6

mercado (*m.*) market, 5

mercancía (*f.*) merchandise, 6

mercancías (*f. pl.*) goods

mero (*m.*) halibut, 4

mes (*m.*) month, 10

al— monthly

mesa (*f.*) table, 4

mesero(a) (*m., f.*) waiter (waitress), 4

metro (*m.*) meter, 9

mexicano(a) Mexican, 2

México Mexico, 1

mi (mis) my, 2

microonda (*f.*) microwave, 17

mil one thousand, 17

mínimo (*m.*) minimum, 17

minorista (*m., f.*) retailer, 10

minuto (*m.*) minute, 1

mirar to look at, 2

miscelánea (*f.*) miscellany

mismo(a) same, 20

ella misma herself, 8

mixto(a) mixed, 4

mochila (*f.*) backpack

modelo (*m.*) model, 5

módem (*m.*) modem

modernizar modernize, 11

molestar(se) to bother, 18

momento (*m.*) moment, 5

moneda (*f.*) currency; coin

— **fraccionaria** small change

monitor (*m.*) monitor

mordida (*f.*) bribe (*Méx.*)

morir (o:ue) to die, 13

mostrador (*m.*) counter, 1

mostrar (o:ue) to show, 8, 15

motín (*m.*) riot, 19

motivo (*m.*) reason, 19

motor (*m.*) motor, engine

— **de arranque** starter

mozo(a) (*m., f.*) waiter (waitress), 4
mucho(a) much, 3
mucho gusto en conocerle
   pleased to meet you, 10
muchos(as) many, 4
muchas gracias thank you very
   much, P
mudarse to move (relocate), 15
mueblería (*f.*) furniture factory
   or store
muebles (*m. pl.*) furniture, 13
muerte (*f.*) death, 19
muestra (*f.*) sample, 7
mujer (*f.*) woman, 5
multa (*f.*) fine, 19; ticket, 19; penalty
mundo (*m.*) world
   — de las empresas corporate
   world
a todo el— the world over, 7
municipal municipal, 13
muy very
   — bien very well, 3

N

nacimiento (*m.*) birth
nacional national, 9
nada nothing, 3
   — más nothing else, 3
nadie no one, 6
necesario(a) necessary, 12;
   needed, 12
necesidad (*f.*) necessity, 11; need, 11
necesitar to need, 1
negar (e:ie) to deny, 16
negociar to negotiate, 17
negocio(s) (*m.*) business, 1
nervioso(a) nervous, 20
neumático (*m.*) tire
nevada (*f.*) snow storm, 19
ni neither, nor, 6
ni... tampoco not either, 13;
   neither, 13
ningún (ninguno-a) none, 6
niño (*m.*) child, 16
nivel (*m.*) level, 17
no obstante nevertheless
nombrar to name, 20; to appoint,
   20; to retain (*a lawyer*), 20
nombre (*m.*) noun, P; name, P
nómina (*f.*) payroll, 11
nos to us, 7
notablemente notably, 14
novio(a) (*m., f.*) fiancé(e), 16;

boyfriend, 16; girlfriend, 16
nuestro(a) our, 6
nuevo(a) new, 12
nuevo peso (*m.*) currency of Mexico
nuevo sol (*m.*) currency of Peru
número de teléfono (*m.*)
   telephone number, P
nunca never, 14

O

o or, 1
obsoleto(a) obsolete, 12
obtener to obtain, 13; to get, 13
ocupado(a) busy, 5
ocurrir to happen, 9; to occur, 9
oferta (*f.*) offer, 6; bid, 6; deal, 6
oficial del banco (*m., f.*) bank
   officer, 16
oficina (*f.*) office, 5
   — de correos post office, 7
   — principal main office (*Puerto
   Rico*)
oficinista (*m., f.*) office clerk, 10
ofrecer to have available, 7;
¡ojalá! I hope, 17; if only, 17
ómnibus (*m.*) bus, 8
opción (*f.*) option, 10
operación (*f.*) operation, 12
operador(a) (*m., f.*) operator, 7
orden (*f.*) order, 5
   — de compra (*f.*) purchase
   order
ordenador (*m.*) computer (*España*), 2
   — portátil (*m.*) laptop computer,
   2
ordenar to order, 6, 17
organizar to organize, 14
órgano (*m.*) organ, 20
origen (*m.*) origin, 14
otro(a) another, 3; other
   otra vez again, 12

P

padre (*m.*) father, 16
padres (*m. pl.*) parents, 16
pagar to pay, 2
   — a plazos to pay in installments
   — al contado to pay in cash
pagaré(*m.*) promissory note, I.O.U.
página de la Web (*f.*) Web page, 12
páginas amarillas (*f. pl.*) Yellow
   Pages

país (*m.*)   country, 4
— **que lo expide**   issuer, 5
palabra (*f.*)   word
pan (*m.*)   bread, 4
— **francés**   french toast, (*Méx.*)
— **tostado**   toast, 4
panadería (*f.*)   bakery
pantalla (*f.*)   screen
papa (*f.*)   potato
paquete (*m.*)   package, 7
para   to, 1; for, 1; in order to, 1
— **conversar**   to talk
— **que**   so that, 19
— **uso personal**   for personal use, 2
parabrisas (*m.*)   windshield
parachoques (*m.*)   bumper
parada (*f.*)   (bus) stop, 8
— **de taxis**   taxi stop, 2
parar   to stop
parecer   to look like, 12; to seem, 12
parentesco (*m.*)   (family) relationship
pargo (*m.*)   red snapper, 4
pariente (*m., f.*)   relative
— **más cercano**   closest relative
parquímetro (*m.*)   parking meter
parte (*f.*)   part, 8; party
participación (*f.*)   participation, 20
participar   to participate
participar   to give notice
pasado(a)   last, 10; past, 10
pasaje (*m.*)   ticket, 1
— **de ida**   one-way ticket, 1
— **de ida y vuelta**   round-trip ticket, 1
pasajero(a) (*m., f.*)   passenger, 1
pasaporte (*m.*)   passport, 2
pasar   to come in, P; to pass, 11; to happen, 20
— **al mayor**   to enter in the ledger
pase (*m.*)   entry; pass
— **al mayor**   general ledger entry, 11
— **de abordar**   boarding pass
pasivo (*m.*)   liabilities
paso (*m.*)   step
un—más   one step further
pastilla (*f.*)   microchip
patata (*f.*)   potato
patente (*f.*)   patent, 14
patio (*m.*)   patio
pato (*m.*)   duck

patrón(ona) (*m., f.*)   employer, 13
pavo (*m.*)   turkey
pedido (*m.*)   order, 5; purchase order
pedir (e:i)   to ask for, 7
pegar   to hit, 20
película (*f.*)   film
peluquería (*f.*)   beauty parlor; salon
penetrar   to penetrate, to enter (*i.e., a market*), 6
pensar (en) (e:ie)   to think (about), 9; to plan, 9
pensión (*f.*)   pension, 13
— **alimenticia**   alimony
pequeño(a)   small, 2
perder (e:ie)   to lose, 15
pérdida (*f.*)   loss, 11
perdón   pardon me, excuse me, 2
perdonar   to forgive, 11
perfumería (*f.*)   perfume store
periférico (*m.*)   peripheral (device)
periódicamente   periodically, 11
periódico (*m.*)   newspaper, 1
perito(a) (*m., f.*)   expert witness
pero   but, 3
persona (*f.*)   person, 3
personal (*m.*)   personnel, 10; (*adj.*) personal, 12
personalizado(a)   personalized, 12
pesar   to weigh, 7
pescadería (*f.*)   fish market
pescado (*m.*)   fish, 4
peseta (*f.*)   currency of Spain
peso (*m.*)   currency of several Latin American countries; weight
— **bruto**   gross weight
— **muerto**   dead weight
— **neto**   net weight
pie (*m.*)   foot, 18
piedra (*f.*)   stone, 17
pieza (*f.*)   part, 6
pinchado(a)   flat (tire)
pintado(a)   painted, 17
piscina (*f.*)   swimming pool
piso (*m.*)   floor, 3
pito (*m.*)   horn, klaxon
pizarra (*f.*)   bulletin board
plan (*m.*)   plan, 10
planilla (*f.*)   form, 13
— **de contribución sobre ingresos**   tax return (*Puerto Rico*), 13
planta (*f.*)   plant
— **alta**   upstairs
— **baja**   ground floor, 2; downstairs, 2

plástico (*m.*) plastic, 14
plazo (*m.*) term, installment
pleito (*m.*) lawsuit, 20
poco: un— a little, 6
poder (o:ue) to be able, 6
poderoso(a) powerful
policía (*f.*) police department;
(*m., f.*) police officer
póliza (*f.*) policy, 19
pollo (*m.*) chicken
poner to put, 10
— **a la venta** to put up for sale,
17
— **un negocio** to set up a
business, 16
— **una demanda** to file a
lawsuit, 20; to sue, 20
popular popular, 4
por by, 1; on, 1; through, 1; for, 3
— **adelantado** in advance, 18
— **aquí** this way, 3
— **ciento** percent, 6
— **cierto** by the way, 12
— **concepto (de)** referring to (a
specific item), 12; regarding, 12
— **cualquier motivo** for any
reason, 19
— **detrás** from behind, 20
— **día** per day, 3
— **favor** please, P
— **fuera** the outside, 17
— **la mañana** in the morning, 4
— **otra parte** in addition
— **último** finally, lastly, 7
— **unidad** per unit, 6
— **vía aérea (férrea, marítima)**
by air (rail, boat)
¿por qué? why?, 6, 10
porque because, 6, 10
portátil portable, 2
porte (*m.*) postage
— **debido** postage due
— **pagado** postage paid
posdata (*f.*) postscript
posesión (*f.*) possession
posible possible, 12
posición (*f.*) job, 10; post, 10;
position, 10
positivo(a) positive, 20
postulante (*m., f.*) applicant
postre (*m.*) dessert, 4
practicar to practice
precedido(a) preceded, 14
precio (*m.*) price, 5

— **de compra** purchase price
— **de venta** selling price
precisamente precisely, 19; exactly,
19
preferible preferable, 20
preferir (e:ie) to prefer, 5
pregunta (*f.*) question, 7
preguntar to ask, 10
preguntarse to wonder, 9; to ask
oneself, 9
premio (*m.*) prize, 13
prenda de vestir (*f.*) garment, 5;
clothing, 5
prender la luz to turn on the light
preocuparse to worry
preparar to prepare
presentación (*f.*) presentation, 14;
appearance, 14
presentar to present, 14
presilla (*f.*) staple (*Cuba*)
presilladora (*f.*) stapler (*Cuba*)
prestamista (*m.*) lender; pawn broker
préstamo (*m.*) loan, 13
prestar to lend, 18
presupuesto (*m.*) estimate, 12;
budget, 12
prima (*f.*) premium, 19
primero (*adv.*) first, 7
primero(a) (*adj.*) first, 2, 6
principalmente principally, 14;
mostly, 14
privado(a) private, 7
probabilidad de vida (*f.*) life
expectancy
probador (*m.*) fitting room, 18
problema (*m.*) problem, 11
procedencia (*f.*) origin
procesamiento de textos (*m.*)
word processing, 10
producto (*m.*) product, 5
profesional (*m., f.*) professional, 17
profesionalista (*m., f.*)
professional, 17
programa (*m.*) program, 10;
software
— **de manejo (administración) de**
base de datos (*m.*) database
management program, 10
programador(a) (*m., f.*)
programmer
prohibido(a) forbidden, 7
prolongar to prolong, 20
propaganda (*f.*) advertisement, 7;
advertising, 14; publicity, 14

propiedad (*f.*) property, 17
propietario(a) (*m., f.*) owner, 16
propina (*f.*) tip, 4
proveedor(a) (*m., f.*) supplier, 12; provider, 12
proximidad (*f.*) proximity, 18
próximo(a) next, 6
prueba (*f.*) proof, 13; test, 20
publicar to publish
publicidad (*f.*) advertising, 14; publicity, 14
pueblo (*m.*) town, 8
puerco (*m.*) pork
puerta (*f.*) door, 1; gate, 1
pues because, 7; since, 7
puesto (*m.*) job, 10; post, 10; position, 10
— **desempeñado** position held

Q

que than, 4; that, 5; which, 5
— **pasa** passing by, 2
¡qué... ! how . . . !, 18
¿qué? what, 1; which, 1
  ¿ — **hora es?** what time is it?, 1
  ¿ — **se le ofrece?** what can I do for you?, 9
  ¿ — **será de... ?** what will become of . . . ?, 19
quebrar (e:ie) to go bankrupt, 15
quedar to be located, 2
—**se (con)** to take, 18; to keep, 18
querer (e:ie) to want, 5; to wish, 5
quetzal (*m.*) currency of Guatemala
quiebra (*f.*) bankruptcy, 15; insolvency, 15
¿quién? who?, 3
quincenal bi-weekly; every two weeks

R

radiador (*m.*) radiator
radio (*f.*) radio, 14
— **de batería (de pilas)** battery-operated radio
ratón (*m.*) mouse
razón social (*f.*) trade name
rebajar to reduce, 12; to diminish, 12
recalentarse (e:ie) to overheat
recámara (*f.*) room (*Méx.*), 3
recargo adicional (*m.*) additional charge

recepción (*f.*) reception desk, 3; front desk, 3
recepcionista (*m., f.*) receptionist, 5
recibido(a) received, 13
recibir to receive, 6
recibo (*m.*) receipt, 13
recién recently, 16; newly, 17
recientemente recently, 16
reclamación (*f.*) claim
reclinar to recline
recomendar (e:ie) to recommend, 7, 12
recordar (o:ue) to remember
red (*f.*) Internet, net
reembolso (*m.*) refund; reimbursement
referencia (*f.*) reference, 10
  con — a in regard to
refrigerador (*m.*) refrigerator
regalo (*m.*) gift, 13
registrar to register, 12; to file
regresar to return, 1; to come (go) back, 1
regulación (*f.*) regulation, 7
relación (*f.*) relation, 9
relacionado(a) related
reloj (*m.*) clock, 12; watch
rellenar to fill out (*a form*), 1
relleno(a) stuffed
remitente (*m., f.*) sender
remodelar to remodel, 17
remolcador (*m.*) tow truck
rendimiento (*m.*) yield
rendir(e:i) informe to report, 12; to give an account, 12
renglón (*m.*) line (*of merchandise*), 14; item, 14
renta (*f.*) revenue, 13; income, 13
— **vitalicia** life annuity
rentar to rent, 8
renunciar (a) to resign (from), 10
reo (*m., f.*) defendant (*in a criminal case*)
reorganizar to reorganize, 11
reparación (*f.*) repair, 6
  taller de— (*m.*) repair shop, 6
reparar to repair
repartir to divide, 20
reportar to report
representar to represent, 11
República Dominicana (*f.*) Dominican Republic, 1
repuesto (*m.*) spare part, 6
requerir (e:ie) to require, 17

rescate (*m.*) surrender value
reserva (*f.*) reservation, 3
reservación (*f.*) reservation, 3
reservar to reserve, 1
resolver (o:ue) to solve, 16
responsabilidad (*f.*) responsibility
— civil liability, 19
reponsabilizarse to take responsibility for, 9
responsable responsible, 19
respuesta (*f.*) answer, 10
restaurante (*m.*) restaurant, 4
restitución (*f.*) restitution, 19
restorán (*m.*) restaurant, 4
resultar to follow, 20; to result, 20
resumen (*m.*) resumé
retiro (*m.*) retirement, 10; withdrawal
reunión (*f.*) meeting, 5
revisar to check
revista (*f.*) magazine, 1
riego automático (*m.*) automatic sprinkler
riesgo (*m.*) risk, 9
robo (*m.*) theft, 19; burglary, 19; robbery, 19
rojo(a) red, 19
ropa (*f.*) clothing, 14; clothes, 14
rotura (*f.*) breakage, 9
rudimentario(a) rudimentary, 12
ruido (*m.*) noise, 3
ruta (*f.*) route, 8

S

sábana (*f.*) sheet
saber to know, 7
sacar to take out
— el dinero to withdraw money
— la cuenta to add up, 18
sacrificar to sacrifice, 17
sala (*f.*) living room, 17
— de estar family room, 17
salario (*m.*) salary, 10
saldo (*m.*) balance, 15
salida (*f.*) departure, 1; exit, 1
salir to leave, 11; to go out, 11
salmón (*m.*) salmon
salón (*m.*) salon
— de belleza beauty parlor; salon
— de estar family room, 17
— de exhibición showroom, 5; exhibition hall, 5
salsa (*f.*) sauce, 4

salud (*f.*) health, 10
saludar to greet, 8; to say hello, 8
saludo (*m.*) greeting; salutation
salvavidas (*m.*) life preserver
satisfecho(a) satisfied, 6
secadora (*f.*) dryer
sección (*f.*) section, 1
secretario(a) (*m.*, *f.*) secretary, 11
seguir (e:i) to continue, 11
según as, 12; according to, 6; depending on, 6
— se reciben as they are received (come in), 12
seguro (*m.*) insurance
— colectivo group insurance
— de accidentes de trabajo workers' compensation insurance
— de grupo group insurance
— de salud health insurance
— de vida life insurance
— dotal endowment insurance
— Social Social Security, 12
seguro(a) safe, 15
seleccionar to select, 5
sello (*m.*) (postage) stamp
semáforo (*m.*) traffic light, 20
semana (*f.*) week, 10
semanal weekly, 10
sentarse (e:ie) to sit down, 15
señal de parada (*f.*) stop sign, 19
señor (Sr.) (*m.*) Mr., P; sir, P; gentleman, P
señora (Sra.) (*f.*) Mrs., P, lady, P; Ma'am, P; Madam, P
señorita (Srta.) (*f.*) Miss, P; young lady, P
sentir (e:ie) to regret, 17
separado(a) separate
ser to be, P
— una lástima to be a pity, 17
servicio (*m.*) service, 7; bathroom (toilet)
— de habitación room service
serio(a) serious
servir (e:i) to serve, 11
— (de) to be (a)
para — at your service, P
si es posible if possible, 5
sí yes, 1
siempre always, 6
silenciador (*m.*) muffler, 6
silla (*f.*) chair
sin without, 7
— remedio without hope, 20

sistema (*m.*)   system, 11

— **de suspensión**   suspension system, 6

— **operativo**   operating system, 10

situación (*f.*)   situation

situado(a)   situated, 3

soborno (*m.*)   bribe

sobre   about; on, 13; above, 18; over, 18; (*m.*) envelope

sobregiro (*m.*)   overdraft

sobrepasar   to surpass, 14

sociedad anónima (S.A.) (*f.*)   corporation, 5

sociedad de responsibilidad limitada (S.R.L.) (*f.*)   Limited Liability Company

sociedad regular colectiva (*f.*)   general partnership

socio(a) (*m.*, *f.*)   partner, 13

sofisticado(a)   sophisticated, 12

solamente   only, 1

solicitante (*m.*, *f.*)   applicant

— **de cuenta conjunta** co-applicant for joint account

solicitar   to ask for, 10; to apply for, 10

solicitud (*f.*)   application, 10

solo(a)   alone, 14

sólo   only, 13

soltero(a)   single, P

sondeo de la opinión pública (*m.*)   poll; survey

soplado(a)   blown, 9

soporte (*m.*)   support

— **físico**   hardware

— **lógico**   software

su(s)   your, his, her, their, 2

subir   to go up, 2

subtotal (*m.*)   subtotal

suceder   to happen, 9

sucio(a)   dirty

sucre (*m.*)   currency of Ecuador

sucursal (*f.*)   branch

sueldo (*m.*)   salary, 10

— **mensual**   monthly salary

suelto (*m.*)   small change (*Puerto Rico*)

suficiente   sufficient, 13; enough, 13

sufrimiento (*m.*)   suffering, 20

sufrir   to suffer, 11

sugerente   catchy; suggestive

sugerir (e:ie)   to suggest, 16

sugestivo(a)   catchy; suggestive

suicidio (*m.*)   suicide, 19

sujetapapeles (*m.*)   paper clip

suma (*f.*)   amount, 20

suministrador(a) (*m.*, *f.*)   provider, 6; supplier, 6

superar   to exceed

supermercado (*m.*)   supermarket

suponer   to suppose, 9

T

TLCAN (Tratado de Libre Comercio de América del Norte) (*m.*)   NAFTA (North American Free Trade Agreement)

tabla de cotizaciones (*f.*)   currency exchange table

tablilla de avisos (*f.*)   bulletin board

tachuela (*f.*)   thumbtack (*Puerto Rico*)

talla (*m.*)   size

taller de reparaciones (*m.*)   mechanic's shop

tamaño (*m.*)   size, 7

también   also, 4

tampoco   neither, not either, 6

tan   so

— **...como**   as . . . as, 4

— **pronto como**   as soon as, 11, 19

tanque (*m.*)   tank

tanto(a)   so much

tantos(as)   so many, 14

tapicería (*f.*)   upholstery

tara (*f.*)   tare

tarde (*f.*)   afternoon, 1

tarifa (*f.*)   tariff, 7; toll, 7; fare, 7

tarjeta (*f.*)   card, 3

— **de crédito**   credit card, 3

— **de embarque**   boarding pass

— **de registro (huésped)** registration card, 3

— **de residente**   resident card

— **verde**   green card

tasa (*f.*)   rate

— **de cambios**   exchange rate, 2

— **de interés**   interest rate

tasador(a) (*m.*, *f.*)   appraiser, 17

tasar   to value; to appraise

taxi (*m.*)   taxi, 2

taxímetro (*m.*)   taximeter, 8

taxista (*m.*, *f.*)   taxi driver, 8

taza (*f.*)   cup, 11

techo (*m.*)   roof, 17

tecla (*f.*)   key
teclado (*m.*)   keyboard
teja (*f.*)   roof tile, 17
tejido (*m.*)   fabric, 9
tela (*f.*)   fabric, 14
telecomunicaciones (*f. pl.*)   telecommunications
telefonista (*m., f.*)   telephone operator, 7
teléfono (*m.*)   telephone, 3
telegrama (*m.*)   telegram, 7
televisión (*f.*)   television, 14
televisor (*m.*)   TV set
— **portátil**   portable television set
temblor (*m.*)   earthquake, 19
temer   to fear, 17; to be afraid of, 17
me temo que...   I am afraid that . . . , 12
tenedor(a) de libros (*m., f.*)   bookkeeper
tener   to have, 4
— **casa propia**   to own a house, 16
— **hambre**   to be hungry, 4
— **prisa**   to be in a hurry, 4
— **que** (+ *inf.*)   to have to (do something), 4
— **razón**   to be right, 18
— **suerte**   to be lucky, 14
tercero (*m.*)   third party
tercero(a)   third, 7
tercera persona (*f.*)   third party
terminar (de)   to finish, 4
término (*m.*)   term
termita (*f.*)   termite, 17
ternera (*f.*)   veal
terremoto (*m.*)   earthquake, 19
testamento (*m.*)   will, 20
testigo (*m., f.*)   witness
tiempo (*m.*)   time, 9
— **extra**   overtime
tienda (*f.*)   store, 5
tierra (*f.*)   land, 9
timbre (*m.*)   (postage) stamp (*Méx.*)
timón (*m.*)   steering wheel
típico(a)   typical, 4; model
tipo (*m.*)   type, 4
— **de interés**   interest rate
tirada (*f.*)   circulation, 14
título (*m.*)   title
toalla (*f.*)   towel
todo (*m.*)   all, 6; everything, 6
todos(as)   all, 1; all of them, 4; every
todos los días   every day, 2

tomar   to take, 2 to have something to drink, 4
— **una decisión**   to make a decision, 11
tomate (*m.*)   tomato, 4
tonelada (*f.*)   ton
tornado (*m.*)   tornado, 19
tortilla (*f.*)   tortilla (*Méx.*), 4; omelette (*España*)
trabajador(a) (*m., f.*)   worker, 19
trabajar   to work, 6, 10
— **por cuenta propia**   to be self-employed, 13
trabajo (*m.*)   work, 10
tradicional   traditional
traductor(a) (*m., f.*)   translator
traer   to bring, 11
trámite (*m.*)   procedure, 9
transacción (*f.*)   transaction
transbordar   to transfer, 9
transbordo (*m.*)   transfer, 9
transeúnte (*m., f.*)   passer-by, 8
transferencia (*f.*)   transfer, 8
tránsito (*m.*)   traffic, 19
transmisión (*f.*)   transmission gear
transparente   transparent, 14
transportar   to transport, 9
transporte (*m.*)   transport, 6; shipping, 6
— **por tierra**   land transportation, 9
trasbordar   to transfer, 9
trasbordo (*m.*)   transfer, 9
trasladar   to move, 3; to relocate, 3
traspaso (*m.*)   transfer, 17
Tratado de Libre Comercio de América del Norte (TLCAN)   North American Free Trade Agreement (NAFTA)
tratar   to deal, 9
— **de**   to try (to), 6
— **se de**   to be a question of, 9
tren (*m.*)   railroad, 9; train, 9
trucha (*f.*)   trout
tubo de escape (*m.*)   exhaust pipe, 6
turista (*m., f.*)   tourist, 8
turno (*m.*)   shift
tutor (*m.*)   guardian

U

último(a)   last (in a series), 1
un momento   one moment, P
únicamente   only, 14

único: lo — the only thing, 17
unidad (*f.*) unit, 6
   — óptica scanner, 12; optic unit, 12
universidad (*f.*) university, 13
urgencia (*f.*) urgency, 9
usado(a) used, 13
usar to use, 6
uso (*m.*) use, 12
usualmente usually
utilidad (*f.*) profit, 13
   — bruta gross profit
   — neta net profit
utilizar to use, 6; to utilize, 6

V

vacaciones (*f. pl.*) vacation, 10
vacío(a) vacant, 18; empty, 18
vale (*m.*) voucher
valer to be worth, 17
   — la pena to be worth it, 19
válido(a) valid, 3
valija (*f.*) suitcase, 2
valioso(a) valuable, 12
valor (*m.*) value, 7; worth, 7
valla (*f.*) billboard
variable variable, 16
variar to change, 14; to vary, 14
variedad (*f.*) variety, 5
varios(as) various, 5; several, 5, 20
vecindario (*m.*) neighborhood, 15
vecino(a) (*m., f.*) neighbor, 17
vegetales (*m. pl.*) vegetables, 4
velices (*m. pl.*) baggage (*Méx.*), 2
vencido(a) due
vender to sell, 5
   se vende for sale, 17
venderse bien to sell well, 14
venir to come, 4
venta (*f.*) sale, 5
ventaja (*f.*) advantage, 16
ventanilla (*f.*) (service) window, 7
ver to see, 2
verano (*m.*) summer, 14
verbo (*m.*) verb
verdad (*f.*) truth

¿— ? right?, 2
verdadero(a) true
veredicto (*m.*) verdict
versión (*f.*) version
vestido (*m.*) dress, 14
vestidura (*f.*) upholstery
vez (*f.*) time, 12
viajante (*m., f.*) traveling salesperson, 6
viajar to travel, 1
viaje de negocios (*m.*) business trip, 1
vida (*f.*) life, 19
videograbadora (*f.*) VCR
vidriera (*f.*) (store) window, 18
vidrio (*m.*) glass, 9
viejo(a) old, 19
viernes (*m.*) Friday, 6
vino (*m.*) wine, 4
violación (*f.*) violation, 19
visitar to visit, 6
viudo(a) (*m., f.*) widower, 13; widow, 13
vivienda (*f.*) housing
vivir to live, 13
vocabulario (*m.*) vocabulary
volante (*m.*) steering wheel
voltear to turn
   voltee ... turn around ...
volumen (*m.*) volume, 6
volver (o:ue) to return, 6; to come (go) back, 6
vuelo (*m.*) flight, 1

Y

y and, P
ya already, 4
   — lo sé I know, 15
yo solo(a) just me, 4

Z

zacate (*m.*) lawn (*Méx.*)
zanahoria (*f.*) carrot
zapatería (*f.*) shoe store or factory
zona (*f.*) zone, 7

English-Spanish Vocabulary

A

about acerca de, 7
— (+ *number*) unos . . .
(+ *number*), 3
— **that (the matter)** al respecto,
10
above sobre, 18
absence ausencia (*f.*), 12
accelerator acelerador (*m.*)
accept aceptar, 2
access acceso (*m.*), 7
accessory accesorio (*m.*), 5
accident accidente (*m.*), 19
accompany acompañar, 17
according to según, 6; al ritmo de
account cuenta (*f.*), 15
— **payable** cuenta a pagar
— **receivable** cuenta a cobrar
accountant contador(a) (*m., f.*), 11
accounting contabilidad (*f.*), 11;
(*adj.*) contable, 11
accredit acreditar, 13
acknowledgement of receipt
acuse de recibo (*m.*)
act of God fenómeno natural (*m.*),
19; fuerza mayor (*f.*), 19
ad anuncio (*m.*), 14
adapt adaptar, 18
add agregar, 14
— **up** sacar la cuenta, 18
addition: in — to aparte, 7
additional adicional
— **charge** recargo adicional (*m.*)
address dirección (*f.*), P; domicilio
(*m.*), P
addressee destinatario(a) (*m., f.*), 7
adequate maintenance mantenimiento adecuado (*m.*)
adjective adjetivo (*m.*)
adjusted gross income ingreso
bruto ajustado (*m.*), 13
adjustment ajuste (*m.*)
administrator administrador(a)
(*m., f.*),
advance payment anticipo (*m.*)
advantage ventaja (*f.*), 16
advertise anunciar
advertisement propaganda (*f.*), 7
advertising publicidad (*f.*), 14;
propaganda (*f.*), 14

— **agency** agencia de publicidad
(*f.*), P
— **media** medio publicitario (*m.*)
advice consejo (*m.*), 14;
asesoramiento (*m.*), 16
advise aconsejar, 16
affect afectar, 18
afternoon tarde (*f.*), 1
again de nuevo, 12; otra vez, 12
against contra, 19
age edad (*f.*)
agency agencia (*f.*), 7
agent agente (*m., f.*), 14
agree on convenir (en)
air aéreo(a) (*adj.*), 9; aire (*m.*)
— **conditioning** aire
acondicionado (*m.*), 3
— **mail** correo aéreo (*m.*), 7
airline línea aérea (*f.*), 2
airport aeropuerto (*m.*), 1
aisle seat asiento de pasillo (*m.*), 1
alcohol alcohol (*m.*), 20
alcoholic alcohólico(a), 2
alimony pensión alimenticia (*f.*)
all todos(as), 1; todo (*m.*), 6
all of them todos(as), 4
almost casi, 2
alone solo(a), 14
already ya, 4
also también, 4
although aunque, 17
always siempre, 6
American americano(a), 4
among entre, 9
amount importe (*m.*), 12; suma
(*f.*), 20
and y, P
announce anunciar, 1
another otro(a), 3
answer respuesta (*f.*), 10
answering machine máquina contestadora (*f.*)
any algún(alguno-a), 7; cualquier(a)
any style al gusto
anything algo
— **else?** ¿algo más?, 3
— **to declare?** ¿algo que
declarar?, 2
anyway de todos modos, 7
apartment apartamento (*m.*), 3
appear aparecer, 13
appearance presentación (*f.*), 14;
apariencia (*f.*), 14
appliance electrodoméstico (*m.*)

applicant candidato(a) (*m.*, *f.*), 10;
aspirante (*m.*, *f.*); postulante (*m.*, *f.*)
application solicitud (*f.*), 10
apply for solicitar, 10
appoint nombrar, 20
appointment cita (*f.*), 5
appraise tasar
appraiser tasador(a) (*m.*, *f.*), 17
approval aprobación (*f.*)
approve aprobar (o:ue), 16
area área (*f. but* el área), 7
around más o menos, 3
arrangement arreglo (*m.*), 11;
iguala (*f.*), (*Cuba*), 11
arrival entrada (*f.*), 12
arrive (in) llegar (a), 1
artcraft artesanía (*f.*), 8
article artículo (*m.*), 5
as según, 12
— . . . **as** tan...como, 4
— **of** (+ *date*) a partir del día
(+ *date*), 3
— **soon as** tan pronto como, 11,
19, en cuanto, 19
— **they are received (come in)**
según se reciben, 12
ask (for) pedir (e:i), 7; solicitar, 10
— **a question** preguntar, 10
— **oneself** preguntarse, 9
assault asalto (*m.*)
assess evaluar, 11
assets bienes (*m. pl.*), 20; activo (*m.*)
assist atender (e:ie), 5
assistance ayuda (*f.*), 12
assistant asistente (*m.*, *f.*), 11
association asociación (*f.*)
assume asumir, 16, 17
at a, 1; en, 1
— (+ *time*) a la(s) (+ time), 1
— **fault** culpable, 19
— **lunch time** a la hora del
almuerzo, 4
— **your expense** a su cargo
— **your service** para servirle, P;
a sus órdenes, 10
attached adjunto(a)
attend atender (e:ie), 5
attendance asistencia (*f.*), 12
attention atención (*f.*), 1
authorize autorizar, 18
auto shop taller de mecánica (*m.*)
automate automatizar, 12
automatic automático(a), 8
automatically automáticamente, 12

available disponible, 5;
instalado(a), 14
to have — contar (o:ue) con, 7
avenue avenida (*f.*), 8
avocado aguacate (*m.*)
avoid evitar, 1
awarded adjudicado(a), 20

B

baazar bazar (*m.*), 14
backpack mochila (*f.*)
bad malo(a)
baggage equipaje (*m.*), 2; velices
(*m. pl.*) (*Méx.*), 2
baked al horno
bakery panadería (*f.*)
balance saldo (*m.*), 15; balance (*m.*)
— **sheet** balance general, 11
ball bearings caja de bolas (*f.*)
ballpoint pen bolígrafo (*m.*)
bank (*adj.*) bancario(a), 6; banco (*m.*)
— **note** billete (de banco) (*m.*)
— **officer** oficial de banco
(*m.*, *f.*), 16
banker banquero(a) (*m.*, *f.*)
bankruptcy quiebra (*f.*), 15;
insolvencia (*f.*), 15
barber shop barbería (*f.*)
bathroom baño (*m.*), 17; servicio
(*m.*); excusado (*m.*) (*Méx.*)
— **sink** lavabo (*m.*)
battery acumulador (*m.*), batería
(*f.*)
— -**operated radio** radio de
batería (pilas) (*f.*)
be ser, P; estar, 3; de
— **a question of** tratarse de, 9
— **able** poder (o:ue), 6
— **afraid of** temer, 17
— **afraid that . . .** temer
que... , 12
— **at (your) disposal** estar a su
disposición, 5
— **certain of** estar seguro(a) de,
6
— **enough** alcanzar, 19
— **glad** alegrarse, 17
— **going (to do something)** ir a
(+ *inf.*), 5
— **good for** convenir, 18
— **happy** alegrarse, 17
— **hungry** tener hambre, 4
— **in charge (of)** correr con, 9

387

— **lacking**   faltar, 19
— **located**   quedar, 2
— **lucky**   tener suerte, 14
— **necessary (to do something)**
hay que (+ *inf.*), 6
— **no longer**   dejar de ser
— **paid by you**   ir por su cuenta, 6
— **right**   tener razón, 18
— **self-employed**   trabajar por
cuenta propia, 13
— **sorry for**   lamentar, 3
— **to one's advantage**   convenirle a uno, 15
— **well received**   tener
aceptación, 5
— **willing to**   estar dispuesto(a), 17
— **worth**   valer, 17
— **worth it**   valer la pena, 19
bean   frijol (*m.*), 4
beautiful   bonito(a), 17; lindo(a), 17
beauty parlor   peluquería (*f.*);
salón de belleza (*m.*)
because   pues, 7; porque, 6, 10
beef   carne de res (*f.*)
before   antes (de), 1
— **deciding**   antes de decidir
begin   empezar (e:ie), 14; comenzar
(e:ie), 14
believe   creer, 6
bellhop   botones (*m.*), 3
beneficiary   beneficiario(a)
(*m., f.*), 15
bequest   legado (*m.*), 13
best: the — thing   lo mejor, 20
better   mejor, 4
between   entre, 6
bid   oferta (*f.*), 6
big   grande, 2
bilingual   bilingüe, 10
bill   cuenta (*f.*), 4; billete (de
banco) (*m.*)
— **of exchange**   letra de cambio
(*f.*)
billboard   valla (*f.*)
birth   nacimiento (*m.*)
bi-weekly   quincenal
black   negro(a)
— **coffee (strong)**   café expreso
(*m.*), 4; café solo (*m.*), 4
in — and white   en blanco y negro
blanket   manta (*f.*), 1; frazada (*f.*),
1; cobija (*f.*) (*Méx.*), 1
block   cuadra (*f.*), 7
   three blocks from   a tres cuadras

de, 7
blown   soplado(a), 9
boarding pass   pase de abordar
(*m.*); tarjeta de embarque (*f.*)
boat   barco (*m.*); buque (*m.*)
body   cuerpo (*m.*)
— **of a car**   carrocería (*f.*)
boiled   hervido(a)
bond   bono (*m.*), 13
book   libro (*m.*)
bookkeeper   tenedor(a) de libros
(*m., f.*)
booklet   folleto (*m.*), 7
border   frontera (*f.*), 9
boss   jefe(a) (*m., f.*), 5
both   ambos(as), 3
bother   molestar(se), 18
boulevard   boulevard (*m.*), 8
bounced check   cheque sin
fondos (*m.*)
boyfriend   novio (*m.*), 16
brake   freno (*m.*), 6
— **fluid**   líquido de frenos (*m.*)
branch (office)   sucursal (*f.*)
brand   marca (*f.*), 6
bread   pan (*m.*), 4
breakage   rotura (*f.*), 9
breakfast   desayuno (*m.*), 4
bribe   soborno (*m.*); mordida (*f.*)
(*Méx.*)
brick   ladrillo (*m.*)
brief   breve, P
bring   traer, 11
broccoli   brécol (*m.*); bróculi (*m.*)
broiled   asado(a), 4
brother   hermano (hno.) (*m.*),
10
budget   presupuesto (*m.*), 12
building   edificio (*m.*), 18;
inmueble (*m.*)
built   construido(a), 17
bulletin board   pizarra (*f.*); tablilla
de avisos (*f.*)
bumper   defensa (*f.*); parachoques
(*m.*)
bundle   bulto (*m.*), 2
burglary   robo (*m.*), 19
bus   autobús (*m.*), 8; ómnibus (*m.*),
8; camión (*m.*) (*Méx.*), 8
— **stop**   parada (*f.*), 8
business   negocio(s) (*m.*), 1; firma
(*f.*), 1; casa (*f.*), 1; establecimiento
comercial (*m.*)
— **administration**

administración de empresas (negocios) (*f.*), 16

— correspondence correspondencia comercial (*f.*)

— documents documentos mercantiles (*m. pl.*)

— letter carta de negocios (*f.*)

— trip viaje de negocios (*m.*), 1

busy ocupado(a), P

but pero, 3

buy comprar, 5

buyer comprador(a) (*m., f.*), 1

buying compra (*f.*), 6

by por, 1

— a certain date fecha fija

— air por vía aérea

— boat por vía marítma

— rail por vía férrea

— the way por cierto, 12

C

cabinet gabinete (*m.*)

café au lait café con leche (*m.*), 4

cafeteria cafetería (*f.*), 4

calculator calculador(a) (*m., f.*), 18

call llamar, 2; llamada (*f.*), 7

camera cámara fotográfica (*f.*), 2

campaign (for promotion) campaña de promoción (*f.*), 14

canceled cancelado(a), 13

candidate candidato(a) (*m., f.*), 10

candy store dulcería (*f.*)

capital capital (*m.*)

car auto (*m.*), 6; automóvil (*m.*), 6; carro (*m.*), 6; coche (*m.*), 6; máquina (*f.*) (*Cuba*), 8

— related automovilístico(a)

card tarjeta (*f.*), 3

cared (for) cuidado(a), 17

career carrera (*f.*), 13

carefully cuidadosamente

carpet alfombra (*f.*), 17

carrot zanahoria (*f.*)

carry llevar, 9

— out desempeñar

carry-on bag bolso(a) (*m., f.*), 2; maletín de mano (*m.*), 2

case caso (*m.*), 11

cash efectivo (*m.*), 15; dinero en efectivo (*m.*)

— a check cobrar un cheque

— book libro de caja (*m.*)

— register caja registradora (*f.*), 12

cashier's check cheque de caja (*m.*), 15

catchy sugestivo(a); sugerente

cause motivo (*m.*), 19

caused causado(a), 19

celery apio (*m.*)

center of the city centro de la ciudad (*m.*), 3

centimeter centímetro (*m.*), 7

certainly cómo no, 1

certificate of deposit (C.D.) certificado de depósito (*m.*), 13

certified certificado(a)

— letter carta certificada (*f.*)

— Public Accountant Contador(a) Público(a) Titulado(a) (*m., f.*)

chain cadena (*f.*), 13

chair silla (*f.*)

change cambiar, 2; variar, 14; cambio (*m.*)

charge cargar, 7; cobrar, 7

charity caridad (*f.*), 13

chassis chasis (*m.*)

chauffeur chofer (*m., f.*), 8

cheap barato(a), 5

check cheque (*m.*), 2; chequear; revisar

— out desocupar la habitación

— to the bearer cheque al portador (*m.*)

checkbook chequera (*f.*); talonario de cheques (*m.*)

checking account cuenta corriente (*f.*), 15; cuenta de cheques (*f.*) (*Méx.*), 5

chicken pollo (*m.*)

child niño (*m.*), 16

children hijos (*m. pl.*), 13

chile (bell pepper) chile (*m.*), 4

choose escoger, 10

church iglesia (*f.*), 13

cigarette cigarrillo (*m.*), 2

circular circular (*f.*), 12; carta circular (*f.*)

circulation circulación (*f.*), 14; tirada (*f.*), 14

citizen ciudadano(a) (*m., f.*), 2

claim reclamación (*f.*)

— check comprobante (*m.*), 2

clam almeja (*f.*)

class clase (*f.*)

clause   cláusula (*f.*)
clean   limpio(a)
clerk   empleado(a) (*m., f.*), 7
client   cliente(a) (*m., f.*), 5, 6
clock   reloj (*m.*), 12
close   cerrar (e:ie), 15
close by   cercano(a), 7
closing   despedida (*f.*)
  — costs   gastos de cierre (*m.*), 17
  — date   fecha de cierre (*f.*)
clothes   ropa (*f.*), 14
clothing   prenda de vestir (*f.*), 5;
  ropa (*f.*), 14
co-applicant for joint account
  solicitante de cuenta conjunta
  (*m., f.*)
co-owner   condueño(a) (*m., f.*), 14
cod   bacalao (*m.*)
code   código (*m.*), 7; clave (*f.*), 7
coffee   café (*m.*), 4
  — shop   cafetería (*f.*), 4
coin   moneda (*f.*)
cold   frío(a)
collateral   aval (*m.*), 16
collect on delivery (C.OD.)
  cobrar o devolver (C.O.D.)
collection (of debts)   cobro (*m.*), 12
collide   chocar, 19
color: in—   en colores
come   venir, 4
  — (go) back   regresar, 1; volver
  (o:ue), 6
  — in   pasar, P
comfortable   cómodo(a)
commercial   comercial, 7
  — space   local (*m.*), 18; espacio
  (*m.*), 18
commission   comisión (*f.*), 13
communication   comunicación
  (*f.*), 7
compact   compacto(a), 8
company   firma (*f.*), 5; compañía
  (*f.*), 9; empresa (*f.*), 11
compare   comparar, 6
compatible   compatible
compensate   compensar, 6
compensation   compensación (*f.*),
  20; indemnización (*f.*)
compete   competir (e:i), 6
competition   competencia (*f.*), 14
complete   completo(a), 13
compound interest   interés
  compuesto (*m.*)
comprehensive   comprensivo(a), 19

computation   computación (*f.*), 12
computer   computador(a), 2;
  ordenador (*m.*) (*España*), 2
  — disk(ette)   disco (de
  programación) (*m.*); disquete (*m.*)
  — hardware   equipo de
  computación (*m.*), 12
concept   concepto (*m.*), 12
condition   condición (*f.*), 5
condominium   condominio (*m.*), 16
confections   dulces (*m. pl.*), 18
confirm   confirmar
connect   conectar, 12
consignee   consignatorio(a) (*m., f.*)
consignment note (trucking)   guía
  (*f.*)
consist (of)   consistir (en), 10
consult   consultar, 11
consultation   consulta (*f.*)
consulting   asesoramiento (*m.*), 16
consumer   consumidor(a) (*m., f.*), 6
contain   contener, 7
container   contenedor (*m.*). 9
continue   seguir (e:i), 11
contract   contrato (*m.*), 10
contribute   contribuir, 10
contribution   contribución (*f.*), 13
convenient   conveniente, 13
conversation   conversación (*f.*), P
cookie   galleta (*f.*), 18; galletica (*f.*),
  18; galletita (*f.*), 18
copy   copia (*f.*), 19; ejemplar (*f.*)
  — machine   máquina copiadora
  (*f.*)
corner   esquina (*f.*), 8
  upper right (left)—   esquina
  superior derecha (izquierda)
  the—of   la esquina de
corporation   sociedad anónima
  (S.A.) (*f.*), 5
correspondence   correspondencia (*f.*)
cost   costo (*m.*), 5; coste (*m.*), 5
  — insurance, and freight (C.I.F.)
  costo, seguro y flete (C.S.F.)
costly   costoso(a), 11
cotton   algodón (*m.*), 9
count   contar (o:ue), 13
counter   mostrador (*m.*), 1
counterfeit bill   billete falso (*m.*)
country   país (*m.*), 4
county   condado (*m.*), 16
cover   cubrir, 8
coverage   cobertura (*f.*), 19
covered   cubierto(a), 19

crab cangrejo (*m.*)

creation creación (*f.*), 5

credit crédito (*m.*), 3; haber (*m.*); acreditar

  — account cuenta acreedora (*f.*)

  — card tarjeta de crédito (*f.*), 3

  — documents instrumentos de crédito (*m. pl.*)

creditor acreedor(a) (*m., f.*)

cross cruzar, 8

cubic cúbico(a), 9

cup taza (*f.*), 11

currency moneda (*f.*)

  — exchange office casa de cambio (*f.*), 2

  — table tabla de cotizaciones (*f.*)

current actual, 6

curtain cortina (*f.*)

custom built hecho(a) a la orden, 17; construido(a) a la orden, 17

customer cliente (*m., f.*), 5

customs aduana (*f.*), 1

  — form declaración de aduana (*f.*), 1

D

daily al día, 8

  — wage(s) jornal (*m.*)

damage (merchandise during transport) avería (*f.*), 9; daño (*m.*), 9

data datos (*m. pl.*), 3

  — base base de datos (*f.*)

  — base management program programa de manejo (administración) de base de datos (*m.*), 10

  — entry introducción de datos (*f.*), 10

date fecha (*f.*), 2

daughter hija (*f.*), 7

day día (*m.*)

dead weight peso muerto (*m.*)

deal oferta (*f.*), 6; tratar, 9

death muerte (*f.*), 19

debit debe (*m.*); debitar

  — account cuenta deudora (*f.*)

debt deuda (*f.*), 16

debtor deudor(a) (*m., f.*)

decaffeinated descafeinado(a), 4

decide decidir, 8

decimeter decímetro (*m.*), 9

declare declarar

  — at fault declarar culpable, 19

  — bankruptcy declararse en quiebra, 15

  — oneself declararse, 15

decrease disminución (*f.*)

deduct deducir, 13

deductible deducible

deduction descuento (*m.*), 12; deducción (*f.*), 13

deed escritura (*f.*), 17

defendant (criminal) acusado(a) (*m., f.*); reo (*m., f.*); **(civil)** demandado(a) (*m., f.*)

degree grado (*m.*)

delay demora (*f.*), 1

deliver entregar, 9

demand exigir, 14

deny negar (e:ie), 16

department store grandes almacenes (*m. pl.*)

departure salida (*f.*), 1

depend (on) depender (de), 6

dependent dependiente (*m., f.*), 13

depending on según, 6

deposit depositar, 13

depositary depositario(a)

depositor depositante (*m., f.*)

depth (of a container) alto (*m.*), 7

design diseño (*m.*), 5; dibujo (*m.*); diseñar, 14

designed diseñado(a), 12

desk escritorio (*m.*); buró (*m.*)

dessert postre (*m.*), 4

destination destino (*m.*)

dial marcar, 7

die morir (o:ue), 13; fallecer, 13

difference diferencia (*f.*), 13

different distinto(a), 9

difficulty dificultad (*f.*), 6

dimension medida (*f.*), 7

diminish rebajar, 12

dining room comedor (*m.*), 17

dinner cena (*f.*), 4

directly directamente, 6

director director(a) (*m., f.*), 5

dirty sucio(a)

disability (disablement) invalidez (*f.*)

discount descuento (*m.*), 5; rebaja (*f.*)

disaster desastre (*m.*)

discuss discutir, 5

dishwasher lavadora de platos (*f.*),

17; lavaplatos (*m.*), 17

display window   escaparate (*m.*), 18; vidriera (*f.*), 18

distribute   distribuir, 14

district attorney   fiscal (*m., f.*)

divide   repartir, 20

dividend   dividendo (*m.*)

divorced   divorciado(a), P

do   hacer, 5
— **the right thing**   hacer bien, 20
you did the right thing   hizo bien, 11

document   documento (*m.*), 9

dollar   dólar (*m.*), 2

Dominican Republic   República Dominicana (*f.*), 14

donate   donar, 20

donation   donación (*f.*), 13; donativo (*m.*)

door   puerta (*f.*), 1

double   doble (*m.*), 9

doubt   dudar, 18

down payment   entrada (*f.*), 17; cuota inicial (*f.*), 17; enganche (*m.*) (*Méx.*), 17

downstairs   planta baja (*f.*), 2

downtown   centro de la ciudad (*m.*), 3

drawing   dibujo (*m.*)

drawn   girado(a), 15

dress   vestido (*m.*), 14

drink   bebida (*f.*), 2; tomar, 4; beber, 4

drive   manejar, 8; conducir, 8

driver   chofer (*m., f.*), 8

driving while intoxicated   manejar bajo los efectos del alcohol

drop   echar, 7

drug   medicina (*f.*), 2; medicamento (*m.*), 2

drugstore   farmacia (*f.*)

drunk   borracho(a), 20

dryer   secadora (*f.*)

duck   pato (*m.*)

due   debido(a); vencido(a)
— **date**   fecha de vencimiento (*f.*)

during   durante, 14

duty (customs)   derechos (*m. pl.*), 2; aranceles (*m. pl.*), 2; impuesto (*m. pl.*), 2
— **free**   libre de derechos (impuestos)

E

each   cada, 5

earn   ganar, 13

earnings   ganancia (*f.*), 11

earthquake   terremoto (*m.*), 19; temblor (*m.*), 19

easily   fácilmente, 12

eat   tomar, 3; comer, 4

economic(al)   económico(a), 16

edition   edición (*f.*)

effective   efectivo(a), 14

electric   eléctrico(a), 17

electrical outlet   enchufe (*m.*)

electricity   electricidad (*f.*), 12

electronic   electrónico(a)
— **device**   equipo electrónico (*m.*)
— **mail (e-Mail)**   correo electrónico (*m.*), 7

elegant   elegante, 17

elevator   ascensor (*m.*), 3; elevador (*m.*), 3

emergency   emergencia (*f.*)

emphasize   hacer resaltar, 14

employ   contratar, 10; emplear, 10

employee   empleado(a) (*m., f.*), 7

employer   empleador(a) (*m., f.*), 13; patrón(ona) (*m., f.*), 13

employment   empleo (*m.*), 10

empty   desocupado(a), 18; vacío(a), 18

enclosure   anexo (*m.*); adjunto (*m.*)

end   fin (*m.*), 13

endowment insurance   seguro dotal (*m.*)

engine   motor (*m.*)

engineer   ingeniero(a) (*m., f.*)

enough   suficiente, 13

ensure   asegurar, 3

enter (i.e., a market)   penetrar, 6

enter in the ledger   pasar al mayor

enterprise   empresa (*f.*), 11

entertainment expenses   gastos de representación (*m. pl.*)

entrust   encargar, 11

entry   entrada (*f.*), 12

envelope   sobre (*m.*)

equal to   igual (que), 10

equipment   equipo (*m.*), 12

equivalent   equivalente, 10

error   error (*m.*), 11

escalator   escalera rodante (*f.*), escalera mecánica (*f.*), 18

espresso café expreso (*m.*), 4; café solo (*m.*), 4
establishment establecimiento (*m.*), 9
estimate presupuesto (*m.*), 12
evaluate evaluar, 11
eventuality eventualidad (*f.*), 19
ever alguna vez
every todo(a)
— **day** todos los días, 2
— **two weeks** quincenal
everything todo (*m.*), 6
exactly exactamente, 18; precisamente, 19
exceed exceder, 7; superar
except excepto, 19
exchange cambiar, 2
— **rate** tasa de cambios (*f.*), 2
exclusion exclusión (*f.*)
exclusive exclusivo(a), 5
exclusively exclusivamente, 14
excuse me perdón, 2; con (su) permiso, 6
executor albacea (*m.*, *f.*), 20
exemption exención (*f.*)
exhaust pipe tubo de escape (*m.*), 6
exhibition hall salón de exhibición (*m.*), 5
exit salida (*f.*), 1
expect esperar, 10
expenditure egreso (*m.*)
expense gasto (*m.*), 12
expensive caro(a), 5
experience experiencia (*f.*), 10
expert witness experto(a) (*m.*, *f.*); perito(a) (*m.*, *f.*)
expiration date fecha de vencimiento (*f.*), 3
explain explicar, 11
explanation explicación (*f.*)
export exportación (*f.*), 6; exportar, 6
express expreso(a), 9
expressway autopista (*f.*)
extend credit conceder un crédito
extortion extorsión (*f.*)

F

fabric tejido (*m.*), 9; tela (*f.*), 14
facade fachada (*f.*), 17
face (the street) dar a (la calle), 3

facsimile facsímil(e) (*m.*), 7; fax (*m.*), 7
fair equitativo(a), 20
family room sala de estar (*f.*), 17; salón de estar (*m.*), 17
far (from) lejos (de), 7
fare tarifa (*f.*), 7
fasten abrocharse
father padre (*m.*), 16
fax facsímil(e) (*m.*), 7; fax (*m.*), 7
fear temer, 17
feature característica (*f.*), 14
federal federal, 15
fee honorario (*m.*), 20
feed alimentar, 12
feel pain doler (o:ue), 8
felony delito mayor (grave) (*m.*)
fender guardabarros (*m.*); guardafangos (*m.*)
fiancé(e) novio(a) (*m.*, *f.*), 16
fiber fibra (*f.*), 9
file registrar; archivador (*m.*)
— **a lawsuit** poner una demanda, 20; demandar, 20
filing cabinet archivador (*m.*) (*España*), archivo
fill out (a form) llenar, 1; rellenar, 1
film película (*f.*); filme (*m.*); filmar
final final (*m.*), 11
finally por último, 7
financial financiero(a), 11
— **statement** estado financiero (*m.*), 11
find out averiguar, 9
fine bien, P; multa (*f.*), 19
finish terminar (de), 4
fire fuego (*m.*), 19; incendio (*m.*), 19
fireplace chimenea (*f.*), 17
firm firma (*f.*), 1
first (*adv.*) primero, 2; (*adj.*) primero(a), 2
— **(second) degree murder** asesinato del primer (segundo) grado (*m.*)
fish pescado (*m.*), 4
— **market** pescadería (*f.*)
fit caber, 9
fitting room probador (*m.*), 18
fix reparar
fixed fijo(a), 16
— **rate** a plazo fijo, 13
— **term (deposit)** a plazo fijo, 13
fixtures enseres (*m. pl.*), 19

flight vuelo (*m.*), 1
— **attendant** auxiliar de vuelo (*m., f.*), 1
flood inundación (*f.*), 19
floor piso (*m.*), 3
floppy disk disco flexible (*m.*)
flower flor (*f.*)
— **shop** florería (*f.*)
folio folio (*m.*)
follow resultar, 20
food comida (*f.*), 13
foot pie (*m.*), 18
for para, 1; por, 3
— **any reason** por cualquier motivo, 19
— **personal use** para uso personal, 2
— **rent** se alquila
— **sale** se vende, 17
forbidden prohibido(a), 7
forehead frente (*f.*), 20
foreigner extranjero(a) (*m., f.*), 2
forgive perdonar, 11
form planilla (*f.*), 13; forma (*f.*), 13
former anterior, 11
fourth cuarto(a), 3
fowl aves (*f. pl.*)
fragile frágil, 9
fraud fraude (*m.*)
free (of charge) gratis, 7; libre
— **on board (F.O.B.)** libre a bordo (F.A.B.)
freeway autopista (*f.*)
freight flete (*m.*), 9
French toast pan francés (*m.*) (*Méx.*), torrejas
frequency (of business orders) asiduidad (*f.*)
fresh fresco(a), 4
— **foods** alimentos frescos (*m. pl.*)
Friday viernes (*m.*), 6
fried frito(a)
fringe benefit beneficio adicional (*m.*), 10
from de, 1; desde, 6
— **behind** por detrás, 20
— **one place to another** de un lugar a otro, 8
front: in — (of) frente (a), 8
— **desk** recepción (*f.*), 3
frontier frontera (*f.*), 9
fruit tree árbol frutal (*m.*)
full lleno(a), 8; completo(a), 13

full-page a toda plana
full-time a tiempo completo
funds fondos (*m.*)
furniture muebles (*m. pl.*), 13
— **factory or store** mueblería (*f.*)
further más
future futuro (*m.*)

G

garage garaje (*m.*), 17
garden jardín (*m.*), 17
garment prenda de vestir (*f.*), 5
gasoline gasolina (*f.*)
gate puerta (*f.*), 1
general general
— **ledger** (libro) mayor (*m.*), 11
— **ledger entry** pase al mayor (*m.*), 11
— **manager** gerente general (*m. f.*), P
— **partnership** sociedad regular colectiva (*f.*)
generation generación (*f.*)
generic genérico(a)
gentleman señor (*m.*), P; caballero (*m.*)
get obtener, 13; conseguir (e:i), 13
— **married** casarse, 16
— **off** bajarse, 8
gift regalo (*m.*), 13
girlfriend novio (*f.*), 16
give dar, 3
— **a discount** descontar (o:ue), 6
— **an account** rendir (e:i) informe, 12
— **notice** avisar, 8; participarse
— **official authorization** acreditar, 13
I can—it to you for... se lo puedo dejar en…, 8
glass copa (*f.*), 4; vidrio (*m.*), 9
glove compartment guantero(a) (*m., f.*)
go ir, 3
— **back** regresar, 1
— **bankrupt** quebrar (e:ie), 15
— **down** bajar, 2
— **out** salir, 11
— **straight ahead** siga derecho
— **up** subir, 2
good buen(o) (a)
— **afternoon** buenas tardes, P
— **evening** buenas noches, P

— morning (day) buenos días, P
— night buenas noches, P
good-bye adiós, P
goods géneros (*m. pl.*); mercancías (*f. pl.*)
government gobierno (*m.*), 15
grade point average (GPA) promedio de notas (*m.*)
graduate graduarse, 13
grandmother abuela (*f.*), 13
graphic gráfico (*m.*)
grass césped (*m.*); zacate (*m.*) (*Méx.*)
great! ¡magnífico!, 7
green verde
— card tarjeta verde (*f.*)
— salad ensalada de lechuga (*f.*)
greet saludar, 8
grilled asado(a), 4
gross bruto(a)
— income ingreso bruto (*m.*)
— profit utilidad bruta (*f.*)
— weight peso bruto (*m.*)
ground floor planta baja (*f.*), 2
group insurance seguro de grupo (*m.*); seguro colectivo (*m.*)
grow crecer, 11
guarantee garantía (*f.*), 16
guardian tutor(a) (*m., f.*)
guest huésped (*m., f.*), 3
guilty culpable (*m., f.*), 19
not— inocente

H

half medio(a), 8
handbag maletín de mano (*m.*), 2; bolso(a) (*m., f.*), 2; cartera (*f.*), 14
handicraft artesanía (*f.*), 8
happen ocurrir, 9; suceder, 9; pasar, 20
hard drive disco duro (*m.*)
hardly apenas, 9
hardware soporte físico (*m.*)
— store ferretería (*f.*)
have tener, 4
— a collision chocar, 19
— available ofrecer, 7
— lunch almorzar (o:ue), 10
— to deber, 2; tener que (+ *inf.*), 4
head cabeza (*f.*), 20
— of household (of the family) cabeza de familia (*m., f.*), 13; jefe(a) de familia (*m., f.*)

health salud (*f.*), 10
— insurance seguro de salud (*m.*)
heating calefacción, (*f.*), 17
height alto (*m.*), 7
heir heredero(a) (*m., f.*), 20
hello: to say — saludar, 8
help ayudar, 9; ayuda (*f.*), 12
her su(s), 2
here's . . . aquí tiene..., 4
herself ella misma, 8
high alto(a), 9
highway carretera (*f.*)
hire contratar, 10; emplear, 10
his su(s), 2
hit pegar, 20
hold (a position) desempeñar
hope esperar, 16
I— . . . Ojalá . . . , 17
horn bocina (*f.*), claxon (*m.*); pito (*m.*)
hot caliente
hotel hotel (*m.*), 3
house casa (*f.*), 4
housing vivienda (*f.*)
how? ¿cómo?, 4
— are you? ¿cómo está Ud.?, P
— are you doing? ¿Qué tal?, 6
— far? ¿a qué distancia?, 3
— many? ¿cuántos(as)?, 3
— may I (we) help you? ¿En qué puedo (podemos) servirle?, P
— much? ¿cuánto(a)?, 3
how . . . ! ¡qué... !, 18
hurricane huracán (*m.*), 19
hurt doler (o:ue), 8
husband esposo (*m.*), 13

I

idea idea (*f.*), 14
identification (I.D.) identificación (*f.*)
if only... Ojalá . . ., 17
if possible si es posible, 5
imagine figurarse, 13
import importar, 5
imported importado(a)
importer importador(a) (*m., f.*) , 14
improve mejorar, 14
in en, 1
— accordance (with) de acuerdo (con), 5
— addition por otra parte

— advance   por adelantado, 18
— any case   de todos modos, 7
— case   en caso de que, 19
— deposit   en fondo, 18; en depósito, 18
— equal parts   a partes iguales, 20
— excess (of)   en exceso (de)
— order to   para, 1
— other words   es decir, 12
— stock   en existencia, 6
— the back   al fondo, 5
— the morning   por la mañana, 4
include   incluir, 19
included   incluido(a), 10
including   incluido(a), 10
income   ingreso (*m.*), 13; renta (*f.*), 13
inconvenience   inconveniente (*m.*), 3
increase   aumento (*m.*), 9; aumentar, 9
indeed   en realidad, 6
indemnification   indemnización (*f.*)
indicate   indicar, 6; marcar, 8
individual   individual, 15
— retirement account (I.R.A.) cuenta individual de retiro (*f.*), 13
industry   industria (*f.*), 14
inexpensive   barato(a), 5
inform   avisar, 8
information   datos (*m.*), 3; información (*f.*), 8; informes (*m.*), 8
inheritance   herencia (*f.*), 13
initial   inicial (*f.*)
injury   lesión (*f.*), 19
insolvency   insolvencia (*f.*), 15
insolvent   insolvente
inspect   inspeccionar
inspection   inspección (*f.*), 17
inspector   inspector(a) (*m., f.*), 2
installed   instalado(a), 14
instant   instantáneo(a), 4
institution   institución (*f.*), 13
insurance   seguro (*m.*)
— company   asegurador(a) (*m., f.*)
insure   asegurar, 19
insured   asegurado(a) (*m., f.*), 15
intercom   intercomunicador (*m.*), 5
interest   interés (*m.*), 13; interesar, 18
— rate   tipo de interés (*m.*); tasa de interés (*f.*)
interested   interesado(a), 5
interior   interior, 3
international   internacional, 7
Internet   Internet (*f.*), 7; red (*f.*)
interpreter   intérprete (*m., f.*)

intersection of   la esquina de
interview   entrevista (*f.*), 10
intestate   intestado(a), 20
— case   abintestato (*m.*), 20
introduce   introducir, 14
inventory   inventario (*m.*), 12
invest   invertir (e:ie)
invested   invertido(a), 20
investigate   investigar, 18
investment   inversión (*f.*), 12
— officer   asesor de inversiones (*m.*)
invitation   invitación (*f.*), 13
invoice   factura (*f.*)
issue   edición (*f.*)
issuer   país que lo expide (*m.*)
it's (+ *time*)   es (son) la(s) (+ *time*), 1
item   artículo (*m.*), 5; renglón (*m.*), 14
itinerary   itinerario (*m.*)

J

jacket   chaqueta (*f.*), 14; chamarra (*f.*) (*Méx.*), 14
jewelry store   joyería (*f.*)
job   puesto (*m.*), 10; posición (*f.*), 10; empleo (*m.*)
— description   descripción del contenido de trabajo (*f.*), 10
joint account   cuenta conjunta (*f.*), 15
jot down   anotar, 5
journal   (libro) diario (*m.*), 11
— entry   asiento de diario (*m.*), 11
judge   juez (*m., f.*)
jury   jurado (*m.*)
just: — me   yo solo(a), 4

K

keep   quedarse (con), 18
— the books   llevar la contabilidad, 11
kept   cuidado(a), 17
key   llave (*f.*), 3; **(into a computer)** registrar, 12; tecla (*f.*)
keyboard   teclado (*m.*)
kilo   kilo (*m.*), 7; kilogramo (*m.*), 7
kilogram   kilo (*m.*), 7; kilogramo (*m.*), 7
kilometer   kilómetro (*m.*), 3
kitchen   cocina (*f.*), 17
klaxon   bocina (*f.*), claxon (*m.*)

know saber, 7; conocer, 7
  I— ya lo sé, 15
known conocido(a), 6

L

label etiqueta (*f.*), 12
labor mano de obra (*f.*), 14
lady señora (*f.*), P; dama (*f.*)
lamb cordero (*m.*)
lamp lámpara (*f.*)
land tierra (*f.*), 9
  — transportation transporte por tierra (*m.*), 9
language idioma (*m.*)
laptop computer computador(a) portátil (*m., f.*), 2; ordenador portátil, (*m.*), (*España*), 2
large grande, 2
last (a length of time) demorar, 4; pasado(a), 10; durar, 17
  — (in a series) último(a), 1
  — name apellido (*m.*), P
  — name (mother's) apellido materno (*m.*)
  — name (father's) apellido paterno (*m.*)
lastly por último, 7
later después, 2; más tarde, 9
laundry room cuarto de lavar (*m.*), 17
law ley (*f.*), 14
  — office bufete (*m.*), 20
lawn césped (*m.*); zacate (*m.*) (*Méx.*)
lawsuit demanda (*f.*), 20; pleito (*m.*), 20
lawyer abogado(a) (*m., f.*), 20
lease alquilar, 13; arrendar; arrendamiento (*m.*)
leather cuero (*m.*), 5
leave salir, 11
  — (behind) dejar, 4
legal legal, 16
lend prestar, 18
lender prestamista (*m., f.*)
length largo (*m.*), 7
less than menos de, 4; menor, 7
lessee arrendatario(a) (*m., f.*)
let's see a ver, 6
letter carta (*f.*), 7
  — of recommendation carta de recomendación (*f.*)
  — opener abrecartas (*m.*)

letterhead membrete (*m.*)
lettuce lechuga (*f.*)
level nivel (*m.*), 17
liabilities pasivo (*m.*)
liability responsabilidad civil (*f.*), 19
license licencia (*f.*), 8
life vida (*f.*), 19
  — annuity renta vitalicia (*f.*)
  — expectancy probabilidad de vida (*f.*)
  — insurance seguro de vida (*m.*)
  — preserver salvavidas (*m.*)
light luz (*f.*), 19; lámpara (*f.*)
like gustar, 8
Limited Liability Company sociedad de responsibilida limitada (S.R.L.) (*f.*)
line línea (*f.*), P; fila (*f.*), 2
  — of business giro (*m.*), 14
  — of merchandise renglón (*m.*), 14
linoleum linóleo (*m.*), 17
liquidate liquidar
liquidity liquidez (*f.*)
list lista (*f.*), 6
listen escuchar, 5
literature literatura (*f.*), 19
litigation pleito (*m.*), 20
little: a— un poco, 6
live vivir, 13
live animals animales vivos (*m. pl.*)
living room sala (*f.*), 17
load cargamento (*m.*), 9; carga (*f.*), 9; cargar, 9
loan préstamo (*f.*), 13
lobster langosta (*f.*)
local local, 6
locked inmovilizado(a), 15
logo logo(grama) (*m.*), 14
long largo(a), 20
  — distance larga distancia (*f.*), 7
look (at) mirar, 2
  — for buscar, 5
  — like parecer, 12
lose perder (e:ie), 15
loss pérdida (*f.*), 11
loudspeaker altavoz (*m.*), 1; altoparlante (*m.*), 1
low bajo(a), 16
lube and oil change engrase (*m.*)
lubrication engrase (*m.*); lubricación (*f.*)
lunch almuerzo (*m.*), 4; comida (*f.*), 4

M

Ma'am señora (*f.*), P
machine máquina (*f.*), 12
Madam señora (*f.*), P
magazine revista (*f.*), 1
magnificent! ¡magnífico!, 7
mail correspondencia (*f.*), correo (*m.*)
— **carrier** cartero(a) (*m., f.*)
mailbox buzón (*m.*), 7
main office casa matriz (*f.*)
majority mayor parte (*f.*), 17; mayoría (*f.*), 18
make hacer, 5; confeccionar, 14
— **a deal** llegar a un arreglo, 20
— **a decision** tomar una decisión, 11
mall centro comercial (*m.*), 4
man hombre (*m.*), 5
manage administrar, 20
manager gerente (*m., f.*), P
manslaughter homicidio (*m.*)
manufacture fabricación (*f.*), 5
manufactured fabricado(a), 5
manufacturer's trade mark marca de fábrica (*f.*)
manufacturing manufacturero(a), 14
many muchos(as), 4
marital status estado civil (*m.*)
mark marcar, 8
marked marcado(a), 5
market mercado (*m.*), 5
married casado(a), P
massive masivo(a), 14
master bedroom cuarto principal (*m.*)
material material (*m.*), 10
matter importar, 11
meal comida (*f.*), 13
I mean digo, 7
means medios (*m. pl.*), 7; capacidad (*f.*), 14
— **of payment** forma de pago (*f.*), 6
— **of transportation** medios de transporte (*m. pl.*), 8
measure medida (*f.*), 7; medir (e:i), 7
measurement medida (*f.*), 7
meat carne (*f.*)
— **market** carnicería (*f.*)
mecanic's shop taller de reparaciones (*m.*)

medical médico(a), 13
— **and hospital care** atención médica y hospitalaria, 19
medicine medicina (*f.*), 2; medicamento (*m.*), 2
medium mediano(a), 8
meet encontrar (o:ue), 8; conocer, 13
meeting reunión (*f.*), 5; junta (*f.*) (*Méx.*), 5
memorandum memorando (*m.*)
memory memoria (*f.*)
mention mencionar, 10
menu menú (*m.*), 4
merchandise mercancía, (*f.*), 6; mercadería (*f.*), 6
message mensaje (*m.*)
meter metro (*m.*), 9
Mexican mexicano(a), 2
Mexico México, 1
microchip pastilla (*f.*)
microwave microonda (*f.*), 17
milk leche (*f.*), 4
minimum mínimo (*m.*), 17
minor menor de edad, 13
minute minuto (*m.*), 1
— **book** libro de actas (*m.*)
miscellaneous expenses gastos varios (*m. pl.*)
miscellany miscelánea (*f.*)
misdemeanor delito menor (menos grave) (*m.*)
Miss señorita (Srta.) (*f.*), P
mixed mixto(a), 4
model modelo (*m.*), 5
modem módem (*m.*)
modernize modernizar, 11
moment momento (*m.*), 5
Monday lunes (*m.*)
money dinero (*m.*), 7
— **market account** cuenta del mercado de dinero (*f.*), 15
— **order** giro postal (*m.*), 7
monitor monitor (*m.*)
month mes (*m.*), 10
monthly mensual, 13; al mes, 13
— **payment** mensualidad (*f.*), 13
— **salary** sueldo mensual (*m.*)
more or less más o menos, 3
morning mañana (*f.*), 10
mortgage hipoteca (*f.*), 13
most la mayor parte, 17
mostly principalmente, 14

mother madre (*f.*), 16
motor motor (*m.*)
mouse ratón (*m.*)
move trasladar, 3; (*relocate*) mudarse, 15
Mr. señor (Sr.) (*m.*), P
Mrs. señora (Sra.) (*f.*), P
much mucho(a), 3
muffler silenciador (*m.*), 6
municipal municipal, 13
must deber, 2
mutual fund fondo mutuo (*m.*), 20
my mi(s), 2

N

name nombre (*m.*), P; nombrar, 20
  in my— a nombre mío; en mi nombre
  my — is . . . me llamo... , 3
  sender's company — antefirma (*f.*)
national nacional, 9
natural phenomenon fenómeno natural (*m.*), 19; fuerza mayor (*f.*), 19
near cercano(a), 7; cerca (de), 17
necessary necesario(a), 12
necessity necesidad (*f.*), 11
neck cuello (*m.*), 20
need necesitar, 1; necesidad (*f.*), 11; hacer falta, 14
needed necesario (a), 12
negociate negociar, 17
neighbor vecino(a) (*m., f.*), 17
neighborhood barrio (*m.*), 15; vecindario (*m.*), 15
neither ni, 6; tampoco, 6; ni... tampoco, 13
nervous nervioso(a), 20
net neto(a)
  — profit utilidad neta (*f.*)
  — weight peso neto (*m.*)
never nunca, 14
nevertheless sin embargo
new nuevo(a), 12
newly recién, 17
newspaper periódico (*m.*), 1
next próximo(a), 6
next day al día siguiente, 4
no one nadie, 6
noise ruido (*m.*), 3
none ningún(ninguno-a), 6, 8
noodle fideo (*m.*)

nor ni, 6
North American Free Trade Agreement (NAFTA) Tratado de Libre Comercio de América del Norte (TLCAN) (*m.*)
not no
  — either tampoco, 6; ni... tampoco, 13
  — guilty inocente (*m., f.*)
notably notablemente, 14
note anotar, 5
nothing nada, 3
  — else nada más, 3
noun nombre (*m.*), P
now ahora, 1; ahorita, 1

O

obsolete obsoleto(a), 12
obtain obtener, 13; conseguir (e:i), 13
occupied (a house) habitado(a), 16
occur ocurrir
of de, 1
  — age mayor de edad, 13
  — course cómo no, 1; desde luego, 6
offer oferta, 6
office oficina (*f.*), 5
  — clerk oficinista (*m., f.*), 10
oil aceite (*m.*)
  — change cambio de aceite (*m.*)
old viejo(a), 19
older mayor, 19
omelette tortilla (*f.*)
on en, 1; por, 1; sobre, 13
  — behalf of a favor de
  — the way there (he is) en seguida va para allá, 3
one moment un momento, P
one-way ticket pasaje (billete) de ida (*m.*), 1
only solamente, 1; sólo, 13; únicamente, 14
  the — thing lo único, 17
open abrir, 2
operate manejar
operating system sistema operativo (*m.*), 10
operation operación (*f.*), 12
optic unit unidad óptica (*f.*), 12
option opción (*f.*), 10
or o, 1

order   pedido (*m*.), 5; orden (*f*.); ordenar, 6

organ   órgano (*m*.), 20

organize   organizar, 14

origin   origen (*m*.), 14; procedencia (*f*.)

other   otro(a)

others: the —   los(las) demás, 9

our   nuestro(a), 6

ours   los (las) nuestros(as), 6

outside   por fuera, 17

oven   horno (*m*.), 17

over   sobre, 18

— there   allá, 3; por allá, 6

overdraft   sobregiro (*m*.)

overdrawn check   cheque sin fondos (*m*.)

overhead expenses   gastos generales (*m*.)

overheat   recalentarse (e:ie)

overlooks the street   da a la calle, 3

overtime   tiempo extra (*m*.)

owe   deber, 13

own a house   tener casa propia, 16

owner   dueño(a) (*m*., *f*.), 16; propietario(a) (*m*., *f*.), 1

P

pack   cajetilla (*f*.)

package   bulto (*m*.), 2; paquete (*m*.), 7; cajetilla

packing   embalaje (*m*.), 9

page (accounting books)   folio (*m*.)

paid by you   va a su cuenta

painted   pintado(a), 17

paper clip   sujetapapeles (*m*.)

parents   padres (*m*.), 16

pardon me   perdón, 2

park   estacionar

parking   estacionamiento (*m*.)

— lot   estacionamiento (*m*.)

— meter   parquímetro (*m*.)

part   pieza (*f*.), 6; parte (*f*.), 8

part-time   medio tiempo, 13; medio día

participate   participar

participation   participación (*f*.), 20

partner   socio(a) (*m*., *f*.), 13

party   parte (*f*.)

pass   pasar, 11

passenger   pasajero(a) (*m*., *f*.), 1

passer-by   transeúnte (*m*., *f*.), 8

passing by   que pasa, 2

passport   pasaporte (*m*.), 2

past   pasado(a), 10

patent   patente (*f*.), 14

patio   patio (*m*.)

pawnbroker   prestamista (*m*., *f*.)

pay   pagar, 2

— attention   hacer caso, 19

— in advance   adelantar, 20

— in cash   pagar al contado

— in installments   pagar a plazos

— off   liquidar

payroll   nómina (*f*.), 11

peas   chícharos (*m. pl*.); guisantes (*m. pl*.)

penalty   multa (*f*.)

pencil   lápiz (*m*.)

penetrate   penetrar

pension   pensión (*f*.), 13

per   por

— day   por día, 3

— unit   por unidad, 6

percent   por ciento (*m*.), 6

perfume store   perfumería (*f*.)

periodically   periódicamente, 11

peripheral (device)   periférico (*m*.)

person   persona (*f*.), 3

personal   personal, 12

— property   bienes muebles (*m. pl*.), 13

personalized   personalizado(a), 12

personnel   personal (*m*.), 10

petty cash   caja (*f*.)

phone   teléfono (*m*.)

— book   guía de teléfonos (*f*.), 7; directorio telefónico (*m*.), 7

— number   número de teléfono (*m*.), P

photocopier   fotocopiadora (*f*.)

pie   pastel (*m*.)

pillow   almohada (*f*.), 1

pity: it's a —   es una lástima, 17

place   lugar (*m*.), 18

— an order   hacer un pedido, 6

plan   pensar (en) (e:ie), 9; plan (*m*.), 10

plane   avión (*m*.)

please   por favor, P; favor de (+ *inf*.), 1; gustar, 8; Sírvase. . .

pleasure   agrado (*m*.)

pleased to meet you   mucho gusto (en conocerle), 10

plus   más, 3

pocket calculator   calculadora de bolsillo (*f*.)

police (department) policía (*f.*)
— **officer** policía (*m., f.*)
policy póliza (*f.*), 19
— **holder** asegurado(a) (*m., f.*);
subscriptor(a) (*m., f.*)
poll sondeo de la opinión pública (*m.*)
popular popular, 4
pork puerco (*m.*); cerdo (*m.*)
portable portátil, 2
porter maletero(a) (*m., f.*), 2
position puesto (*m.*), 10; posición
(*f.*), 10
— **held** puesto desempeñado (*m.*)
positive positivo(a), 20
possession posesión (*f.*)
possible posible, 12
post puesto (*m.*), 10; posición (*f.*), 10
— **office** oficina de correos (*f.*),
7; correo (*m.*), 7
— **office box** apartado postal
(*m.*); casilla de correo (*f.*)
postage franqueo (*m.*); porte (*m.*)
— **due (paid)** porte debido
(pagado)
poster cartel (*m.*)
postmark matasellos (*m.*)
postscript posdata (*f.*)
potato papa (*f.*); patata (*f.*)
pottery (the craft) alfarería (*f.*), 9
pottery shop (factory) alfarería
(*f.*), 9
poultry aves (*f. pl.*)
pound libra (*f.*), 7
powerful ponderoso(a)
practice practicar
preceded precedido(a), 14
precisely precisamente, 19
prefer preferir (e:ie), 5
preferable preferible, 20
premium prima (*f.*), 19
prepaid response contestación
pagada (*f.*)
prepare preparar, 6; confeccionar, 14
present actual, 6; presentar, 14
presentation presentación (*f.*), 14
presently actualmente, 10
previous anterior, 11
price precio (*m.*), 5; importe (*m.*), 12
principally principalmente, 14
print imprimir; letra de molde (*f.*)
printed matter impreso (*m.*), 7
printer impresor(a) (*m., f.*)
printing impresión (*f.*), 15; letra de
molde (*f.*)

private privado(a), 7
prize premio (*m.*), 13
problem problema (*m.*), 11
procedure trámite (*m.*), 9
product producto (*m.*), 5
professional profesional (*m., f.*),
17; profesionalista (*m., f.*), 17
profit ganancia (*f.*), 11; utilidad
(*f.*), 13
— **and loss statement** estado de
pérdidas y ganancias (*m.*), 11
program programa (*m.*), 10
programmer programador(a) (*m., f.*)
prolong prolongar, 20
promissory note (I.O.U.) pagaré
(*m.*)
proof (written) comprobante (*m.*),
2; prueba (*f.*), 13; constancia (*f.*)
property propiedad (*f.*), 17
— **tax** impuesto a la propiedad (*m.*)
prosecutor abogado(a) acusador(a)
(*m., f.*)
provided that con tal que, 18
provider suministrador(a) (*m., f.*),
6; proveedor(a) (*m., f.*), 12
proximity proximidad (*f.*), 18
publicity publicidad (*f.*), 14;
propaganda (*f.*), 14
publish publicar
purchase compra (*f.*), 13; comprar
— **and sale agreement**
compraventa (*f.*)
— **order** orden de compra (*f.*);
pedido (*m.*)
— **price** precio de compra (*m.*)
purchasing manager jefe(a) de
compras (*m., f.*), P
purse cartera (*f.*), 14
put poner, 10
— **together** confeccionar, 14
— **up for sale** poner a la venta, 17

Q

qualification calificación (*f.*)
qualify calificar, 16
quality calidad (*f.*), 5
quantity cantidad (*f.*), 5
question pregunta (*f.*), 7
quite bastante, 19

R

radiator radiador (*m.*)
radio radio (*f.*), 14

railroad ferrocarril (*m.*), 9; tren
(*m.*), 9
raise aumento (*m.*), 9
rare crudo(a)
raw material materia prima (*f.*)
reach alcanzar, 19
— **an agreement** llegar a un
arreglo, 20
read leer, 4
ready listo(a), 3
real estate bienes inmuebles
(*m. pl.*), 13; inmuebles (*m. pl.*), 13;
bienes raíces (*m. pl.*), 13
— **agent** corredor(a) de bienes
raíces (*m., f.*), 17
— **tax** contribución (*f.*), 17
reason motivo (*m.*), 19
reasonable equitativo(a), 20
receipt recibo (*m.*), 13;
comprobante (*m.*), 13
receive recibir, 6
received recibido(a), 13
receiver depositario(a) (*m., f.*)
recently recientemente, 16;
recién, 16
reception desk recepción (*f.*), 3
receptionist recepcionista (*m., f.*), 5
recipient destinatario(a) (*m., f.*)
recline reclinar
recommend recomendar (e:ie), 7, 12
reconcile conciliar; cuadrar
reconciliation ajuste (*m.*)
record registrar, 12
red rojo(a), 19
— **snapper** guachinango (*m.*)
(*Méx.*), pargo (*m.*), 4
reduce rebajar, 12
reduction descuento (*m.*), 12
reference referencia (*f.*), 10
referring to (a specific item) por
concepto (de), 12
refrigerator refrigerador (*m.*)
refund reembolso (*m.*)
regard: in — to en cuanto a, 7; con
referencia a
regarding por concepto (de), 12
registered brand marca registrada
(*f.*), 14
registered letter carta certificada
(*f.*); certificado (*m.*)
registration matrícula (*f.*), 16
— **card** tarjeta de registro (*f.*), 3;
tarjeta de huésped (*f.*), 3
— **fees** matrícula (*f.*), 16

regret lamentar, 3; sentir (e:ie), 17
regulation regulación (*f.*), 7;
disposición (*f.*), 16
reimbursement reembolso (*m.*)
related relacionado(a)
relation relación (*f.*), 9
relationship (family) parentesco (*m.*)
relatives familiares (*m. pl.*)
relocate trasladar, 3
remember recordar (o:ue);
acordarse (de) (o:ue), 18
remodel remodelar, 17
rent alquilar, 8; rentar, 8; alquiler
(*m.*), 12
rented alquilado(a), 18
renter inquilino(a) (*m., f.*)
reorganize reorganizar, 11
repair reparación (*f.*), 6; reparar
— **shop** taller de reparación
(*m.*), 6
report informe (*m.*), 11; rendir (e:i)
informe, 12; reportar
represent representar, 11
reproduction réplica (*f.*), 5
require exigir, 14; requerir (e:ie), 17
reservation reservación (*f.*), 3;
reserva (*f.*), 3
reserve reservar, 1
resident card tarjeta de residente
(*f.*)
resign (from) renunciar (a), 10
respective correspondiente, 6
responsible responsable, 19
rest: the — los (las) demás, 9
restaurant restaurante (*m.*), 4;
restorán (*m.*), 4
restitution restitución (*f.*), 19
result resultar, 20
resumé resumen (*m.*)
retail al por menor, 5; menudeo, 5;
al detall, 5; al detalle, 5
retailer detallista (*m., f.*), 10;
minorista (*m.*), 10
retain (a lawyer) nombrar, 20
retirement retiro (*m.*), 10; jubilación (*f.*), 10
return regresar, 1; volver (o:ue), 6;
devolver (o:ue)
— **receipt** acuse de recibo (*m.*)
revenue renta (*f.*), 13
rice arroz (*m.*), 4
right derecho(a)
— **?** ¿verdad?, 2
— **away** en seguida, 1

— now ahora mismo, 17
riot motín (*m.*), 19
risk riesgo (*m.*), 9
roasted asado(a), 4
robbery robo (*m.*), 19
roller bearings cojinetes (*m. pl.*)
roof techo (*m.*), 17
— tile teja (*f.*), 17
room habitación (*f.*), 3; cuarto
(*m.*), 3; recámara (*f.*) (*Méx.*), 3
— service servicio de habitación
(*m.*)
round-trip ticket pasaje (billete)
de ida y vuelta (*m.*), 1
route ruta (*f.*), 8
row fila (*f.*), 1
rubber band banda elástica (*f.*);
goma (*f.*) (*Puerto Rico*); liga (*f.*)
(*Méx., Cuba*)
rudimentary rudimentario(a), 12
rule out descartar, 16

S

sacrifice sacrificar, 17
safe seguro(a), 15
salad ensalada (*f.*), 4
salary sueldo (*m.*), 10; salario (*m.*), 10
sale venta (*f.*), 5
sales ventas
— manager jefe(a) de ventas
(*m., f.*), 5
— tax impuesto sobre la venta
(*m.*)
salmon salmón (*m.*)
salon peluquería (*f.*); salón de
belleza (*m.*)
salutation saludo (*m.*)
same mismo(a), 20
— as igual (que), 10
sample muestra (*f.*), 7; ejemplar (*m.*)
satisfied satisfecho(a), 6
sauce salsa (*f.*), 4
save ahorrar, 7
saving ahorro (*m.*), 12
savings ahorros (*m.*), 6
— account cuenta de ahorros (*f.*)
say decir, 7
scanner escáner (*m.*), 12;
escanógrafo (*m.*), 12
scarcely apenas, 9
schedule horario (*m.*), 10
scholarship beca (*f.*), 16
schooling carrera (*f.*)

screen pantalla (*f.*)
sea bass corbina (*f.*), 4
seafood marisco (*m.*), 4
season estación (*f.*), 14
seat asiento (*m.*), 1
secretary secretario(a) (*m., f.*), 11
section sección (*f.*), 1
see ver, 2
— after encargarse (de), 9
— you tomorrow hasta mañana,
P
seem parecer, 12
select seleccionar, 5
sell vender, 5
— well venderse bien, 14
selling price precio de venta (*m.*)
send enviar, 7; mandar, 7
sender remitente (*m., f.*)
separate separado(a)
separately aparte, 7
serious grave, 20; serio(a)
serve servir (e:i), 11
service servicio (*m.*), 7
— station gasolinera (*f.*);
estación de servicio (*f.*)
set (in place) disponer
set up a business poner (abrir) un
negocio, 16
several varios(as), 5
share acción (*f.*), 13
sheet sábana (*f.*)
shelf estante (*m.*), 18
shellfish marisco (*m.*), 4
shift turno (*m.*)
ship barco (*m.*); buque (*m.*)
shipment cargamento (*m.*), 9; carga
(*f.*), 9
shock absorber amortiguador (*m.*)
shoe store zapatería (*f.*)
shop establecimiento (*m.*), 9
— window escaparate (*m.*), 18;
vidriera (*f.*), 18
shopping center centro comercial
(*m.*), 4
should deber, 2
show enseñar, 8; mostrar (o:ue), 8,
15; demostración (*f.*)
shower ducha (*f.*); regadera (*f.*)
(*Méx.*)
showroom salón de exhibición
(*m.*), 5
shrimp camarón (*m.*); gamba (*f.*)
(*España*)
side lado (*m.*), 18

sidewalk acera (*f.*), 8; banqueta (*f.*)
(*Méx.*), 8
sign firmar, 2
signature firma (*f.*), 19
signing firma (*f.*), 19
since pues, 7; desde que, 13
single soltero(a)
sir señor (*m.*), P
sit down sentarse (e:ie), 15
situated situado(a), 3
size tamaño (*m.*), 7; talla (*f.*)
skycap maletero(a) (*m., f.*), 2
slogan lema (*m.*), 14
small pequeño(a), 2
  — Business Administration
  Administración de Pequeños
  Negocios (*f.*), 16
  — change calderilla (*f.*); moneda fraccionaria (*f.*); menudo (*m.*)
  (*Cuba*); suelto (*m.*) (*Puerto Rico*)
smoke fumar, 1
snow storm nevada (*f.*), 19
so así que, 10
  — many tantos(as), 14
  — much tanto(a)
  — that para que, 19
soap jabón (*m.*)
Social Security Seguro Social
(*m.*), 12
socket enchufe (*m.*)
software soporte lógico (*m.*)
sole lenguado (*m.*), 4
solve resolver (o:ue), 16
something algo, 5
sometimes algunas veces, 19; a
veces, 6
son hijo (*m.*), 7
sophisticated sofisticado(a), 1
sorry: I'm — lo siento, P
soup sopa (*f.*)
spare part repuesto (*m.*), 6; pieza
de repuesto (*f.*)
spark plug bujía (*f.*)
speak hablar, 5
special especial
  — delivery entrega especial (*f.*)
specialist especialista (*m., f.*), 20
specialty especialidad (*f.*), 4
specification indicación (*f.*), 14
speeding exceso de velocidad
(*m.*), 19
spend gastar, 12
spite: in — of (the fact that) a pesar de (que), 14

spread sheet hoja de análisis (*f.*),
12; hoja de cálculo (*f.*), 12
sprinkler system sistema de
regadío (*m.*)
square cuadrado(a), 18
squid calamar (*m.*)
stable estable
stained manchado(a), 17
stairs escalera (*f.*), 2
stamp (postage) estampilla (*f.*);
sello (*m.*); timbre (*m.*) (*Méx.*)
standard shift cambio mecánico
(*m.*), 8
standard deduction deducción
general (*f.*)
staple grapa (*f.*); presilla (*f.*) (*Cuba*)
stapler grapadora (*f.*); presilladora
(*f.*) (*Cuba*)
start (car) arrancar
starter motor de arranque (*m.*)
starting a partir de, 3
state estado (*m.*), 17
  — tax impuesto estatal (del
  estado) (*m.*)
statement of account estado de
cuenta (*m.*)
station estación (*f.*), 9
steak bistec (*m.*); bife (*m.*); biftec
(*m.*); carne asada (*f.*)
steamed al vapor
step paso (*m.*)
  one—further un paso más
steering wheel volante (*m.*);
timón (*m.*)
stewed estofado(a); guisado(a)
stock acción (*f.*), 13
stone piedra (*f.*), 17
stop parar
  — sign señal de parada (*f.*), 19
store tienda (*f.*), 5; bazar (*m.*), 14
stove cocina (*f.*), 17
street calle (*f.*), P
strong fuerte, 4
structure estructura (*f.*), 18
stucco estuco (*m.*)
student estudiante (*m., f.*), 16
studies carrera (*f.*)
study estudiar, 13
stuffed relleno(a)
subject asunto (*m.*)
subtotal subtotal (*m.*)
success éxito (*m.*)
sue poner una demanda, 20;
demandar, 20

suffer sufrir, 11
suffering sufrimiento, 20
sufficient suficiente, 13
suggest sugerir (e:ie), 16
suggestive sugestivo(a); sugerente
suicide suicidio (*m.*), 19
suit convenir, 18
suitcase maleta (*f.*), 2; valija (*f.*), 2
summer verano (*m.*), 14
sunken hundido(a), 17
supermarket supermercado (*m.*);
  hipermercado (*m.*)
supper cena (*f.*), 4
supplier suministrador(a) (*m., f.*), 6;
  proveedor (a) (*m., f.*), 12
suppose suponer, 9
surname apellido (*m.*), P
surpass sobrepasar, 14
surrender value rescate (*m.*)
survey sondeo de opinión pública
  (*m.*); encuesta (*f.*)
suspension sistema de suspensión
  (*m.*), 6
sweets dulces (*m. pl.*), 18
swimming pool piscina (*f.*);
  alberca (*f.*) (*Méx.*)
system medios (*m. pl.*), 7; sistema
  (*m.*), 11

T

table mesa (*f.*), 4
take tomar, 2; **(time)** demorar, 4;
  coger, 8; quedarse (con), 18
  — **advantage** aprovechar, 16
  — **charge (of)** encargarse (de), 9
  — **responsibility for**
  responsabilizarse, 9
  — **(someone or something**
  someplace) llevar, 2
talk hablar, 5; conversar
tank tanque (*m.*)
tare tara (*f.*)
tariff tarifa (*f.*), 7
taste gusto
tax impuesto (*m.*), 3
  — **evasion** evasión fiscal (*f.*)
  — **payer** contribuyente (*m., f.*)
  — **rate table** escala de impuestos
  (*f.*)
  — **return** declaración de
  impuestos (*f.*), 13; planilla de contribución sobre ingresos (*f.*)
  (*Puerto Rico*), 13

taxable income ingresos sujetos a
  impuestos (*m.*)
taxi taxi (*m.*), 2
  — **driver** taxista (*m., f.*), 8
  — **stop** parada de taxi (*f.*), 2
taximeter taxímetro (*m.*), 8
telecommunications
  telecomunicaciones (*f. pl.*)
telegram telegrama (*m.*), 7
telegraphy telegrafía (*f.*)
telephone teléfono (*m.*), 3
  — **operator** telefonista (*m., f.*), 7;
  operador(a) (*m., f.*), 7
television televisión (*f.*), 14
  — **(TV) set** televisor (*m.*)
tell decir, 7
term plazo (*m.*); término (*m.*)
  — **of payment** condición de
  pago (*f.*)
termite comején (*m.*), 17; termita
  (*f.*), 17
test prueba (*f.*), 20
than que, 4
thank you (very much) (muchas)
  gracias, P
that que, 5
  — **is to say** es decir, 12, 18
  — **(over there)** aquél (*m.*), 18
  — **'s all** eso es todo, 3
  — **which** lo que, 9
theft robo (*m.*), 19
their su(s), 2
then entonces, 4; luego, 12
there allá, 3; allí, 16
  — **are all kinds of things** hay de
  todo, 4
  — **is (are)** hay, 3
these estos(as), 5
thing cosa (*f.*), 7
think creer, 6
  — **about** pensar (en) (*e:ie*), 9
third tercero(a), 7
  — **party** tercera persona (*f.*);
  tercero(a) (*m.*)
this este(a), 5
  — **very day** hoy mismo, 5
  — **way** por aquí, 3
those los de, 6
thousand mil, 17
three tres
through por, 1; mediante, 12
thumbtack chinche (*f.*); tachuela
  (*f.*) (*Puerto Rico*)
Thursday jueves (*m.*)

ticket   pasaje (*m.*), 1; billete (*m.*), 1;
  multa (*f.*), 19
tied up   inmovilizado(a), 15
tile   losa (*f.*), 17; baldosa (*f.*), 17
time   tiempo (*m.*), 9; vez (*f.*), 12;
  hora (*f.*)
  — of arrival   hora de llegada (*f.*)
tip   propina (*f.*), 4
tire   llanta (*f.*); goma (*f.*);
  neumático (*m.*)
title   cargo (*m.*)
to   a, 1; para, 1; hacia, 3
  — order   al gusto
  — taste   al gusto
  — the left   a (de) la izquierda, 2
  — the right   a (de) la derecha, 2
  — us   nos, 7
toast   tostada (*f.*), 4; pan tostado
  (*m.*), 4
today   hoy, 3
together with   junto con
toilet   inodoro (*m.*)
token   ficha (*f.*)
toll   tarifa (*f.*), 7
tomato   tomate (*m.*), 4
tomorrow   mañana, 1
ton   tonelada (*f.*)
too   demasiado, 17
  — much   demasiado, 12
top quality   de primera calidad, 5;
  de primera, 17
tornado   tornado (*m.*), 19
tortilla   tortilla (*f.*) (*Méx.*), 4
tourist   turista (*m., f.*), 8
tow truck   remolcador (*m.*)
toward   hacia, 3
towel   toalla (*f.*)
town   pueblo (*m.*), 8
toy shop   juguetería (*f.*), 18
trade mark   marca registrada (*f.*), 14
trade name   razón social (*f.*)
traditional   tradicional
traffic   tráfico (*m.*), 19
  — light   semáforo (*m.*), 20
train   ferrocarril (*m.*), 9; tren (*m.*), 9
transaction   transacción (*f.*)
transfer   transferencia (*f.*), 8;
  transbordo (*m.*), 9; trasbordo (*m.*),
  9; transbordar, 9; trasbordar, 9;
  traspaso (*m.*), 17
translator   traductor(a) (*m., f.*)
transmission fluid   líquido de
  transmisión (*m.*)
transmission gear   transmisión (*f.*)

transparent   transparente, 14
transport   transportar, 9
travel   viajar, 1
traveler's check   cheque de viajero
  (*m.*), 2
traveling salesperson   viajante
  (*m., f.*), 6; agente viajero (*m., f.*), 6
trespassing   entrada ilegal (*f.*)
trial   juicio (*m.*), 20
  — balance   balance de
  comprobación (*m.*), 11
trout   trucha (*f.*)
truck   camión (*m.*), 9
true   verdadero(a)
trunk   baúl (*m.*); cajuela (*f.*) (*Méx.*);
  maletero (*m.*)
truth   verdad (*f.*)
try (to)   tratar (de), 6, 20
tuna   atún (*m.*); bonito (*m.*)
turkey   pavo (*m.*); guajolote (*m.*)
  (*México*); guanajo (*m.*) (*Cuba*)
turn   doblar; voltear
turn on (off) the light   encender
  (*e:ie*) (apagar) la luz
twice   doble (*m.*), 9
type   tipo (*m.*), 4
typewriter   máquina de escribir
  (*f.*)
typical   típico(a), 4

U

underneath   dejabo (de)
understand   comprender, 5;
  entender (*e:ie*), 5
unemployment   desempleo (*m.*)
unit   unidad (*f.*), 6
United States   Estados Unidos (*m.
  pl.*), 4
university   universidad (*f.*), 13
unleaded gasoline   gasolina sin
  plomo (*f.*)
unload   descargar, 9
unloading   descarga (*f.*), 9
unnecessary   innecesario, 6
until   hasta, 3
  — one hits   hasta llegar a
up to   hasta, 17; hasta llegara
upholstery   tapicería (*f.*); vestidura
  (*f.*)
upon arrival   a la llegada, 2; al
  llegar, 8
upstairs   planta alta (*f.*)
urgency   urgencia (*f.*), 9

406

use utilizar, 6; usar, 6; uso (*m.*), 12
used usado(a), 13; de uso, 13
uselessly inútilmente, 20
usual de costumbre
— **terms in the market** las (condiciones) de costumbre en la plaza (*f.*), 6
utilize utilizar, 6

V

vacant desocupado(a), 18; vacío(a), 18
vacate a room desocupar la habitación
vacation vacaciones (*f.*), 10
valid válido(a), 3
valuable valioso(a), 12
value valor (*m.*), 7; tasar
value-added tax (VAT) impuesto al valor agregado (*m.*) (I.V.A.), 8
van camioneta (*f.*)
variable variable, 16
variety variedad (*f.*), 5
various varios(as), 5
vary variar, 14
VCR grabadora de vídeo (*f.*); casetera (*f.*); videograbadora (*f.*)
veal ternera (*f.*)
vegetables vegetales (*m. pl.*), 4
verb verbo (*m.*)
verification comprobante (*m.*), 2
version versión (*f.*)
very muy
— **well** muy bien, 3
video camera cámara de video (*f.*), 2
violation violación (*f.*), 19
visit visitar, 6
vocabulary vocabulario (*m.*)
volume volumen (*m.*), 6
voucher vale (*m.*)

W

wage and tax statement (W-2) comprobante del sueldo y de los descuentos (*m.*), 13
wait (for) esperar, 6
— **on** atender (e:ie), 5
waiter mesero (*m.*), 4; mozo (*m.*), 4; camarero (*m.*), 4
waitress mesera (*f.*), 4; moza (*f.*), 4; camarera (*f.*), 4
walk caminar, 8
want desear, 1; querer (e:ie), 5

warehouse almacén (*m.*), 6
washing machine lavadora (*f.*)
watch reloj (*m.*)
water agua (*f.*)
— **pump** bomba de agua (*f.*)
watercress berro (*m.*)
Web page página de la Web (*f.*), 12
week semana (*f.*), 10
weekday día de semana (de trabajo) (*m.*); día hábil (*m.*); día laborable (*m.*)
weekend fin de semana (*m.*)
weekly semanal, 10
weigh pesar, 7
weight peso (*m.*), 7
welcome bienvenido(a), 2
you're — de nada, P
well bien, P; ...bueno..., 9
— **done** bien cocido(a); bien cocinado(a)
well-established acreditado(a), 6
what cual
what? ¿qué?, 1; ¿cuál?, 3
— **are (they) like?** ¿cómo son?, 4
— **can I do for you?** ¿qué se le ofrece?, 9
— **time is it?** ¿qué hora es?, 1
— **will become of . . . ?** ¿qué será de... ?, 19
— **'s the rate of exchange?** ¿a cómo está el cambio de moneda?, 2
when cuando, 4
when? ¿cuándo?, 1
where donde, 7
where? ¿dónde?, 2; ¿adónde?
which que, 5, cual
which? ¿qué?, 1; ¿cuál?, 3
who? ¿quién?, 3
wholesale al mayoreo; al por mayor, 5
wholesaler mayorista (*m., f.*), 10
why? ¿por qué?, 6, 10
widow viuda (*f.*), 13
widower viudo (*m.*), 13
width ancho (*m.*), 7
wife esposa (*f.*), 13
will testamento (*m.*), 20
win ganar, 20
window ventanilla (*f.*), 7
— **seat** asiento de ventanilla (*m.*), 1
windshield parabrisas (*m.*)
windshield wiper limpiaparabrisas (*m.*)
wine vino (*m.*), 4

winter invierno (*m.*), 14
wish desear, 1; querer (*e:ie*), 5
with con
— me conmigo, 6, 13
— whom? ¿con quién?, 11
— whom would you like to speak? ¿con quién quiere(s) hablar?, P
withdraw money sacar el dinero
withdrawal retiro (*m.*)
without sin, 7
— hope sin remedio, 20
witness testigo (*m., f.*)
woman mujer (*f.*), 5
wonder preguntarse, 9
wood madera (*f.*)
wool lana (*f.*), 9
word processing composición de textos (*f.*), 10; procesamiento de texto (*m.*), 10
work funcionar, 3; trabajar, 6, 10; trabajo (*m.*), 10
workday día de semana (de trabajo) (*m.*); día hábil (laborable) (*m.*)
worker trabajador(a) (*m., f.*), 19
workers' compensation insurance seguro de accidentes de trabajo (*m.*)

world mundo (*m.*), 9
corporate— mundo de las empresas (*m.*)
the — over a todo el mundo, 7
worry preocuparse
worth valor (*m.*), 7
wound herida (*f.*), 20
wrapped envuelto(a), 14
write escribir, 2
— a check extender (girar) un cheque
— down anotar, 5

Y

year año (*m.*), 10
yearly al año, 10; anual, 10
yes sí, 1
yesterday ayer, 11
yield rendimiento (*m.*)
young joven, 19
— lady señorita (*f.*), P
your su(s), 2

Z

zone zona (*f.*), 7